U0917181

受国家社科基金项目“汉语交互主观性标记词及其对句类认知的影响研究”（14BYY118）和四川大学哲学社会科学学术著作出版基金资助

汉语交互主观性标记及相关句类认知研究

刘春卉 ——— 著

项目策划：黄蕴婷
责任编辑：黄蕴婷
责任校对：罗永平
封面设计：墨创文化
责任印制：王　炜

图书在版编目（CIP）数据

汉语交互主观性标记及相关句类认知研究 / 刘春卉著. 一 成都 : 四川大学出版社, 2021.8
ISBN 978-7-5690-4903-9

Ⅰ. ①汉… Ⅱ. ①刘… Ⅲ. ①汉语一语法一研究 Ⅳ. ①H14

中国版本图书馆 CIP 数据核字 (2021) 第 162356 号

书名　汉语交互主观性标记及相关句类认知研究

著　　者	刘春卉
出　　版	四川大学出版社
地　　址	成都市一环路南一段 24 号（610065）
发　　行	四川大学出版社
书　　号	ISBN 978-7-5690-4903-9
印前制作	四川胜翔数码印务设计有限公司
印　　刷	成都市新都华兴印务有限公司
成品尺寸	170mm×240mm
插　　页	2
印　　张	13
字　　数	233 千字
版　　次	2021 年 8 月第 1 版
印　　次	2021 年 8 月第 1 次印刷
定　　价	52.00 元

◆ 读者邮购本书，请与本社发行科联系。
电话：(028)85408408/(028)85401670/
(028)86408023　邮政编码：610065
◆ 本社图书如有印装质量问题，请寄回出版社调换。
◆ 网址：http://press.scu.edu.cn

四川大学出版社
微信公众号

序

长期以来，主观性与主观化现象的研究一直是汉语语法研究的重要课题。特别是这些年来，随着相关理论的引入和借鉴，研究方法的不断改进和完善，研究手段的不断更新和提升，主观化的性质与功用的研究更是得到了蓬勃发展，研究成果数量与日俱增，质量持续提高。不过，迄今为止，研究不同评注性副词、语气词、话语标记的主观性和主观化的成果相对较多，专门研究交互主观性的论著相对较少。而刘春卉女士这本《汉语交互主观性标记及相关句类认知研究》，正是这方面的突破与尝试。本书运用主观化与交互主观化理论对相关的语言现象做了全面的探究，其特点是除了多方面关注语气词与评注性副词之外，还把交互主观性标记拓展到实词、句式及相关句类特征，进而通过交互主观性标记辨识了不同句类形式与功能的偏离，这样的研究视角无疑是很有创新意义与实用价值的。

众所周知，由于汉语的类型学特点，长期以来，在汉语语法的研究中，语气词与副词主观化与情态化现象存在着较多的疑难问题。有鉴于此，本书作者深刻认识到，汉语的一些句类之所以在归属方面存在一定模糊性，其实与交互主观性标记密切相关。比如，“不知＋疑问结构”用陈述句形式表示询问，通常是为了避免疑问句期待回答可能给对方带来回答压力，而在书面上对句号和问号的选择带有一定的随意性，因为这类句子既可以从形式角度看作非典型陈述句，也可以从功能角度看作非典型疑问句。有些句子可以借助于其他句类的部分语调特征体现对听话人的关注，造成功能和形式之间不同程度的偏离，如“哈”字句可能是无疑问内容采用求认同语气以避免意愿强加或观点施加。很显然，正是因为作者在这方面具有深刻的语言理论功底和积累，所以，本书在揭示与解释一系列汉语语气词、评注性副词及其相应句式方面，达到了非常成熟与到位的水准。

本书的另一重要优点是：描写细致周全，注重层层推进，分析与结论基本立足于语言事实，而且，结论都具有较扎实的事实基础，可以提高信据性和可靠性。作者对具体现象的论证分析注重用语言事实，坚持通过语料统计、问卷调查和实验分析等方式对相关句子的语气、语调及其在书面语中标点的选择情况进行细致分析，并在此基础上探讨句子形式和句类功能之间的渗透错位及其交互主观性关系，进而对“交互主观性”与“句类认知”这两个颇具主观色彩的概念做出较为客观的判断。作者认为单纯地观察与讨论研究对象，有时并不能将其语法意义和语法功能揭示出来，但如果能将研究对象置于相关的同义、近义句式当中，就有可能将所讨论对象的形式特征、语义属性和功能差异全面而清楚地显示出来，而且，对比研究的普遍运用也加强了分析的可靠性与有效性。比如，书中对“不知＋疑问结构”标点选择的问卷调查和称谓语独词句的语调实验，也都给人留下较为深刻的印象。

互动语言学理论认为：语法是在互动中从参与者相互间的理解中浮现出来的，并且在互动中为了满足不同的交际需要而经历着连续的变化，语言的结构和意义是话语参加者之间协作、互动的产物。也就是说，语言与互动之间是一种辩证的关系，语言本身就是一种社会互动，特定的语言组织推动了社会的互动。联系到当前运用越来越广的各种各样的语言现象，有许多现象可以通过交互主观化理论来加以研究与分析。鉴于此，本书作者依据交互主观化以及互动语言学理论，对一系列语言现象提出自己的认识与解释。正是本着交互主观化理论的学术大背景，本书引入有关句类和句式，如疑问句、陈述句、祈使句和感叹句，并且从标记词入手，抓住句类句式的形式特征，将主观性和交互主观性的研究落到了实处。比如，针对“我不要 VP”和“我不 VP”加以多方面对比，根据回应方式、适用对象等方面，将该句式的交互主观性准确而有效地揭示了出来。最为难能可贵的是，作者能够透过纷繁复杂的现象看到其背后的一致性，在归纳演绎的基础上多方勾连并进行理论提升，指出各种句类都有可能通过语气语调的调整来加强交互主观性，减轻主观性过强或者客观性过强而给对方带来的被动接受的压力；不同句类可通过语气移植或功能附加以体现对听话人的关注，形成兼具不同句类特征的特殊表达方式，所以，这些语调形式与句类功能发生错位的表达方式，具有明显的交互主观性。总之，这一系列认识与结论，无疑是很有创新特征与学术价值的。

刘春卉是与我合作研究的第一个博士后，当年刚进站时，她的主要兴趣点在语法结构分析和语法化研究这两个方面，而且，当时已经在相关领域发表过多篇论文。在我的引导与鼓励下，她决定尝试研究语言的主观化现象。经过这些年的努力，现在她已经在这方面有了不少创见，而且，为了避免对语言主观性和交互主观性的主观臆测，她在剑桥大学访学期间刻苦研读实验语音学，以便必要时可以通过实验分析的方式为相关研究提供更加直观可靠的证据。经过不断努力，刘春卉的学术造诣业已达到相当的高度，这本专著既是她多年研究的一个总结，也是她下一步研究的新起点，期待她会有更多的优秀成果问世。

毋庸讳言，本书也还存在少量可以改进之处。比如，研究的范围和角度还有待进一步拓展，个别研究课题切入的角度和解释的条理也还可以再清晰一些。不过，尽管还存在少数需要改进与完善之处，但我仍然认为，本书无疑是一部深入研究交互主观化的创新之作，是一部值得认真一读的语言学专著，所以，郑重向大家推荐。

上海师范大学　张谊生
2021 年 8 月 2 日

目 录

绪 论 ……………………………………………………………………（001）

1 交互主观性标记及其对典型句类认知的影响 ………………………（008）

1.1 非典型疑问句"不知＋疑问结构"的特征及其交互主观性 ………（009）

1.1.1 "不知＋疑问结构"的陈述句形式与问询功能 ………………（010）

1.1.2 "不知＋疑问结构"的语调特点及其非典型性 ………………（011）

1.1.3 "不知＋疑问结构"的语体特征及复杂形式 …………………（014）

1.1.4 "不知＋正反/选择问"的句法特征及交互主观性 …………（016）

1.1.5 "不知＋特指问"的两个层级及其交互主观性 ………………（021）

小 结 ………………………………………………………………（023）

1.2 非典型祈使句"何不 VP"及其交互主观性 …………………………（024）

1.2.1 "何不 VP"的建议功能 …………………………………………（025）

1.2.2 建议义"何不 VP"的交互主观性 ………………………………（028）

1.2.3 建议义"何不 VP"的判断 ………………………………………（032）

小 结 ………………………………………………………………（035）

1.3 非典型反问句"不(是)……吗"及其交互主观性 ……………………（035）

1.3.1 反问的程度和层级 ……………………………………………（036）

1.3.2 非典型反问句"不(是)……吗"的交互主观性 …………………（038）

1.3.3 从与之并用的特指问句看"不是……吗"的交互主观性 ……（053）

小 结 ………………………………………………………………（057）

结 语 ………………………………………………………………（058）

2 制止义的不同句类实现方式及其交互主观性 ……………………………… (059)
2.1 劝止义“(咱)不VP”的交互主观性 ……………………………… (059)
2.1.1 “不VP”的劝止功能及其交互主观性 ……………………………… (060)
2.1.2 劝止义“咱不VP”的双重交互主观性 ……………………………… (064)
2.1.3 劝止义“(咱)不VP”的产生原因 ……………………………… (069)
小 结 ……………………………… (074)
2.2 抗议制止义“我不要VP”的主观性与交互主观性 ……………………………… (075)
2.2.1 “我不要VP”的抗议制止功能及其交互主观性 ……………………………… (077)
2.2.2 “我不要VP”与相关句式的比较 ……………………………… (086)
2.2.3 “我不要VP”与“我不要NP+VP” ……………………………… (092)
2.2.4 “我不要VP”与“我要VP”的不对称性 ……………………………… (097)
小 结 ……………………………… (100)
2.3 拒绝制止义“不用VP”的交互主观性 ……………………………… (101)
2.3.1 “不用VP”的拒绝制止功能及其交互主观性 ……………………………… (103)
2.3.2 “不用VP”的语义特点和使用语境 ……………………………… (105)
2.3.3 “用”的能愿动词性及词类地位 ……………………………… (109)
2.3.4 “不用VP”与其他同义形式 ……………………………… (113)
小 结 ……………………………… (117)
2.4 制止义不同句式交互主观性强弱比较 ……………………………… (118)
2.4.1 作为参照的批评制止义“(你)少VP” ……………………………… (118)
2.4.2 “(咱)不VP”与“(你)少VP”对比 ……………………………… (120)
2.4.3 “(你)不用VP”与“(你)少VP”对比 ……………………………… (124)
2.4.4 “我不要VP”与“(你)少VP”对比 ……………………………… (127)
2.4.5 几种制止义表达方式的交互主观性程度差异 ……………………………… (128)
结 语 ……………………………… (131)

3 带交互主观性的称谓语、语气词和语调对句类特征的影响 ……………………………… (133)
3.1 听话人称谓语“你娃(儿)”“你小子”的交互主观性 ……………………………… (134)
3.1.1 “你娃(儿)”与“你小子”适用语境的共性与差异 ……………………………… (135)
3.1.2 “你娃(儿)”与“你小子”的语法功能差异 ……………………………… (137)
3.1.3 “你娃(儿)”“你小子”与其他特殊称谓方式比较 ……………………………… (139)
小 结 ……………………………… (144)

3.2 新兴语气词“哈”“哦”的交互主观性 …………………………………………（145）
3.2.1 新兴语气词“哈”的交互主观性 ……………………………………………（146）
3.2.2 新兴语气词“哦”的交互主观性 ……………………………………………（149）
3.2.3 语气词“哈”“哦”在语气词系统中的地位 ……………………………………（152）
小 结 ……………………………………………………………………………（155）
3.3 交际功能与语调特征的关联——以称谓语独词句为例 ………………………（156）
3.3.1 独词句的界定 ………………………………………………………………（158）
3.3.2 称谓语独词句和人称代词省略句的标点选择及功能差异 …（161）
3.3.3 称谓语独词句的交际功能、语调特点及交互主观性 ………（163）
3.3.4 余论 ……………………………………………………………………………（169）
结 语 ………………………………………………………………………………（170）

4 形式功能、情态语气与交互主观性的相对性 ……………………………（171）
4.1 形式与功能的偏离对句类认知的影响及其交互主观性 ……………………（171）
4.1.1 疑问与陈述的互动 ……………………………………………………………（173）
4.1.2 疑问与祈使的互动 ……………………………………………………………（174）
4.1.3 祈使与陈述的互动 ……………………………………………………………（176）
4.2 情态语气调节手段及其交互主观性 …………………………………………（178）
4.3 主观性和交互主观性的相对性 ………………………………………………（181）

参考文献 ……………………………………………………………………………（184）
后 记 ………………………………………………………………………………（198）

绪 论

主观性（subjectivity）是与客观性相对而言的概念。它指的是话语多多少少含有说话人“自我”的表现成分。说话人在说出一段话的同时表明自己对这段话的立场、态度和感情，从而在话语中留下自我的印记（Lyons 1982；Finegan 1995；沈家煊 2001；Traugott 2003）。传达主观性信息是语言的重要功能之一，很多语言交流都不是纯粹客观的，而是带有很强的个人色彩，在传递信息的同时表达说话人对该信息的主观态度或情感倾向。说话人总是力图在语言选择过程中巧妙完成对情感态度的传递，而听话人则通常要在语用推理过程中尽力实现对说话人情感态度的准确揣摩，听说双方的这种努力通常不是为了客观性信息的传递和理解，而是为了主观性信息的编码与解读。

语言的主观性问题带有普遍性，任何语言都带有自我表现的印记，只是这种自我印记在不同语言中的表现方式和理解方式不尽相同。主观性功能的获得过程就是某个语言形式的主观化过程，当某个语言成分把相关情感态度意义吸收为其词汇意义或语法功能的一部分时，它就主观化为具有主观性的语言要素。

对于交互主观性（intersubjectivity）的论述以 Traugott 的观点最有代表性，她认为交互主观性与主观性关系密切，主要表现为说话人（或作者）用明确的语言形式表达对听话人（或读者）情感或“面子”的关注（Traugott & Dasher 2002；Traugott 2003，2010）。说话人会站在听话人的角度来组织和表达话语，说话人所关注的不仅有听话人对话语内容的态度，还有听话人对话语内容的理解。Traugott（2003）以“let us”为例提出了“非主观>主观>交互主观”的单向性语义演变路径。Lobke Ghesquière，Lieselotte Brems，Freek van de Velde（2012）根据共享注意力（joint attention）和 Traugott 的研究提出交互主观性可以分为态度类、回应类和语篇类三类，其中态度类主要是对听话人的“面子”或社会身份的关注，回应类主要指能够引发听话人特定回应或有助于谈话延续或立场合作，语篇类则是特别关注听话人对话语的理解。本研究所讨论的交互主观性指的主要是说话人（或作者）用明确的语言形式表达对听话人（或读者）情面的关注，也包括说话人（或作者）为促进话语交互和话语理解所做的努力。

交互主观性的表达手段很多，如人称代词、指示语、模糊限制语、礼貌标记语、敬语、能愿动词、语气词，等等。一种语言形式交互主观性的获得过程就是交互主观化的过程，交互主观化与主观化的区别在于主观化的意义变得越来越植根于说话人对命题内容的主观信念和态度，而交互主观化的意义则变得更强烈地聚焦于听话人。

主观性与交互主观性既相互关联，又相互区别。如果说话人所选用的语言形式旨在凸显个人意志与情感态度，而未对听话人的立场感受给予明确关照，则该语言形式具有主观性；如果说话人所选用的语言形式在表现个人意志与情感态度的同时还对听话人的立场感受给予专门关注，则该语言形式不仅具有主观性，还具有交互主观性。

随着语言形式研究的逐渐深入，人们越来越意识到语言表达中主观性和交互主观性信息的不容忽视。跟语言形式及其命题意义相比，语言表达的主观性和交互主观性相对比较隐蔽，不像语言的形式特征那么容易把握，但它同样是语言至关重要的功能。人们之所以在意图明确的前提下仍然费尽心思斟酌词句仔细掂量，就是因为语言为传情达意提供了很多不同的视角和方式，这些不同的视角和方式反映着说话人不同的情感态度和主观意图，如何把这些主观信息附加在命题意义上传达给对方，是我们语言交流过程中经常面对的问题，而这也在一定程度上决定着人际关系经营的成败。换句话说，语言作为交流的工具，存在着大量的可以表达同一命题意义的形式手段，人们在选择不同的表达方式时，不仅显示了不同的主观态度和情感倾向，也可能同时传达了对听话人不同的关注与期待。

国内较早关注语言主观性和交互主观性问题的是沈家煊，他对国外学者相关研究的评介引起了国内很多学者的浓厚兴趣。从 2001 年沈家煊的《语言的“主观性”和“主观化”》到 2011 年吴福祥主编的《汉语的主观性与主观化》论文集，到 2016 年方梅主编的《互动语言学与汉语研究》（第一辑），再到 2018 年方梅、曹秀玲主编的《互动语言学与汉语研究》（第二辑），可以看出语言的主观性和交互主观性研究已经日渐成为汉语研究的热点之一。互动语言学虽然并不局限于语言的主观性和交互主观性，但也与之密切相关。

专门研究汉语交互主观性的论著还不是很多，不过最近几年呈现出快速增长趋势，研究对象和研究角度也日益多样化，有侧重理论探讨的，也有针对具体语言事实的。有关交互主观性的理论，丁健（2019）系统梳理了“交互主观性”的概念内涵、下位类型和主要理论假说，对以 Traugott、Verhagen 和 Nuyts 为代表的三种观点进行比较分析，并在此基础上介绍了交互主观性在情感态度和内容理解两个方面对听话人的关注，此外，他还对“单向性”和“左/右缘”这两个重要假说及相关争议进行了评论。完权（2017）也认为汉语交互主观性跟句法位置没有必然联系，越是偏离常规占据更高句法位置的表达，交互主观性越强。陈征（2014：105）认为主观性和交互主观性可以构成一个连续统：强主观性—主观性—交互主观性倾向—交互主观性。

基于交互主观性的语言现象分析可以分为几大类，其中以语气词研究最为引人注目。方梅（2016）认为言谈互动需求是“呀”“哪”“啦”等语气词的使用动因，比如“呀”可以提示说话人关注，使用上可以不受音变条件约束。何文彬（2018）系统研究了现代汉语基本语气助词的主观性与主观化。完权（2018：18—34）认为“呢”用在交互性强的话语中，信据价值低则不宜加，反馈期待高则不宜删。王珏（2016：11）把“吗”的功能分为句法功能、主观性功能和交互主观性功能三类。武宜金、王晓燕（2011）分析了话语中“吧”的交互主观性。强星娜（2007）认为普通话语气词“嘛”“呢”存在不严格的“他问”与“自问”范畴的对立。

指示语的交互主观性研究也有不少。王敏、杨坤（2010）讨论了汉语尊称、谦称、拟亲属称谓、话语标记语、插入语、礼貌表达和评价副词的交互主观性在话语中的体现。饶安芳（2013）、袁莉容（2012，2014，2018）考察了不同人称指示语所体现的对听话人的情感态度及其交互主观性。孙鹏飞（2018）系统讨论了汉语特殊“自称”形式的类型、功能及其交互主观性。钟慧（2012）研究了指示语尤其是指示投射中大量存在的交互主观性现象。吴一安（2003）考察了空间指示语的主观性。赵云鹏（2019）则分析比较了立场标记“这/那一”的交互主观性及其交互主观化的动因和机制，等等。

有关副词主观性和交互主观性的论文也有很多，其中有共时的研究，也有历时的考察。徐以中、杨亦鸣（2005）分析了副词“都”的主观性、客观性及语用歧义。范熙（2007）考察了副词“也”的主观性。张旺熹、李慧敏（2009）分析了对话语境中副词“可”的交互主观性。李慧敏（2012）对比分析了“好了”和“行了”的交互主观性。高莉（2013）认为“不过”在从否定结构到副词再到连词经历了一个主观性与交互主观性建构的过程，作为转折义连词，“不过”是说话人用以调控听话人认知状态的语言手段，具有交互主观性。周晓彦（2016）认为副词“好歹”语气弱化的用法能够体现对听话人的关注，具有一定的交互主观性。梁银峰（2017）认为与听话人的互动需求是促使上古汉语的“既”字句摆脱主句限制而逐渐获得独立的重要原因。

时体标记特定用法的交互主观性也引起了人们关注，谢成明（2014）认为言域“来着”的委婉询问语气能够体现对听话人面子的关注。刘娅琼（2016）认为现场讲解时用于说话人发生位移或正在位移（含视线转移）的情境中“了”的使用是言者用来与听者单向交互的手段，帮助提醒听者位置、知识状态等的改变。

句式的交互主观性研究仍然与某些标记词密不可分。汪敏锋（2017）考察了“还是……吧”在表示“委婉表达不一致选择”“提供建议”“话题转换”“修正功能”等不同意义时“吧”和“还是”的功能互补及其交互主观性。洪波、诸允孟（2019）认为带否定疑问词语的假性问句能够使命题内容更具合理性和说服力，也能体现对听话人的尊重，因为听话人被视为信息的拥有者或知情者。

有些以交互主观性作为主题的学位论文，尤其是博士学位论文，其研究对象通常比较复杂，如袁莉容（2012）系统考察了汉语指示语、语气词、话语标记、应答语等几类言语形式的交互主观性特征。于东兴（2018）则从视角（自己相对他人的物理定位和时间定位）、共情（呼应情绪和协调立场）和认识情态（达成对行为和事件判断的共识）三个方面考察分析了汉语人称指示语、语气词、副词和几种句式的交互主观性。

有关主观化和交互主观化的研究，既有理论探讨，也有个案分析。方梅（2005）在考察疑问标记“是不是”的语法化过程时讨论了该标记的交互主观化及其所涉及的语义-语用互相关联的单向性路径。张旺熹、姚京晶（2009）则分析了汉语“人称代词+看/说/想”类结构的话语标记用法的主观性和交互主观性差异。姚占龙（2008）分析了“说、想、看”的主观化及其诱因，崔蕊（2014）考察了现代汉语虚词主观性及其主观化过程，杨黎黎（2017）研究了汉语情态助动词的主观性和主观化，杨万兵（2005）、褚俊海（2010）、潘海峰（2017）则考察了汉语副词的主观性与主观化，等等。

还有一些研究把理论探讨应用于教学实践，沈家煊《汉语的主观性和汉语语法教学》(2009)就把主观性研究与汉语教学结合起来，徐晶凝(2015)则认为程度副词“挺”具有低承诺的主观性特点，能够体现对听话人的关注，并据此提出对应的教学对策。

有些研究尽管并没有直接把主观性问题作为讨论重点，但其研究对象和研究角度也跟语言的主观性和交互主观性密切相关。如齐春红《现代汉语语气副词研究》(2008)，方文增《现代汉语感叹行为语用研究》(2011)，金智妍《现代汉语句末语气词意义研究》(2011)，宋永圭《现代汉语情态动词“能”的否定研究》(2004)，齐沪扬《情态语气范畴中语气词的功能分析》(2002)，杜道流《现代汉语感叹句研究》(2003)，李成军《现代汉语感叹句研究》(2005)，郎大地《受副词“多么、真”强制的感叹句》(1987)，袁毓林《“都、也”在“Wh+都/也+VP”中的语义贡献》(2004)，张谊生《副词“都”的语法化与主观化：兼论“都”的表达功用和内部分类》(2005)，袁毓林《反预期、递进关系和语用尺度的类型——“甚至”和“反而”的语义功能比较》(2008)，徐鹏波《“还、又、也”语气义的表达机制》(2007)，王飞华《汉英语气系统对比研究》(2005)，徐晶凝《现代汉语话语情态研究》(2008)，等等。

可见，汉语的主观性和交互主观性研究已经取得了令人瞩目的成果，有些研究虽然还不是十分自觉而明确地从主观性角度考察相关问题，但也为我们提供了可资借鉴的研究基础。

话语交际中所传达的主观性或交互主观性信息是语言表达的重要内容，其重要性有时甚至超过客观信息，不过，跟语言形式和命题意义的研究相比，主观性和交互主观性问题研究还相对比较零星和薄弱，仍有不少问题有待深入考察。比如，对某一交际目的而言，表达主观性和交互主观性的手段有哪些？它们之间有什么共性和差异？不同句类的主观性和交互主观性有何特点？不同交际功能如何通过不同句类来体现？句类形式和句类功能错位对句类认知有何影响？等等。要回答这些问题，就不能仅从个别的或零星的语言现象出发孤立地进行个案分析，而要在跨句类的比较中描写分析各类主观性或交互主观性表达手段与其他表达手段的共性和差异，进而概括出主观性和交互主观性表达手段的类型，分析不同类型主观性和交互主观性的产生理据及其发展趋势。

不少具有交互主观性的句子在句类归属方面比较模糊，比如，带语气词

“哈”的非典型疑问句，“不 VP”非典型祈使句，“不知＋疑问结构”非典型陈述句或非典型疑问句，等等。这些句子的形式特点和句类功能出现一定偏离，而且其句类认知情况带有模糊性和不稳定性。由于目前相关研究相对较少，而句类认知情况的考察又很难做到绝对客观，所以需要通过语料统计、问卷调查和实验分析等方式对相关句子在口语中的语气语调和在书面语中的标点选择情况分别进行归纳统计和对比分析，并在此基础上探讨语气语调和句类功能之间的渗透错位及其与交互主观性的关系。

本研究以汉语多个交互主观性标记作为主要研究对象，考察它们所具有的主观性特点或交互主观性特点，分析其主观化或交互主观化的根源或理据。对于具有相近主观性或交互主观性的表达手段，探讨它们在主观性或交互主观性方面的共性和差异，并以汉语表示劝止、制止与喝止的几种不同方式为例比较和探讨交互主观性的强弱问题。

本研究共分四部分。

首先以句类或语调的非典型性为纲，主要讨论以“不知”为标记的非典型疑问句、以“何不”为标记的非典型祈使句和“不是……吗”非典型反问句的句类归属和语调特点，分析其非典型句类特征及其交互主观性。

其次以功能为纲，主要讨论几种制止方式的句类特点及其主观性或交互主观性，包括以感叹句形式表示制止的“我不要 VP”“少 VP”，以陈述句形式表示制止的“不用 VP”和以疑问句形式表示制止的“何必 VP”等。

然后以标记的性质为纲，通过个案分析的方式分别考察了实词、虚词和语调与交互主观性的关联及其对句类特征典型性的影响，包括作为实词的听话人称谓语“你小子”“你娃儿”的交互主观性特点及相关句类特征，作为虚词的“哈”“哦”的语气情态特征及其在语气词系统中的地位，通过语调变化实现不同交际功能的称谓语独词句及其与省略句的区别，等等。

最后从形式与功能的偏离、情态语气调节手段的角度分析主观性与交互主观性的相对性。

本研究所用语料主要选自北大语料库（Center for Chinese Linguistics，CCL），也有部分自拟例句。为了区别二者，自拟例句后不注明出处；选自北大语料库的例句后面一律注明出处，其中报刊语料、网络语料、翻译作品和出处信息不明确的只注明“CCL”，以与自拟例句区别，而出处信息完整的则注明具体作品。翻译作品的语言虽然未必如汉语作家作品的语言地道，甚至可能带有一些欧化特征，但翻译者在翻译时的字斟句酌有时更能反映某些同义表达手段的细微差别，所以本文适当选用了一些此类语例。此外，个别选自 BCC 语料库的例句后注明“BCC”，少量从电视剧人物对话或从网络上检索到的语料注明详细出处，有些需要提供背景信息的较长例句用“……”标记相关内容的删减。为保留语料原貌，例句中错别字未做改动。

1 交互主观性标记及其对典型句类认知的影响

陈述句、疑问句、感叹句和祈使句在语气语调和句类功能上各有差异，句类的划分依据就是句子的语气语调，其功能在大多数情况下也与语气语调密切相关，协调一致，如：表示疑问征询通常语调上扬；表示感叹通常语调高降，下降幅度较大；表示陈述通常语调略降，下降幅度相对较小；表示祈使，根据其语气强度，语调呈现出从急速下降到平缓下降的变化，有时还可能使用略微上扬的语调，为祈使增加一点征询色彩，以示礼貌，“吧”“哈”等语气词在祈使句中的大量使用就是为了适应这种征询商量语气的表达，为祈使句附加上类似疑问句的语气语调，弱化意愿施加色彩，使对方更加容易接受。

其实，并非只有通过疑问语调弱化肯定语气才能增加交互主观性，对有些疑问句而言，弱化疑问语气或者使用非疑问语气的句子来表示询问也可能显示对听话人的关注和尊重。“不知您是否有空参加我们明天的开业典礼”，这样的句子就是使用陈述句的形式表示询问，从形式上掩盖疑问句对回答的迫切要求，减轻听话人的回答压力，体现了对听话人的尊重。

此外，疑问句也可以通过弱化疑问语气表达建议。如“何不”表示建议的用法甚至多于表示疑问或反问的用法，有时句末直接使用句号和感叹号。其实，“何不”已经有逐渐演变为表建议的标记词的趋势，与兼表疑问和反问的“为何不”似乎已经形成模糊但又有一定倾向性的分工。其他询问原因的“为什么不”“怎么不”等也都具有类似的用法，只是它们表示建议的用法跟表示询问和表示反问的用法还不太容易分开，不及“何不”表建议那么典型。

“何不+VP”通过弱化疑问语气表达建议，这跟祈使句通过增添疑问语气表达征询商量，弱化意愿施加，从语调转化方向上来看刚好相反，但二者的目标语调却是一致的，即都是通过非典型疑问语调，即使用征询商量语气来达到委婉建议的目的，从而达到维护听话人颜面或尊重听话人的目的。非典型反问句“不是……吗”也可以借助商榷语气邀约听话人回应互动，提醒对方或者为对话的顺利进行提供必要的铺垫说明，给听说双方提供辩解更正的回旋余地。跟典型反问句相比，非典型反问句具有一定的交互主观性。

需要说明的是，我们所讨论的对象有些就其词汇形式和词汇意义来说可以直接判定为交互主观性标记，有些则是进入特定句式中才浮现出交互主观性，但由于它们在交互主观性方面具有明显共性，而且在句类特征和句类认知方面也都存在某种特殊性，放在一起讨论更有助于全面考察交互主观性表达手段跟句类认知之间的互动和关联。

祈使句添加疑问语气和疑问句弱化疑问语气都可以通过非确认语气以商量征询的方式表示委婉祈使，这两种表达方式的交互主观性都通过非典型疑问语气得以加强。与之相反，“不知＋疑问结构”则借用陈述语气表示询问以减轻对方回答的压力，也具有明显的交互主观性。可见，并不能笼统地说疑问语气更有利于表达对听话人的关注，而是要根据具体的交际目的来确定交互主观性。

总之，汉语各句类都可能通过语调特征的彼此借用移植而使相关话语表达更加礼貌、更加委婉，增强对听话人感受的关切或凸显与听话人的互动意愿。不过，这些表达方式虽然形式与功能出现一定偏离，但仍然会受到其功能或原始语调的制约，所以其语调特点在其所属的句类中通常不十分典型，经常呈现出在两种句类语调特点之间游移的特点，在书面上表现为标点选择的多种可能性，在口语中就呈现出语调的复杂多样性和非典型性。

1.1　非典型疑问句“不知＋疑问结构”的特征及其交互主观性

以陈述句的形式行使问询功能的“不知＋疑问结构”可以减轻听话人的回答压力，具有明显的交互主观性，而且这种交互主观性还可能通过变换其中的疑问结构类型或隐匿、替换人称代词而增减。这类句子的语调游移于陈述和疑问之间，在书面上体现为句末标点选择问号或句号有一定的随机性。

“不知+疑问结构”的句类归属具有非典型性，其形式与功能相背离，依据形式使用陈述语调会受制于其询问功能，基于功能使用疑问语调又受制于其陈述句形式。

1.1.1 “不知+疑问结构”的陈述句形式与问询功能

在汉语书面语当中，人们有时会用“不知+疑问结构”来表示询问，这类句子“不知”前面通常不出现主语，其后疑问结构可以是是非问之外的大多数问句形式，不过以正反问结构最为常见。这种用法在邮件、公函或比较礼貌客气的场合很是常用。这种句式表面上是陈述句的形式，但通常需要对方就“不知”的疑问结构宾语进行回答，句末标点可能是句号，也可能是问号。如：

（1）问：我们这里的邮电支局在顾客领取、邮寄钱物时，每次都强行配售 1995 年有奖明信片，否则不办理。营业员说这是上面的规定，不知是否有这样的规定。

黑龙江友谊县友谊农场虹雨答：经向邮电部值班室询问，邮电部没有关于要求顾客邮寄、领取钱物时必须搭买有奖明信片的规定。消费者若碰到这种侵犯权益的做法，可到当地邮电管理部门投诉。(CCL)

（2）听说你们在征集展品，这条裙子不知是否符合要求？(《1994 年报刊精选》)

这里第一例的语境已经非常明确，是问询信息，出现在“一问一答”栏目的“问”后面，整段话也只有“不知是否有这样的规定”这句话有表示问询的可能，但它仍然使用句号，而且其后就是相关部门针对该问题的回复，说明邮电部没有这样的规定，并建议消费者向管理部门投诉。第二例则直接使用问号，期待回应的要求更加显化。

当然，如果这类句式中使用的是第二人称代词之外的代词或名词，就可能只是客观陈述，因为对方也未必知道答案。不过，在特定场景下，尤其是在说话人认为听话人应该知道答案的情况下，这类句式也有表示侧面打听的可能，如“不知他有没有去”“不知我这次数学考试能不能通过”“不知谁能入选”等可能只是说明事实，也可能是向知情人打听消息，不过由于采用了陈述句的形式，无论听话人是否对此问题进行回应，都不会给双方的面子造成伤害，具有明显的交互主观性。

谭萌萌（2013）、王小曼（2014）分别对“不知”的来源和功能做了专门研究，但她们并没有特别关注“不知+疑问结构”的语调特点。“不知+疑问结构”表示纯粹陈述意义的时候跟“不知+陈述结构”没有本质区别，如“不知谁去了上海”与“不知王明去了上海”都可以表示客观陈述，本文不讨论此类用法。为了行文的方便，以下“不知+疑问结构”“不知+特指问”“不知+正反问/选择问”特指用于询问并期待对方进行回应的用法。

1.1.2 “不知+疑问结构”的语调特点及其非典型性

是非问之外的各种问句形式几乎都可以进入“不知+疑问结构”。是非问不能进入该结构的主要原因是这类问句对“吗”或疑问语调的依赖性较强，而疑问语气词“吗”跟“不知+疑问结构”的陈述句形式不兼容，如我们不会说“不知你去北京开会吗”。不过，如果把其中的是非问变换为正反问，就可以进入该句式，如前述句子改为“不知你是否去北京开会”“不知你去不去北京开会”都可以。“不知+正反问”的用法十分常见。如：

(3) 看您表演的小品，火爆而不失分寸，语言很有独创性，不知您是否参与脚本的创作？(《作家文摘》1995B)

(4) 不知您是否肯赏个脸，哪天陪我吃顿晚饭，然后再去看场《纽约美女》。(翻译作品《人性的枷锁》)

这两例“不知”后面都是“是否 VP”正反问结构，无论句末标点是句号还是问号，都期待听话人对“是否 VP”进行确认或回应。

1.1.2.1 基于语料库的“不知+疑问结构”语调特点分析

“不知+疑问结构”的句末标点既可以根据其陈述句形式特点使用句号，也可以根据其问询功能使用问号。由于其中的疑问结构以“第二人称+正反问”较为常见，我们以“不知您是否”和“不知你是否”为检索词进行检索。根据 2020 年 5 月 15 日对北大语料库的检索结果，“不知您是否”和“不知你是否”都存在句号和问号两种标点，也有感叹号和逗号，具体结果如表 1 所示：

表1　“不知您/你是否VP”的句末标点使用情况

例句类型	例句总数	问号例句	非问号例句
不知您是否	18	5（28%）	13（72%）
不知你是否	34	8（24%）	26（76%）

“不知您是否”和“不知你是否”除使用问号外，其他标点以句号和逗号为主，也有个别使用感叹号的情况。总的来说，这类句子使用句号的比例高于使用问号的比例，而且由于其陈述句形式，有的还同时存在将其理解为陈述句的可能。

“不知+正反问”中正反问结构的主语经常可以省略，说成“不知是否VP”“不知能否VP”等。为进一步验证上述统计结果，我们分别以“不知是否”“不知道是否”“不知是不是”“不知道是不是”为检索词进行检索，对句末使用句号和问号的句子进行统计对比，具体结果如表2所示：

表2　“不知是否VP”的句末标点使用情况

例句类型	有效例句数	句号例句	问号例句
不知是否	135	86（64%）	49（36%）
不知道是否	45	36（80%）	9（20%）
不知是不是	60	44（73%）	16（27%）
不知道是不是	52	39（75%）	13（25%）
总计	292	205（70%）	87（30%）

该结构的统计结果跟前面对“不知您/你是否”的统计结果基本一致：句号用例大约是问号用例的两倍多。

总之，这类句子使用问号和使用句号都很常见，因为从形式上看这类句子是陈述句形式，应该使用句号，但从功能上看这类句子又期待对方就“不知”后面的内容进行回答，所以也可以使用问号。因此，“不知+疑问结构”既不是典型陈述句，也不是典型疑问句，其语调特点游移于二者之间，弹性很大。

1.1.2.2　基于问卷的“不知+疑问结构”语调特点分析

“不知+疑问结构”究竟是被认知为陈述句还是疑问句，根据前面对北大语料库的统计结果，我们看出人们似乎更倾向于从形式特点上把它处理为陈述句，我们统计的几个句式都是句号的使用多于问号。

由于“不知+疑问结构”形式和功能分离的特殊性，所以似乎很难判定其形式对句类划分的影响大于其功能。基于此，我们选取了一些真实例句，去掉标点，进行问卷调查，让受试为之添加标点，分析其结果是否与语料库一致。

调查对象是四川大学文学与新闻学院 2013—2018 级的 103 名同学，问卷中 13 个“不知+疑问结构”（隐去标点）大都来自北大语料库，其中 4 句为自拟句，没有给定标点，句末括注“自拟”二字。调查结果如表 3 所示：

表 3　“不知+疑问结构”句末标点的问卷调查结果

调查例句与原标点	？	。	其他
我还有一句话，不知当说不当说（！）	14	89	
我呢，忽然想出个好办法，不知你赞成不赞成（？）	30	73	
你们提出的问题，我也是第一次考虑，不知你们是否同意我的看法（。）	51	52	
唐参谋，你到一团是协助工作而不是指导演习，不知我记错没有（？）	56	42	2（！） 3（?!）
他婶子，俺有意咱老姐妹俩结亲家，不知你嫌不嫌俺家日子薄（。）	62	39	2（……）
不知能否让她直接跟你联系（自拟）	65	38	
我们特警有一位姑娘很爱你，不知你是否愿意接受她的爱（？）	79	33	1（！）
一些学者和职能部门官员认为还是改革太仓促了，不知你怎么看（？）	80	23	
我现在就在通往下泉旺的路上。雪很大。不知你们平川城里下雪没有（？）	80	23	
他想找个英语家教，不知你有没有兴趣（自拟）	85	18	
我有个问题想请教您，不知您明天下午有没有空（自拟）	89	14	
后天是我们毕业典礼，不知您能否参加（自拟）	91	12	
三少爷说：“那你唱，我是求之不得呢，不知你想唱哪一段（？）”	98	5	
总计	880（65%）	461（34%）	8（1%）

第一例选择句号的明显多于选择问号的，因为“不知当不当说”几乎已经成为套话。第二例和第三例说话人已有自己的看法，征询意见只是表示礼貌，选择句号的也多于选择问号的。后面的例子询问色彩都相对明显。最后一例需要现场马上确认，对回答的要求比较迫切，所以问号的选择数量大大多于句号。可见，“不知＋疑问结构”的标点选择受制于多种因素，而且问卷对例句的选择也会在一定程度上影响调查结果。不过，无论选择什么例句，两种标点都可以使用的事实仍然是不会改变的。

1.1.2.3 语料库统计结果与问卷调查结果的不一致性及其原因

调查问卷统计结果显示问号的选择比例明显高于句号，这跟“不知您是否”“不知你是否”在语料库中句号多于问号的统计结果并不一致。单就某一例句而言，问卷调查的结果跟语料库原标点不一致的情况也不少，如：“我呢，忽然想出个好办法，不知你赞成不赞成”的原标点为问号，而调查结果却是句号（73 例）大大多于问号（30 例）；“他婶子，俺有意咱老姐妹俩结亲家，不知你嫌不嫌俺家日子薄”的原标点是句号，调查结果却是问号（62 例）明显多于句号（39 例），还有两份问卷选择省略号作为该句的标点。

“不知＋疑问结构”的标点使用带有很大的随机性，但这并不会改变问号、句号两种标点都适用于这类句式的事实，更不会改变该句式以陈述句形式表达询问意义的本质，也正是这一点可以解释为什么该句式标点使用情况如此复杂而随意。形式和功能是任何话语都必不可少的两个方面，二者一致时语调或句类比较明确，二者偏离时人们对标点的选择就很难达成一致，毕竟基于形式还是基于功能都有其合理性。对标点的选择，虽然根据具体语境可能会呈现出一定的倾向，但更多的时候带有明显的随意性或一定的个体差异。这种随意性个体差异并非偏向于选择某一种标点，而是两种倾向都存在，只是频率略有不同。

1.1.3 “不知＋疑问结构”的语体特征及复杂形式

“不知＋疑问结构”在书面语和口语中都有使用，但更多是用于书面语。我们在北大语料库中没有检索到“不知您是不是”“不知你是不是”的任何用例，而检索到“不知您是否”18 例和“不知你是否”34 例，其中有些用例出现在书信当中，这说明该句式更多用于书面语。如：

（5）育苗写道：“红红，在国外生活，一切都习惯吧？不知你是

否还记得我，我是苗苗，这张照片中间的一位是我。”(CCL)

(6) 我殷切地希望和您作一次友好的谈话，但不知您是否能够满足我的要求。(CCL)

这两例都出自书信，语言非常礼貌得体。“不知+疑问结构”带有一定的书面语体色彩和文言色彩，相对而言较为正式，即使在口语中出现也多用于正式场合。如：

(7) 我这些看法不知你是否同意？下面我再对她们两位的作品进行一些具体的分析，以支持我的论断。(CCL)

(8) 不知你是否意识到，我们时刻处于惯性的包围中。关注人们的求学道路和职业发展，你会发现惯性的牵绊更是无时不在。(CCL)

这两例很显然都不是日常口语，即使出现在对话中，也多是出于保持礼貌客气或显示身份修养的需要。

跟“不知道”相比，“不知”因带有文言色彩和书面语色彩，跟“是否”“能否”“可否”兼容度较高。此外，“不知”多用于征询，“不知道”更多表示叙述。我们对北大语料库中“不知谁”和“不知道谁”进行了检索和统计，二者各有 17 个用例，“不知道”用于询问的只有 3 例，其余 14 例大多是“谁不知道谁”之类的反问句，而“不知”用于询问有 14 例，其余 3 例中有 2 例错用问号，还有 1 例是反问句惯用语“谁人不知谁人不晓”。可见，二者表示征询的频率具有明显差异，这跟它们的语体色彩密切相关。此外，“不知道”用于反问多于“不知”，且反问多用于口语，而书面语色彩较重的“不知”用于客气的询问则多于“不知道”。

“不知+疑问结构”中疑问结构的宾语可以是简短的名词或代词，也可以是完整单句或复句，尤其是当其前的动词要求带谓词性宾语时。这种长宾语后边选用问号的可能性较小，因为疑问语气一般很难跨越太长的语段。如：

(9) 尊敬的读者，读毕这篇会议纪实，不知你是否留意到，主持会议的副总理谷牧，在会议开始、结束及中间插话，先后 3 次反复提到邓小平的意见：广东、福建很多地方可更开放一些。(CCL)

(10) 不知您是否意识到，现代人已被形形色色、五花八门的“文字”包围了。(CCL)

这两例中疑问结构的谓语中心“留意到”“意识到”都需要或可以带谓词性宾语。谓词性宾语的形式就可能比较复杂。有时复杂宾语会先用名词或代词概括作为疑问结构的宾语，然后再以完整形式进行补充说明。如：

(11) 不知您是否有这种体验：有些密封食品的塑料袋，食用时如不备刀剪，往往撕不动，咬不开，撕不好还会溅一身，费事劳神，方便食品反觉不那么方便。(CCL)

“不知+疑问结构”后也可能会出现从其他方面对疑问结构进行补充说明的句子。在请求对方答应自己时，常以这样的补充说明理由来增强说服力。如：

(12) 凭你的博学，是完全有能力来编一本的。不知你是否有兴趣来当主编，搞一本多人原作多人译的《童心诗选》?(CCL)

(13)“我决心要做这项研究工作，”邵尔斯毅然地说，“不知你是否肯让我把这些东西带回去，供我做研究的参考?”(CCL)

这两例中的“不知+疑问结构”后都出现了对该句进行补充说明的句子。第一例是补充说明宾语“主编”的具体计划以明确所指，第二例是补充说明自己的目的以增强说服力，两者都能加大得到肯定回答的可能。

跟宾语类似，“不知+疑问结构”的主语也可能很长，后面有时可以补充出指示代词“这”，回指该复杂主语。如：

(14) 据传，川北方面，政府正在大量增兵，不知是否影响和谈进行?(CCL)

(15) 滕代远点点头，从衣兜里掏出笔记本摊在面前的茶几上，说：“我们研究制定了一些具体部署，不知道是否妥当?”(CCL)

这两例“不知+疑问结构”所讨论的话题就是前面的句子，两例都可以在“不知”后面加上“这”，回指复杂主语，分别说成“不知这是否影响和谈进行”“不知这是否妥当”。可见，这些复杂形式都可以通过代词回指变换为简单式，二者并没有本质区别，为方便论述，下文多选用短句。

1.1.4 “不知+正反/选择问”的句法特征及交互主观性

正反问形式在“不知+疑问结构”中最为常见，期待确认是这类句式的重要功能，无论句末标点是句号还是问号。使用陈述句形式表示询问可以大大减轻听话人的回答压力，显示了对听话人的关心和尊重，具有明显的交互主观性。

1.1.4.1 “不知＋正反/选择问”的形式

“不知+疑问结构”中正反问的形式除了适用性非常宽泛的“是否”“能否”“有没有”等外，也可能是意义实在的动词或形容词的正反对立，如“去不去”“好不好”“行不行”等，还可能是“V没有VP”的省略形式“V没有”等。如：

(16) 不知你明天去不去开会。

(17) 不知他们对你好不好。

(18) 不知这样行不行。

(19) 不知他看过这本书没有。

这些句子使用各不相同的正反问充当“不知”的宾语，说话人并非想要客观陈述自己对宾语所表示的事件不知情，而是想要听话人就相关问题进行确认或回应。这些例句中的“不知”大都可以替换为“不知道”，但具有一定文言色彩的“是否”“能否”“可否”跟“不知”的语体色彩更为协调。

“不知+疑问结构”中疑问结构为选择问的情况也不少。其实选择问和正反问并无本质不同，只不过正反问是两个刚好相反的选项，而选择问的两个或多个选项不存在对立关系。如：

(20) 打了几次电话都联系不上，不知是你们换号了还是刚好不在家。

(21) 听说你们要去北美旅游，不知是去美国还是去加拿大。

(22) 不知你打算选文科还是选理科。

(23) 不知你春季学期忙还是秋季学期忙。

这些“不知+选择问”形式跟单用“选择问”一样都期待听话人就这些选项做出取舍。有时，说话人明知听话人也不可能知道答案，但仍然使用这类句式，其意图主要是表示担心或关心。如：

(24) 不知你这次能不能考上。

(25) 不知那边的情况会不会太复杂。

对于这类用法，虽然听说双方都不知道答案，但说话人可以借此表达疑虑或关心，听话人也通常会进行猜测性回应以推进互动。

1.1.4.2　“不知＋正反/选择问”的常用主语及其句法位置

“不知＋疑问结构”中正反问或选择问的主语可能是人称代词，也可能是名词，而且这些主语有时还存在变换或多种选择的可能。

疑问结构由名词或第三人称代词充当主语时产生歧义的可能性要高于用第一人称代词和第二人称代词。如果在“不知”前面加上主语“我”或“他”，该结构的陈述意义通常会更加凸显，而且此时较少使用“不知”，一般用“不知道”。如：

（26）我不知道他来不来。

（27）她不知道书店关门没有。

这两例都更容易理解为陈述句，且如果用“不知”替换其中的“不知道”会有些不太自然。可见，问询义“不知＋疑问结构”前面通常没有主语，否则会显得不自然或者更倾向于表示客观陈述。因此，我们主要讨论前面不出现主语的“不知＋疑问结构”，重点考察其后疑问结构的主语类型及其变换。

意在询问的“不知＋疑问结构”中最常用的人称代词是第二人称代词，包括尊称形式“您”、单数形式“你”和复数形式“你们”。这类句子中如果出现第二人称代词，无论是充当疑问结构的主语、作为与事出现在介宾结构中，还是出现在其他句法位置，都是表示客气询问。如：

（28）不知你有没有听赵老师提起过这件事。

（29）不知赵老师有没有跟你提起过这件事。

（30）不知你的学生什么时候回来。

（31）不知谁跟你一起去的。

（32）不知能否送给你这本书。

（33）不知他会不会见你。

可见，第二人称代词无论出现在疑问结构的主语位置、定语位置还是宾语位置，都可以表示客气询问。第二人称代词是“不知＋疑问结构”表示客气询问的重要标志，它表明说话人是在针对听话人提问，说话人很可能是在预设对方知情的情况下希望获知相关信息。

这类结构如果没有出现第二人称代词或者不能补充出第二人称代词，则通常可能具有客观陈述和客气询问两种功能。

1.1.4.3　其他人称代词及其与第二人称的变换

意在询问的“不知+疑问结构”中疑问结构的主语为第一人称代词、第三人称代词或名词时，可以变换为使用第二人称代词的用法，其中以第一人称代词的变换最为常见，而且变换后的句子自然度和接受度也更高。如：

(34) 不知我能否去办公室找您。⟶不知您是否允许我去办公室找您。

(35) 不知我说对了没有。⟶不知您觉得我说对了没有。

(36) 不知我该不该说。⟶不知您觉得我该不该说。

这几例都是以陈述句表示询问，跟疑问句“我能否去办公室找您”“我说对了没有”“我该不该说”相比，“不知”句弱化了让对方回答的要求，减轻了对方的回答压力，如果对方不愿或不便回答也可以避免自己尴尬。相比较而言，当疑问结构的主语是第一人称时，交互主观性更加明显，对方因为没有出现在疑问结构中而在选择回答与否上具有更大的自由度。

可见，“不知+疑问结构”中的疑问结构还存在变换人称代词的可能，变换前后理性意义相差不大，只是主观性和交互主观性略有差异。比如，“不知我说对了没有”可以变换为“不知道我说的对不对”，变换后的疑问结构主语是“我说的”，而不再是第一人称代词“我”，但变换后意义并没有发生明显变化；该疑问结构的主语还可以再变换为第二人称代词，只需要适当进行词语调整使之更加自然：

(37) 不知我说的对不对。⟶不知你是否同意我说的话。

这两句话虽然在语体色彩上具有差异，但其语义功能并未发生明显变化，都是征询对方是否认同自己的话或者向对方确认自己说的话是否正确。

语体色彩一致的人称代词变换也很容易实现，如果特别礼貌客气，还可以选择使用尊称“您”。例如：

(38) 不知我能否有幸跟你共进午餐。⟶不知您是否愿意跟我共进午餐。

上例中的两句话都是征询对方意见。第一句的疑问结构主语使用第一人称代词，更加礼貌客气，而且“有幸”进一步强化了该句的交互主观性。第二句的疑问结构主语的人称代词选择尊称“您”以示尊重，再加上“不知+

疑问结构”句式本身的交互主观性，也同样非常礼貌客气。

当然，大多数使用第二人称代词的“不知＋疑问结构”都没有对应变换为第一人称代词用法，如“不知你明天是否有空”“不知你希望跟谁去”都不存在变换的可能。

“不知＋疑问结构”中疑问结构的主语有时并不出现，若要将其补充出来，可能存在不止一种选择，其通常可以是第一人称代词，也可以是第二人称代词，具有不确定性。如：

（39）如果方便的话，能否让她跟你联系。

（40）能否让他去你那里拿？

这类句式中的疑问结构通常包含一个兼语短语，该短语的主语可以理解为说话人“我”，即“我能否让她跟你联系”“我能否让他去你那里拿”；也可以理解为听话人“你”，理解为听话人时跟“不知你能否让他 VP”意义大致相同，但由于第二人称代词缺省，这种不确定性增强了该结构的交互主观性。

第三人称代词或名词做主语，都独立于听说双方之外，二者具有一定的共性。当“不知＋疑问结构”中疑问结构的主语是第三人称代词或名词时，说话人可能只是客观陈述，也可能是希望对方能就此告知详情或给个意见。如“不知他明天来不来”“不知他考得怎么样”“不知谁来接我们”带有询问意图时，通常讨论对象跟听话人关系亲近，或者听话人由于身份、地位等很可能知道内幕。再如：

（41）不知他是否理解你的良苦用心。

（42）不知他会不会来找我。

（43）不知这本书能否借给我几天。

（44）不知我的论文是否合乎贵刊要求。

如果上面这些句子意在询问，希望听话人能就疑问内容予以回答，那么其中疑问结构的主语大多可以变换为第二人称代词，变换之后主观性也会发生细微变化。如：

（45）不知你觉得他是否理解你的良苦用心。

（46）不知你觉得他会不会来找我。

（47）不知你能否把这本书借给我几天。

（48）不知你觉得我的论文是否符合贵刊的要求。

主语变换为第二人称代词后，由于询问对象明确，对回应的期待较之前强烈，所以变换之后的句子交互主观性受到一定削弱。

第一人称代词、第三人称代词和名词主语在特定语境中也有可能变换为第二人称代词，这从一个侧面说明这类句子具有很强的互动性，对听话人的回应具有明显的期待，只是其陈述句形式掩盖了其问询本质，减轻了对方的回答压力。隐匿或替换第二人称代词可以强化对听话人感受的重视，使得相关表达具有更加鲜明的交互主观性。

1.1.5 “不知+特指问”的两个层级及其交互主观性

“不知+特指问”也很常用，所有的疑问代词都可以用于这类结构。跟“不知+正反问/选择问”一样，这类句式采用陈述句的形式，但又对听话人就疑问予以问答有所期待。如：

(49) 不知谁拿走了我的书。

(50) 不知什么时候开学。

(51) 不知买多少合适。

(52) 不知你怎么看这件事。

(53) 不知你意下如何。

(54) 不知哪儿有水果店。

这些句子可以使用问号，也可以使用句号。使用句号是因为该句式从形式上看属于陈述句，使用问号是因为该句式期待对方就疑问进行回答。

不过，有时听话人很可能也不知道答案，但这并不会给听说双方造成面子上的伤害，因为这类“不知+特指问”除使用第二人称代词的，大多融合了是非问和特指问两个层面。如“不知哪里有数学辅导班”就融合了是非问“你知道哪里有数学辅导班吗”和特指问“哪里有数学辅导班”这两种问句，如果听话人对是非问的答案是肯定的，通常会直接针对特指问予以回答；如果听话人对是非问的答案是否定的，就会只针对是非问回答“不知道”。因为针对是非问予以回答也同样符合说话人的期待，所以即使听话人无法针对特指问进行回答，也不会有太大压力，并不会因没有回应而阻碍双方进一步互动。

没有出现第二人称代词的“不知+特指问”大都融合了是非问和特指问这两种不同的问句，或者说这类句子通常可以分解为是非问、特指问两个问句。如：

(55) 不知图书馆晚上几点闭馆。

(56) 不知谁去看他了。

(57) 不知我说错了什么。

(58) 不知她女儿几岁了。

第一例的疑问结构融合了“你是否知道图书馆晚上几点闭馆”和“图书馆晚上几点闭馆”这两个问句，第二例融合了“你知道谁去看他了吗”和“谁去看他了”这两个问句，第三例融合了“你知道我说错什么了吗”和“我说错了什么”这两个问句，第四例融合了“你知道她女儿几岁了吗”和“她女儿几岁了”这两个问句。对这些融合了是非问和特指问的“不知+特指问”的回答方式是一致的：肯定回答针对特指问，否定回答针对是非问。只要有所回应，就能满足说话人提问时的期待，听说双方面子都不会受到伤害。

当“不知+特指问”中疑问结构的主语是第二人称代词时，听话人通常是知情的，知道答案的可能性比较大，能够直接针对特指问进行回答，这时的疑问结构一般不存在表示是非问的必要。如：

(59) 不知你昨天什么时候离开的。

(60) 不知你最喜欢哪个。

这两例中听话人肯定是知道答案的，说话人的主要目的也就是希望对方用回答特指问句的方式就疑问代词进行回答。当然，听话人也有可能不了解情况，此时也可以将疑问结构看作融合了是非问和特指问。如：

(61) 不知你分在哪个组答辩。

(62) 不知你跟谁一起去调研。

第一例可以分解为是非问“你知道你分在哪个组答辩吗”和特指问“你分在哪个组答辩”，第二例可以分解为是非问“你知道跟谁一起去调研吗”和特指问“你跟谁一起去调研”。如果听话人也不知道详情，就可以只针对是非问句用“不知道”回答。

可见，跟预设对方知情的单纯特指问相比，“不知+特指问”不仅通过陈述句的形式减轻了对方回答的压力，而且还为听话人提供了一个可以就是非问进行回答的选项，为听说双方营造了一个更加轻松的交流氛围。

跟特指问相比，是非问更具交互主观性，因为特指问通常预设对方知情，如果对方不能就疑问代词予以回答，不仅自己有压力，而且会让提问者难堪。所以，特指问变换为是非问，更能体现出对听话人的关注和尊重。不同语言在这一点上具有一定共性。试比较：

(63) 能告诉我你的名字吗？⟶你叫什么名字？

(64) May I have your name? ⟶What is your name?

很显然，无论是汉语还是英语，跟后面的特指问相比，前面的是非问都更加礼貌客气。所以，“不知＋特指问”不仅跟“不知＋正反问/选择问”一样用陈述句的形式表示询问，减轻对方回答的压力，而且还可以通过融合是非问与特指问两种问句形式，给听话人更多的选择。听话人如果不知情或不便说，可以只就是非问进行否定回答，不会因为无法针对特指问予以回答而产生心理压力，也不会让对方因为没有得到回答而受挫难堪。

此外，“不知＋特指问”也可以缓和语气，弱化指责意味。如：

(65) 我已经修改过地址了，但物流信息还是原先的地址，不知怎么回事。

在这一语境当中，跟表示责问的“怎么回事”“这是怎么回事”和“到底怎么回事”相比，“不知怎么回事”相对委婉含蓄，大大减弱了谴责埋怨意味。此外，“不知＋特指问”有时可能只是没话找话，保持互动，有些类似自言自语，如“不知她现在到家了没有”“不知这件衣服穿上合不合适”“不知哪儿有理发店”等。

总之，“不知＋特指问”以陈述句的形式表示询问，可以减轻听话人回答的压力，通过客观陈述自己不知情暗示对方予以回答说明，具有明显的交互主观性。听话人即使不了解情况也不会有伤情面，因为这类句子并不像特指问那样预设对方一定知情；听话人知情但不想回答，双方也不会太难堪，因为陈述句的形式掩盖或弱化了对回答的要求。“不知＋特指问”同时融合了特指问和是非问，听话人可以只针对是非问做否定回答而不会有任何压力，也不会因难以回应而让对方感到尴尬。

小　结

“不知＋疑问结构”使用陈述句的形式来表示询问，可以减弱对方回答的压力，显得比较礼貌客气，具有明显的交互主观性。正是由于其特殊的语用价值，“不知当不当说”甚至已经成为一种类似惯用语的表达方式。

这类句子有时还可能通过隐匿疑问结构的主语或将主语替换第二人称代词，进一步强化对说话人的尊重和关注。如“不知是否符合要求”“不知我能否当面向你请教”“不知我说的对不对”，跟“不知是否符合你的要求”“不知你是否允许我当面向你请教”“不知你是否同意我说的话”相比，前者因没有使用第二人称代词做主语而更加含蓄委婉；不过，后者也可以通过使用尊称“您”，在礼貌和尊重程度方面增强交互主观性。

“不知＋特指问”可以分解为是非问和特指问两个层面，无论针对哪个层面的问题进行回答，都符合说话人预期。听话人如果知情，就针对特指问回答；听话人如果并不知情，也可以只针对是非问做否定回答而不会有任何压力，也不会让对方尴尬。

由于陈述句的形式和表问询的功能相背离，“不知＋疑问结构”的语调具有一定的不确定性和非典型性，既不是典型的陈述句语调，也不是典型的疑问句语调，在书面上句号和问号的使用都很普遍，人们对两种标点的选择既有一定的倾向性，也带有明显的随意性。

汉语中有不少非典型语调都跟交互主观性的表达密切相关。无疑问的内容采用求认同语气能够表示对听话人的关注和尊重，有疑问的内容采用陈述形式则可以减轻对方的回答压力，两者同样具有交互主观性。如“不知您明天是否有空，能否参加毕业生聚会”就比“你明天有空吗？能参加研究生聚会吗”更为礼貌客气，其语气介于陈述和疑问之间，书面上使用句号或问号均可，其基于语调的句类归属具有非典型性。

1.2 非典型祈使句“何不VP”及其交互主观性

表建议的常用句类是祈使句，祈使句通常带有一定的意愿施加意味，不利于体现对听话人的尊重。为了弱化说话人的主观意志，人们可能会添加其他句类特征或直接选用其他句类来实现建议功能。如“进去看看吧”通过使用语气词“吧”为建议增添商榷意味，避免典型祈使句的强制与生硬；“最好进去看看”则是用陈述句表达建议，避免祈使句的意愿强加色彩。这些非祈使句表示建议时更能体现对听话人的关注，具有明显的交互主观性。

弱化肯定语气是减轻祈使句的肯定性或施为性的主要手段。除添加语气词为祈使句增加协商语气外，有些疑问句也可以直接用来表示建议，如“何不 VP”“为什么不 VP”“怎么不 VP”就经常用来表示建议，而并非想就原因进行询问或表示反问。相对而言，“何不 VP”的建议功能更加突出，“为何不 VP”更多承担询问原因和反问的功能，“为什么不 VP”“怎么不 VP”则三种功能比较均衡。

“何不 VP”的建议功能比较常用，但目前尚未发现从句类功能和交互主观性角度对这一问题的专门研究。“何不 VP”类问句可以询问原因或表示反问，也可以提出建议，这三种功能一般可以通过听话人的反应或说话人的交际意图得以区别，但也有些非典型祈使句很难排除询问原因或表示反问的可能。跟其他同类问句相比，“何不 VP”的建议功能更加凸出，在一定程度上可以说“何不”已有发展为建议标记的趋势。表示建议的“何不 VP”句末标点有的基于其形式特点使用问号，有的根据其语用功能使用句号或叹号。

1.2.1 “何不 VP”的建议功能

“何不 VP”类问句表示建议的用法不太容易跟其表示疑问或反问的用法区别开来，通常需要根据听话人的反应或者说话人的交际意图来进行判断。

1.2.1.1 从听话人的反应看“何不 VP”类问句的建议功能

“何不 VP”跟与之同类的“为什么不 VP”“怎么不 VP”表示询问、反问和建议这三种功能之间的界限并不十分清楚，必须依靠上下文语境或者说话人语气语调进行分辨。对表示建议的用法而言，通常可以通过听话人的回应方式进行验证。如：

(1) 不过，彭坤郎教练慧眼识珠，“身材这么好，为什么不试试赛艇呢?”教练的一句话让汪明辉喜欢上了这项运动，并成就了他踏上奥运会赛场的梦想。(CCL)

(2) 为了礼貌，也为了买好陈家，何守仁向大家提议道：“文英大姐也是中学毕业生，同时还是咱们的老前辈，怎么不请她也写一张呢?”大家都赞成，只有张子豪不做声。(欧阳山《三家巷》)

(3) 李善长说：“秦朝末年，也这样大乱过。汉高祖是平民出身，因为他气量大，能够用人材，又不乱杀人，只花了五年时间，就统一天下。现在元朝政治这样混乱，天下土崩瓦解，您何不向汉高祖学习呢?”打那时候起，朱元璋就一心一意想学汉高祖刘邦。

（曹余章《中华上下五千年》）

从听话人的反应来看，他们都是把问句理解为建议，而不是询问原因，所以他们的回应方式都是直接采取对应的行动，而不是就相关问句进行原因解释。可见，“何不 VP”等问句都表示建议，它们虽然采用了询问原因的问句形式，但本质上是根据事理提出建议并希望听话人能接受建议。

除了采取相应的行动以回应建议外，听话人也可能直接以应答祈使句的方式来回应这类问句。如：

（4）“王既然要我的儿子活命，为什么不让你自己的儿子脱离罪责，回以色列来呢？”“你讲这些话，莫非是约押的主意，要你来讲人情的吧。”“我主我王的智慧恰如天使的智慧一样，能预知一切。一点也不假，是他叫我来的。”大卫把约押叫来说：“我应允你这事，你可以去把那少年人押沙龙带回来。”（《圣经故事》）

（5）“你不知道哇，城外唱野台子戏呢，今天头一天开戏。你们怎么不去看看戏呢！”二衙役一听，说：“好，咱俩看戏去。”（《中国传统相声大全》）

（6）阿骨打道：“萧大哥，原来你妹子的病是外伤，咱们女真人医治打伤跌损，向来用虎筋、虎骨和熊胆三味药物，很有效验，你怎么不试一试？”萧峰大喜，道：“别的没有，这虎筋、虎骨，这里再多不过，至于熊胆吗，我出力去杀熊便是。”当下问明用法，将虎筋、虎骨熬成了膏，喂阿紫服下。（金庸《天龙八部》）

前两例的回应分别采用“我应允你这事”和“好，咱俩看戏去”这种典型的祈使句应答方式，第三例则通过描述具体执行细节表示欣然采纳对方建议。

1.2.1.2 从说话人的交际意图看“何不 VP”类问句的建议功能

有时说话人可能把表示建议或祈使的动词放在“何 VP”类问句之前，表明自己的交际意图，标记该句的建议功能。如：

（7）1995 年，再有一年就要从中山大学本科毕业的宋先生开始考虑毕业后的出路问题。对弈中，老曹向他建议干个体：“你何不通过卖我们厂的垃圾来赚些钱？”（CCL）

（8）又过了半个月，女服务员李春梅突发奇想地对经理建议：

何不干脆叫“哑巴”帮他们洗洗碗，烧烧火，劈劈柴，晚上守守夜呢？经理同大家商量，大家一致同意，并说，“哑巴”睡在外面也不雅观，影响市容。(CCL)

(9) 1991年底，杨斌庆到乡镇企业股份合作制的策源地——深圳市保安县沙井镇万丰村参观学习，当他惊异于这种乡镇企业新型制度神奇的活力时，主人诙谐地激将道“我是小官您是州官。俗话说：‘只许州官放火’，您何不在襄樊把它搞火起来”? 认准的事情马上就干。1992年元旦，杨斌庆踏雪访郊区，给厂长、经理们推荐股份合作制。(CCL)

前两例“何不VP”问句前都用了“建议”，第三例用了“激将”，这些词表明后面的话语应该理解为建议，而不是一般的疑问或者反问。

1.2.1.3 从标点符号和共现祈使句看“何不VP”类问句的建议功能

“何不VP”用询问原因的形式表示建议（主语为第二人称或第一人称复数）或做决定（主语为第一人称），这时句末通常也可以使用问号之外的其他标点。如：

(10) 这是一种天赐的良药，与生俱来，用之不竭，且不费分文，何不一试！(CCL)

(11) 现在有些人发起女权发展会，欧阳也在发起人之中，他们打算唱戏筹款，你的二簧唱得满好，何不加入露露头角！我去给你办，先入会，后唱戏，你的事就算成功了！(CCL)

这两例中的标点符号都使用了感叹号，可见说话人并没把“何不VP”真正当成是问句。除了标点未必使用问号外，“何不VP”类问句所表示的建议有时还会以祈使句的形式再次出现。如：

(12) “我很抱歉，隆巴顿，我不能让你参加我的N.E.W.T.级别的课。不过我看到你在魔咒课考试里拿到了O，为什么不试试参加N.E.W.T.级别的魔咒课呢?”“奶奶觉得魔咒课不值得选，”纳威咕哝。“就选魔咒课，”麦格教授说，“我会提醒奥古斯塔不要因为她没通过魔咒课的O.W.L.考试，就觉得这门课没意义。”(CCL)

(13) 她（宋美龄）说：“专家提出的意见很好，我们为什么不

试试看再说？就这样决定了，我负全权责任！”（陈廷一《蒋氏家族全传》）

这两例在表示建议的“为什么不 VP”后分别用了典型祈使句“就选魔咒课”和“就这样决定了”，使得其前问句的建议功能更加清楚明确，说话人的语气也由协商变为施加意愿。

1.2.2 建议义“何不 VP”的交互主观性

用“何不 VP”提出建议比用典型祈使句要委婉含蓄，因为借询问原因表达建议可以避免祈使句的意愿施加色彩，显示对听话人的关注，相对比较礼貌客气。

1.2.2.1 问答方式与建议义“何不 VP”的交互主观性

“何不 VP”表示建议时，因为不是使用典型祈使句形式，而是通过询问原因的方式提出建议，所以答话人想拒绝该建议时可以根据其形式特点只把它当作单纯的问句并回答原因，这样不仅可以维护问话人的情面，也可以避免答话人拒绝时的难堪尴尬。如：

（14）陈克训作惊喜状：“这么说来，你是情有所钟了。二哥既然来了，何不请来一见，我这个兄长还要当你的一半家呢。”陈墨涵笑笑说：“兄弟既然重逢，这等大事理所当然是要请二哥定夺的。不过，眼下还真没有考虑这件事情。我的意思是说，凹凸山虽然罕见名媛淑女，但我也犯不着为了娶一房妻子动用二哥的能量。男情女爱，是可遇不可求的事，总是要自己选择的好。”（徐贵祥《历史的天空》）

（15）当时，他决定参加学校的乐队，为了给他买一件合适的乐器，我们跑遍了全城。他最后选中了双簧管。售货员提醒他：“双簧管很难学，你为什么不试一试单簧管呢?”特德摇摇头：“我要与众不同。”（CCL）

这两例中说话人应该是把问句当作建议句来使用的，第一例甚至没有使用问号，但听话人都分别找借口拒绝了，其原因尽管未必十分中听，但由于应答语是对该句所问原因的解释，而不是回应典型祈使句的直接拒绝，可以在很大程度上照顾双方情面。

实际上，拒绝别人的建议时说明原因是十分常见的，无论对方建议是通过典型祈使句提出的，还是通过其他方式提出的，因为只表达拒绝而不说明原因肯定会损害对方情面。比如只用“我不去”拒绝“我们去看电影吧”的提议，就显得生硬冷淡，通常情况下，人们表示拒绝后一般还会继续就拒绝原因进行解释说明，如“我有课”“我要去接朋友”，等等。原因越具体越好，笼统地说“我有事”有可能会被当成敷衍推脱，但即使如此，至少也能表明拒绝是事出有因，还是比没有任何解释要礼貌客气一些。

不只是建议，对发挥其他功能的祈使句，人们拒绝时也经常会同时进行原因解释，甚至可能只用原因解释代替拒绝话语，避免直接拒绝可能带来的情面伤害。可见，用原因解释回应祈使句是委婉拒绝的常用手段，对建议义“何不 VP”而言，这种回应方式更加自然，因为“何不 VP”类问句也的确可能被理解为询问原因。针对询问原因的问句给出回答，既维护了提建议者的颜面，也减轻了回答者直接拒绝的压力。

所以，用“何不”类问句提出建议既能避免典型祈使句的意愿施加色彩，也减轻了对方直接拒绝的压力，还可以弱化提建议者被拒绝时的尴尬，具有明显的交互主观性。

1.2.2.2 “何不 VP”建议义与自忖义的内在一致性

“何不 VP”类问句还有一种跟表建议类似的用法，即表示说话人自言自语或者在自己心中思考盘算。这类用法不同于跟听话人的交互，属于说话人对某一问题进行思考衡量时的自我交互，通过自我协商以完成取舍决策。如：

(16)“为什么不去卖了它们，再买上一辆车呢？”他几乎要跳起来了！可是他没动，好像因为先前没想到这样最自然最省事的办法而觉得应当惭愧似的。（老舍《骆驼祥子》）

(17) 既然中国的数学教育比加拿大的深，我何不让女儿用国内的课本呢？于是，我把曾经在国内给女儿买的许多重点中学的数学课本和高考数学习题集拿回来让女儿做。（土一族《从普通女孩到银行家》）

(18) 第一次到澳门“两日游”的吴英伦，在纸醉金迷的赌场里亲眼目睹有人在转眼间就由一个穷光蛋成为大富翁，他那颗不安分的心被打动了：“要是我也能赢那么多的钱就好了。我为什么不试一试呢？”他壮着胆子上了赌桌。(CCL)

这三例中的“为什么不VP”主语都是第一人称，表示说话人自己的内心活动。说话人通过使用这类问句来表示自己的醒悟或决定，他们随后都采取了对应的行动。

有时这类问句中没有出现第一人称代词，但从上下文可以看出是说话人做决定时的内心活动，或者是把内心活动外化出来的自言自语。这样的句子跟有第一人称代词主语的句子并无本质不同。如：

(19) 冀朝铸自忖：煤既然可以搞综合利用，为何不能选择与此相关的学科，比如说化学。这样多少能和考古沾上点边。父亲拗不过儿子，只好妥协。冀朝铸后来果真考上了波士顿的美国第一古老学府——哈佛大学的化学系。(CCL)

(20) 现在，她两手竟像无事可做，一支烟接着一支烟，只有在为父亲折纸钱的时候，才又活起来，看着银亮的冥纸在她手上灵巧转动，瞬间成了平整的元宝，我有了新的狂想，为什么不让妈妈学画画呢？(CCL)

(21) 王爱芳怯生生地说：“让我们试试吧！”“嗨，对呀，何不通过强化训练，让这批初生牛犊顶上去?!”就这样，王爱芳和伙伴们经再次培训后上了汉川。(CCL)

前两例分别用“自忖”和“狂想”表示其后内容是当事人面临困境时为寻求解决办法而进行的思考或产生的灵感，第一例句末甚至没有使用问号。第三例是说出来的话，并且同时使用了问号和感叹号，可见，当事人做出决定时并不是单纯地提出疑问，而且说话人反问或质问自己的可能性也很小。这类用法跟“何不VP”表建议的用法非常接近，但因为是针对自己，并不需要建议的过程，所以通常表示决定。当然，把这类表自忖的用法理解成自我建议，以便跟表建议的用法归为一类，也未尝不可，毕竟其形成理据是完全一致的。

1.2.2.3 建议义“何不VP”交互主观性的根源

相比较而言，“何不VP”类问句表示建议的功能更加典型，虽然它也可以用于询问原因，但由于汉语中还同时存在主要用于询问原因或表示反问的“为何不”，所以“何不VP”就更多用于表建议了。如：

(22) 如果您经常心情不好，并因此影响到了健康和工作，为何

不设法让自己笑一笑呢？这是一种天赐的良药，与生俱来，用之不竭，且不费分文，何不一试！（CCL）

例句同时使用“为何不”和“何不”。前者根据语气不同既可能表示询问或反问，也可能表示建议；后者明确表示建议。

表示询问或反问的功能主要由“为何不 VP”承担，“何不 VP”用于表示建议的频率大大高于“为什么 VP”“怎么 VP”等同类句式，因为后者的询问或反问功能更为常用，其表建议的用法不如“何不 VP”典型。也许可以说“何不”正在逐步语法化为表示建议的标记词，而交互主观性是推动其疑问义虚化的重要动力，因为通过询问原因表示建议要比祈使句更为礼貌客气。

“何不 VP”表示建议比一般祈使句更为委婉含蓄，我们可以推断这种用法并非源自“何不”表反问的用法，而是源自特殊疑问句的询问原因的用法，即通过询问不这么做的原因暗示应该这么做，从而达到委婉建议的目的。如果把表建议的用法看作源自反问，就没法解释为什么这种用法更为礼貌客气，毕竟反问句语气一般比较强烈，尤其是疑问代词反问句经常用于表达愤怒斥责，即使没有负面情绪，其语气也比肯定祈使句语气更加强烈。有时这类反问句还会跟祈使句或断言句共现以加强其不容置疑的肯定语气。如：

（23）成才：你为什么不去？你当然得去看他！（兰晓龙《士兵突击》）

（24）当毛泽东打电话询问此事时，不假思索地对周恩来说：“要去，为什么不去？马上就组团去。这是非洲黑人兄弟把我们抬进去的，不去就脱离群众了。”（CCL）

这两例都用了“为什么不 VP”句式，都是语气较强烈的反问，而且和祈使句并用。因为反问句的使用，第一例“当然得去看他”语气就显得非常肯定，第二例“马上就组团去”对“要去”也进一步加强肯定。当然，我们也可以说“为什么不 VP”表示祈使的用法有的来自其表示询问的用法，有的来自其表示反问的用法①。源自前者时是语气较为委婉的建议；源自后者时语气较为强烈，表示对方没有理由不那么做，有责备催促的意味，不过，语气强烈的责备有时理解为反问比理解为祈使更为合理。所以，“何不 VP”类问句

① 徐晶凝、郝雪（2019）以“你们为什么不能重归于好，弄得两个人都很痛苦，这又是何必呢”为例说明反问句间接表示建议的情况。

表建议的功能应该是源自其作为特殊疑问句的询问原因的用法。

汉语中还有一种后置反问句也经常用于辅助表示建议，但语气不及“何不VP”类问句表建议委婉含蓄。这类辅助表示建议的后置反问句通常需要跟祈使句共同使用才能明确表达建议，其中以“不就成了吗”和“不就行了吗”最为常见。如：

(25)“我来就是为了这事。我不想再占有土地了。现在就是要考虑一下，土地应该怎么分。”“把地交给庄稼汉，不就成了吗?”牙齿脱落、怒容满面的老头说。(CCL)

(26) 李先生蜗居在赛特后面一个挺难找的小楼里，跟他见面还得对暗号。他是办澳洲签证的，他出的主意更简单，“随便找个营业执照改个注册资金不就行了吗?”(CCL)

(27) 李爱先说，蒙古王饭店有号码，打个电话问问不就行了吗！(CCL)

(28) 有什么事直接在这里谈不就行了吗?(CCL)

例句中的“不就成了吗”“不就行了吗”前面表示建议的成分可以独立成句，有时甚至可能是一个复句，此时，“不就……”反问句前面可以添加“这”来指称之前的建议；如果表建议的成分很短，也可以其后紧跟“不就……”跟“何不VP”表示建议相比，这类后置反问句通常会带有不耐烦的语气，如上例中说话者大多带有负面情绪。可见，这类后置反问句辅助前面的成分表示建议时通常附加了不耐烦情绪或者带有一定的优越感，虽然有时也可能通过变换语调而带有商量、安慰语气，但整体而言其情感态度偏负面，语气大都较为强烈，这跟其反问句本质密切相关。与之相比，源自疑问句的“何不VP”表建议时较为关注听话人感受，语气也要委婉平和得多。

1.2.3 建议义“何不VP”的判断

如果离开语境中其他词语的提示，我们就不容易确定表建议的问句究竟是询问原因、反问责备还是表示建议，所以有时需要从问句前是否有表示建议的动词来判断其语义，有时则需要根据应答语判断听话人是如何理解的。如：

(29)“当然可以，”邓布利多说着，突然停了下来。哈利差点撞上他，“你为什么不试试呢?”“我？哦，好的……”哈利没想到会是

这样。(CCl)

(30)"我想开一家精品店，不过，只是想想罢了。""为什么不试试？你的品味一向很独特。""你也觉得可以？""嗯，你蛮适合的。"(张小娴《我们都是丑小鸭》)

(31)"你这个傻孩子，求婚都没有勇气，"何太太焦急得不得了，她说："如果你本人没有勇气，你为什么不去求婶婶？……""这个主意，我也想过的，本来，这是一个好主意，不过，太不尊重安妮了。我和安妮又不是不认识，照道理，应该由我向她求婚才是。"(岑凯伦《合家欢》)

(32)那天，宋子文把宋美龄送到机场。临上飞机时，她对哥哥说："望你和嫂子保重。既然我们的人移居美国的已经不少了，何不成立一个组织，以显示我们的力量。""我也在考虑此事。"宋子文点头答道。(陈廷一《宋氏家族全传》)

上面四例中听话人都把问句理解为建议，无论是直接回应"好"，还是再用问句以求确认，还是直接对该建议进行评价或表示认同，都说明听话人没有把问句理解为询问原因或责备质问。不过，有时听话人的回应并不十分直接，很难判断究竟应该看作说明原因还是表示拒绝，需要结合具体语境揣摩说话人的真实意愿。如：

(33)当时"明星"正在筹拍影片《孤儿救祖记》，需要物色一名女主演，任矜苹知道彭剑青对电影有兴趣，就对她说："密斯彭，你的模样很好，中文和英文的基础也不错，为什么不去拍戏呀？"剑青说："我既不懂得电影表演，又没人介绍，哪里能盲目行事呢！"任矜苹说："我可以替你介绍，明天就陪你去试镜头。"翌日，任矜苹就陪彭剑青去明星公司找张石川。(CCL)

(34)"为何不嫁接呢？生产板栗不是一条致富之道吗？""我不会接。"黄章全低头细语。"不要紧，我帮你！"(CCL)

(35)宋仲虎停了停，又道："姑姑，这是个机会啊！姑父当年失去的，我们何不买回来？""买回来……我何尝不想啊！"宋美龄躺在安乐椅上闭目凝神，沉吟良久，又道："买过来就是我们的吗？"(陈廷一《宋氏家族全传》)

这三例中，听话人在主观上都是希望能够照建议去做，甚至可能之前已经考虑过那么做，但由于各种原因很难实现，所以其应答语更多的是在解释原因。此时无论把“何不VP”看作表示建议还是询问原因都可以，语义不算十分典型。

此外，即使说话人将这类问句当作建议，听话人也可能通过解释原因的方式予以反驳，偏离说话人的初衷。如：

(36)“你既然这样无聊，为什么不找点事情做？……”“找事情做？你也太天真了，别说真的去实行，就算在奶奶面前提一下，也会被奶奶痛骂一顿，奶奶认为女人出外做事，有失高家的面子。”(岑凯伦《合家欢》)

(37)“那我们何不硬来呢？她一个妇道人家，怎能挡住我们？”小特务还不甘心。“哼，这儿是法租界！不是老蒋的地盘。……我们真要在这儿动手，那洋巡警就会跟咱们过不去啊。”(陈廷一《宋氏家族全传》)

这两例中，听话人都用客观原因反驳说话人的建议，质疑其可行性，既可以看作对建议的驳斥，也可以看作对原因的争辩。把这些问句变换成祈使句“你去找点事情做吧”“我们硬来吧”，其应答语也可保持不变；把这些问句理解为疑问句或反问句，也顺理成章。所以仅仅根据词汇意义和语法结构，很难判断这两例中的“何不VP”类问句表达哪种意义，必须根据实际说话的语气语调和重音才能做出判断。

因此，“何不VP”的语义并不十分明确，存在责备、建议和询问三种可能，要根据上下文语境和说话人的语气、语调、重音综合判断。如：

(38)别说母亲，我也不赞成你和佐治来往，其实，伟烈是最适合你的，你为什么不去争取他？(岑凯伦《合家欢》)

(39)您为什么不试试，这是送给您的啊。(CCL)

这里的“你为什么不去争取他”“您为什么不试试”可能存在歧义，如果不考虑人物关系和当时语境，则既可以理解为反问句表责备，此时语气急促，语调下降，“为什么”的音强超常凸显；也可以理解为建议，此时语气平和，语调平缓，重音在动词上；还可以理解为询问原因，此时语调略有起伏，“为什么”得到一定的凸显，但程度不及反问句。

小 结

“何不 VP”类问句都可以通过询问原因的方式提出建议，可以避免祈使句的肯定语气和意愿强加色彩，其多义性表现为听话人拒绝时可选择将其理解为疑问并解释原因以维护双方颜面，具有明显的交互主观性。

相比而言，“何不 VP”更倾向于表示建议，“为什么不 VP”和“怎么不 VP”则更经常用于询问原因和表示反问。表示反问时“为什么不 VP”通常表示质问，语气更强烈，“怎么不 VP”的责备意味相对较弱。

“何不 VP”的建议功能最为典型，询问原因和表示反问两种功能通常由“为何不”分担。我们也许可以据此推测“何不”正在演变为表示建议的标记词。但其词汇化程度和语法化程度远不及同样源自疑问结构的“何苦”与“何必”，后者表示“没必要”“不值得”时词汇化和语法化程度相对较高，这可能是因为“何不”结构跨层，较难固化成词。不过，“何不”建议功能的日益凸显和其他功能的逐渐衰减可能会推进其词汇化进程。对此，英语中与之同构的“why not”也许可以作为一个有价值的参照。

1.3 非典型反问句“不（是）……吗”及其交互主观性

一般认为，反问句语气强烈，结尾可以用问号，也可以用感叹号，兼具疑问句和感叹句的语调特征，有时可以同时使用问号和感叹号。

反问句用否定的句式表示肯定的意思或用肯定的句式表示否定的意思，很多修辞学论著还把反问当作一种修辞格。很多反问句经常带有不友好的语气，情感态度以负面为主，如北京市公安交通管理局为提高文明值勤和交通服务水平而制定过《交通民警“服务、纠违忌语”50 句》，其中有 25 句都是反问句，如“早干什么去了”“瞎抢什么”“喊什么”“嚷嚷什么”“我问谁去呀”“谁不让你看着点儿”“谁让你把车停这儿”“长耳朵干吗使的”，等等。这些反问句之所以被列为文明服务的忌语，是因为这些句子通常带有责骂语气，有时还带有一定的攻击性，交警执行公务时不宜使用这些反问句。不过，这只反映了部分反问句的情况，也有不少反问句并非说话人负面情感的宣泄，而是带有对听话人回应的邀约或对听话人情面的维护。如“明天不是星期天吗？我们刚好去放松一下”“我们不是说好了不生气的吗”“早睡早起不是更健康吗”等也都是无疑而问，但其语气却不像典型反问句那样强烈，而且多少还带了些期待对方确认的协商语气，显得较为委婉礼貌。

1.3.1 反问的程度和层级

邵敬敏（1996）把反诘语气的语用意义分为“困惑义”“申辩义”“责怪义”“反驳义”“催促义”“提醒义”六种。基于这一分类标准，我们发现除典型的“责怪义”“反驳义”“催促义”之外的用法都具有一定的交互主观性。申辩虽是出于自我保护，但由于不是绝对肯定语气，也可以在一定程度上维护对方情面；表示困惑是为了寻求解释，暗含对听话人回应的邀约；表示提醒通常是以协商的语气帮助听话人建立共同的会话基础，为后面的话语提供铺垫，也体现了对听话人的关注。这些带有一定交互主观性的反问句虽然跟反问句一样并无疑问或者少有疑问意味，但其语气并不十分肯定和强烈，跟典型的反问句具有明显不同，可以看作非典型反问句。

其实，疑问句和反问句之间并非泾渭分明。随着肯定程度的逐渐增加，疑问会变为偏向问，而偏向问再趋于肯定就会变为反问。完全不知情的中性疑问句和绝对肯定的反问句分别处于这一序列的两端；表示困惑的反诘语气仍具有一定的疑问色彩；表示申辩和提醒的反诘语气更接近典型反问句，但在语气上也还不是绝对肯定、不容置疑，仍给对方留有否定的余地或辩解的空间。我们以“吗”字问句和“吧”字问句为例加以说明，二者具有明显差别，而且“吗”类肯定问句和否定问句也存在明显不同。

问句可以分为中性问、偏向问和反问三类：中性问通常是在完全不了解情况时用于询问；偏向问是对情况预估猜测或分析判断后的寻求确认；反问则是无疑而问，不需要回答，通常带有很强的主观性。根据知情度高低，中性问、偏向问和反问的关系如图 1 所示：

知情度：	0%（不知）	50%	100%（确知）
问句类型：	中性问 →	偏向问 →	反问
示例：	你知道？	你知道吧？	你难道不知道吗？

图 1　问句的类型与知情度的关系

从完全不知情的中性问到完全确定的反问，其间任何位置都可能成为选择使用偏向问的语境。换句话说，根据肯定程度，偏向问可以在中性问和反问之间移动，从几乎完全不确定到几乎完全确定之间的任何语境都可以使用偏向问。

一般认为带有语气词“吗”的疑问句是中性的是非问句或者反问句。前者需要回答，而且对答案的肯定与否定没有任何预期，通常语调上扬；后者一般不需要回答，语气强烈，语调下降。中性是非问一般是肯定形式，反问则多是否定形式。

此外，还有一种“吗”字问句似乎并不容易归入中性问或者反问，而是介于中性问和反问之间，涵盖了其间大部分可能的情况，从基本不知情到几乎能够确定，都可以用这种否定式“吗”字问句，从接近中性问到带有明显反问语气，构成了从中性问到反问的连续统。以“你不知道吗”为例：

(1) 不能乱扔垃圾，你不知道吗?

(2) 小王考上研究生了，你不知道吗?

这里第一例通常是反问句；第二例可能是反问，也可能是偏向问，表示反问时说话人对事实（你知道小王考上研究生了）确认无疑，表示偏向问时说话人对事实只有初步估测。偏向问“你不知道吗”跟中性问“你知道吗”具有明显不同，多用于对事情已经有了一定预判的情况，属于有标记的偏向问①。可见，“吗”字问句既可以是中性问，也可以是偏向问，还可能是反问；其肯定形式多为中性问②，否定形式多为偏向问和反问。

否定形式“吗”字问句作为偏向问，对事实的估测并非处于中间位置或者处于左右对称的中间区间，而是更趋近反问一侧，刚好跟否定形式的“吧”字偏向问句形成对照（图 2）：

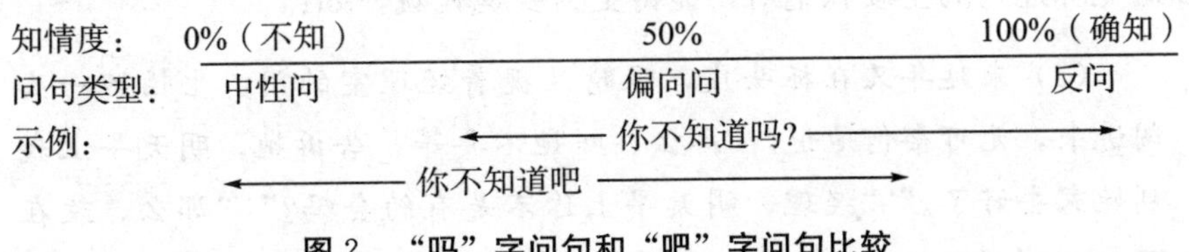

图 2 “吗”字问句和“吧”字问句比较

“你不知道吗”和“你不知道吧”都可以作为偏向问用于估测对方可能不知道的语境当中，但二者在使用区间上存在明显差异。从理论上讲，中性问和反问之间的任何位置应该都可以使用偏向问，但就这两个否定问句而言，

① 关于有标记与无标记，参看沈家煊《不对称与标记论》，江西教育出版社 1999 年版，第 150—154 页。

② 肯定形式也有表示反问的情况，只是不及否定形式表示反问的概率高。

却呈现出两种不同趋势："你不知道吧"距离中性问一端较近，而距离反问一端较远；偏向问"你不知道吗"则距离中性问一端较远，距离反问一端较近，甚至可以直接作为反问句使用，其差别主要依靠语调体现。

本节主要讨论的就是这类语气不十分肯定的非典型反问句（或者是说带有反问语气的非典型疑问句），不包括语气强烈的典型反问句。这类非典型反问句语气不十分肯定，通常并非由于说话人对事实不确定，而是为了给双方留出回旋余地或满足其他交际需要。

1.3.2 非典型反问句"不（是）……吗"的交互主观性

跟典型反问句的强烈语气相比，非典型反问句"不（是）……吗"的语气具有较大弹性，可能比较强烈，也可能相对缓和。作为反问句，"不（是）……吗"不仅在语气上不够典型，而且其表义特点也跟典型反问句具有明显差别，说话人的情感态度更是具有显著不同：典型反问句通常主观性较为突出，重在说话人愤怒责备等负面情绪的宣泄；"不（是）……吗"则通常在一定程度上体现出对听话人感受的关注，具有一定的交互主观性，其实现方式也具有多种可能性。

1.3.2.1 提醒和铺垫

史金生（1997）就已经提到"不（是）……吗"可以表"提醒"和"确认"。相比而言，"不（是）……吗"的交互主观性在表示提醒时最为突显，可以避免陈述句的生硬和绝对，显得更为委婉礼貌。如：

（3）朱延年又在抓头皮，眼睛注视着经理室的门，生怕她一头闯进来，无可奈何地说，"那么，叫她不要等，告诉她，明天早上我到她家去好了。""经理，明天早上你不是有约会吗？""那么，改在下午吧。"（周而复《上海的早晨》）

（4）"妙子，你不是有事要说吗？正好佐山马上就要回来了。"市子站了起来。（CCL）

这两例中的"不（是）……吗"都是表示提醒说明，跟同义的陈述句相比更为委婉。如果换成陈述句，就会变成中性客观的说明，友好提醒的意味消失，显得比较突兀生硬。

"不（是）……吗"反问句除了表示善意提醒外，还可以通过提示听说双方的共知信息为新话题做铺垫以避免突兀。无论是祈使命令，还是陈述说明，“不（是）……吗”反问句都可以作为铺垫语以使其后话语更加顺理成章。张文贤、乐耀（2018）也认为基于双方共享信息的反问句经常表示提醒或纠正，礼貌等级最高。洪波（2019：121）同样认为包括“不……吗”在内的带有否定疑问词语的假性问句能够使命题内容更具合理性和说服力，因为这样的表达将听话人视为信息的拥有者或知情者，能够体现出对听话人的尊重。

“不（是）……吗”反问句可以通过类似协商的语气进行原因说明或铺垫，为后面祈使句提供必要的前提，避免因唐突而让人难以接受。如：

(5)“你不是说喜欢数学吗？到我家来吧。”王春梅的亲切、真诚使人难以拒绝，他点点头。王春梅把他带到自己家中，夜夜为他补习。(CCL)

(6) 宋子文连忙打圆场道：“纪文，音乐室不是有架好钢琴吗？走，让我小妹表演表演怎么样？”(陈廷一《宋氏家族全传》)

(7) 你不正在给老向办护照吗，就手也给自己办一个，还有那个小雅嘛，哈哈哈哈。(电影《冬至》)

(8) 我真急了，大声喊道：“喂，王老师！你不是老师吗？今天市政府规定教师乘车一律不收钱，正好我也顺路，上车吧！”(董开华《秋夜的心伤》)

这几例中的祈使句之前，都有“不（是）……吗”反问句提示事实，进行说服，可以有效避免冒昧突兀，使得相关要求或建议提得顺理成章，对方更加容易接受。此外，这类反问句还可以通过提示亲情关系或拉近情感距离来进行铺垫以增强相关话语的说服力。如：

(9) 别发愁，宝庆，我跟着你就是了。我不是你的哥吗？我给你弹，还能不比那小王八蛋强吗？(CCL)

(10) 大娘，晓冬不在，有话告诉我，我不是同你女儿一样吗？只要我们能办的，你尽说好啦。(李英儒《野火春风斗古城》)

这里说话人通过反问句的铺垫，拉近情感距离，以减轻对方作为受益者的压力，提高祈使句的说服力和接受度。

“不（是）……吗”也可以通过提醒相关事件为其后话语进行铺垫，以避免唐突或让人困惑不解。如：

(11) 赶到蓟县小港乡道古峪村小阔权家的时候，已是中午时分，小阔权看到这么多人湿淋淋地站在自己面前，一时不知所措。记者告诉她：“阔权，你不是想上学吗？这些爷爷、叔叔、阿姨就是为你上学的事来的，他们给你送学费送文具来了。”(CCL)

(12) 大庭广众之前咱不是得注意举止吗？我得拿调羹舀着喝，你想想，我拿调羹舀着喝的时候我这儿是不是要夹领带夹？(《金正昆谈礼仪之服饰礼仪》)

这里第一例先用通过反问指出对方想上学的事实，进而对当前情景进行了解释，缓解了听话人的不知所措；第二例的反问句则是为后面的行为要求做铺垫。

“不（是）……吗”不仅可以用在新话题之前，也可以用在新话题后面对它进行补充说明，避免可能产生的困惑。如：

(13) 阿英手里抱着饭盒，由于走得急，满脸通红，额边流着汗水，阿英目瞪瞪地望着刘果，我怕你已经走了……你不是两点的飞机吗，我估计你中午不会做饭我就给你拿来了。(CCL)

(14) 不不，我不打算再飘着了，咱不是有条件了吗，从今往后，总产就设在这饭馆了，我24小时都坐在这儿，有事你们就上这儿来找我。(王朔《千万别把我当人》)

这两例通过“不（是）……吗”反问句补充说明当前事件或当前打算产生的原因，减轻当前行为或之前话语的鲁莽突兀，避免对方一时搞不清状况。

有时“不（是）……吗”句还可能只针对某个句子成分进行说明，以帮助听话人明确其所指，促进会话的顺利进行。如：

(15) 咱们就去了三个人那儿等着把这死人接过来，搁到，咱不有那买进匣子吗？就搁到那木头的那匣子里头，把这死人搀出来，搁到那里头，再拉到咱们那个N三里河儿礼拜寺那儿。(1982年北京话调查资料)

(16) “你要这么说，我就不帮你了。”李白玲把烟掐灭。正色道：“我不是为了钱，只是为了帮帮朋友——我们不是好朋友吗？”(CCL)

(17) 好些徒弟呢，好几个呢，现在，现在有一个住在哪儿住崇文区，见我老爷，拿跟那，穿那衣裳跟那，胡，那个什么胡清华那老四穿的是的，灯笼口儿裤子啊，大汗了洒鞋，天津不是那洒鞋吗？天津不就出那洒鞋吗？前包头儿那个，两个起来这褶儿哈，是吧？前边包着这个见我老爷行单腿儿跪哪！管我老爷叫师哥呢！（1982 年北京话调查资料）

这三例都用反问句对陈述句的宾语进行解释说明，其位置通常出现在宾语之后，也可能出现在述语之后，只是反问之后还需要再重复一次述语。有时，反问句补充的内容并不直接是某个句子或句中某个成分，而是与之有关的其他方面。如：

(18) 何竹康同志指着窗外说："你可以在庭院经济上下些功夫，蔬菜除了自用还可以出售嘛。"在场的浑江市委书记蔡彰插话："你们厂不是生产光转换薄膜吗，可以用上。"（CCL）

这里的反问句所补充的内容就是跟蔬菜种植密切相关的"光转换薄膜"生产，该反问句强化了话语的关联性和互动性。

汉语中还存在一些前置或后置的反问方式，其中以"不是吗"最为常用，适用于大多数陈述句。此外，"不是+言说认知类 VP+吗"也很常用，这类问句也经常用于铺垫说明，增强互动，推进相关话题的展开。如：

(19) 你不是说了吗，CPI 涨，房价涨，现在是什么都涨，我也跟着多少"涨"点儿呗。（李可《杜拉拉升职记》）

(20) 我不是说过吗，思想这东西是最愚蠢的。你为什么总是想把我定为什么主义者呢？（CCL）

(21) 她爸是大款，她想走就走，想留就留，我为去法国准备了多长时间，花了多大精力，你不是知道吗？（石康《奋斗》）

"不是+言说认知类 VP+吗"以前置居多，其中动词多为表示言说或表示认知的词。跟"不是吗"相比，这类反问句因受动词语义特征的限制，适用范围相对较窄。

1.3.2.2 为对方提供辩解余地和回旋空间

有不少反问句都对回应具有一定期待，即使没有得到回应，说话人仍然可能给听话人留出了回应空间，这说明该反问句所说内容并非确定无疑，而是可以辩驳和解释的，这就给听话人提供了回旋余地和交互可能。如"你上过大学吗"作为一般疑问句时，说话人对听话人是否上过大学完全不知情，属于中性问；表示反问时，说话人强烈怀疑听话人没有上过大学，而听话人此前可能曾经告知或暗示过说话人自己上过大学。这类反问句表示强烈怀疑，但并非绝对否定，仍给听话人留有辩解和回旋余地，所以并不算是典型的反问句。不过，有时即使说话人确信无疑，也同样可能会使用这种反问句来邀约对方回应以加强互动。

非典型反问句跟典型反问句一样具有从反面发问的特点，比"吧"字问句更偏向疑问气。如"你不是学生吧"，无论回答是否跟猜测一致，都需要回答；非典型反问句"你不是学生吗"，如果答案跟预期（不是学生）一致，就跟典型反问句一样通常不必回答，而如果跟预期不一致，则可以进行辩解或解释。如：

(22) 叶二娘道："你徒儿不是在山谷中摔死了吗？"南海鳄神道："那也未必，倘若摔死了，总有尸首。多半他躲了起来，过一会便来苦苦求我收他为徒。"(金庸《天龙八部》)

(23) 丁满放了电话，一旁的妻子冲他揶揄说："你们不是手足情深的哥们儿吗？你咋又出尔反尔，把店铺租给别人了呢？"丁满叹息说："这不能怪我……"(CCL)

(24) 朱华荣在旁边就说了："你不是说你的耳朵不好，声音要高一点吗？""那是刚才……"(CCL)

(25) 安部长说："你们不是叫我烧水的吗？怎么又叫上部长了呢？"我低头小声说："那是背后叫的，当面不敢……"(木青《我写〈哈瓦那的孩子〉》)

以上四例中，说话人都针对之前获知的信息进行反问，因为发生了与之相矛盾的事件，听话人则分别对反问或矛盾进行了解释或狡辩。

此外，"不（是）……吗"反问句也可以表辩解，在辩解的同时也给对方留有进一步争论的余地，这进一步增加了双方交互的可能性。其实，以反问句回应反问句的情况在口语中很常见，只是很多反问句都跟礼貌客气背道而驰，尤其是疑问代词反问句，它们通常并没有给对方留什么辩解余地。试比较：

(26)"你把窗子关得死死的，究竟打算让我在雨里转悠多久？"卡尔松问。"啊呀，你不是说回家睡觉吗？"小家伙辩解说，因为卡尔松确确实实这样说过。"我确实没想到你今天晚上来。"(CCL)

(27) 额亦都与安费扬古实在气不过，一齐说："不准胡说！小小年纪，怎么不讲道理？""谁不讲道理？为什么找俺来，又不同俺见面，这才是不讲道理！"额亦都生气地说。(李文澄《努尔哈赤》)

(28) "你怎么不去追呀？"秦守本向哨兵责问道。"我一个人怎么去追呀？"哨兵反问道。(吴强《红日》)

这里第一例中作为回应的反问句"你不是说回家睡觉吗"给对方留有辩驳空间，语气较为和缓，其后又追加了"我确实没想到你今天晚上会来"做进一步解释。后面两例中的反问句都是特殊疑问句形式，语气都较为强硬，双方都带有愤怒、委屈等负面情绪。可见，并非所有的反问句都具有交互主观性，尤其是特殊疑问句形式的反问句，说话人在主观上通常是想要发泄怒火责备对方，对回应并无明确期待。因此，反问句的各个次类在是否期待听话人回应方面具有一定差异，在交互主观性上自然也不相同。要讨论"不(是)……吗"反问句的交互主观性，不能把其他反问句不加区别地混淆进来。

"不(是)……吗"反问句表辩解时用于自我开脱，带有解释说明以获得对方理解的意图，语气不像陈述句那么严肃认真，氛围相对比较活泼轻松。如：

(29) "我不是忘了嘛。"我也笑嘻嘻地在沙发上坐下。(CCL)

(30) 金枝起身走到自己卧室门前，推开门，转过脸来对父亲说："行啦，我不是没答应人家吗！您只当什么事也没发生，好不好！……"说完，回卧室里去了。(陈建功、赵大年《皇城根》)

(31) 刘邦说，谁愿意待在这鬼地方，我不是没办法吗？(易中天《刘邦胜利之谜》)

(32) 致庸一把拉住他，笑道："茂才兄，茂才兄，有些事情我不是还没想好吗？没想好怎么跟你说？"(朱秀梅《乔家大院》)

这里的说话人都因为某件事让对方感到生气或不解，他们使用"不(是)……吗"反问句替自己开脱。尽管说话人作为当事人不可能对所述事实存在任何疑问，但跟陈述句"我忘了""我没有答应人家""我没办法""我没想好"的肯定语气相比，这种非典型反问句能够更好地缓和气氛，增进互动。

1. 对回应有所期待

很多人都注意到有些反问句是需要回应的。"不(是)……吗"句通常并非绝对无疑而问，这类问句对听话人的回应也具有一定的期待，或给对方留出了回答的时间，如果没有得到任何回应，说话人甚至可能会催促听话人回应或者流露出负面情绪。如：

(33)“这不是事实吗?”雅罗米尔没有回答，她又说，“你是我的小捣蛋，承认吧!”(CCL)

(34)“你不是答应过我吗?”“……”“你不是答应过去跟你爹妈好好说吗?”“……”“那你怎么反悔了呢?”秀秀还是没有声音。申涛的话终于变成了责备，“秀秀，你骗我了。”(CCL)

这两例中的“不（是）……吗”说话人显然并非完全无疑而问。第一例中说话人看到听话人没有回答，就直接催促对方“承认”；第二例说话人在期待听话人进行辩解而没有得到回应后，换用肯定语气的陈述句“你骗我了”，开始责备对方。

除了“不（是）……吗”反问句为听话人提供辩解余地外，其他反问句也同样可能会对听话人的回应具有一定的期待。如：

(35)“亲爱的，难道你一定要我说出那些叫你难过的话来吗?”她不作声，这逼得他继续说下去。(CCL)

(36)克制住心头的狂喜，问，再谈一次?谈什么?女干部莞尔一笑说，谈了就知道了，你跟老徐不是很谈得来吗?金桥想解释什么，但女干部匆匆地要走，一边走一边含蓄地瞟着金桥说，老徐很喜欢你啊，他说你是出污泥而不染，他说你以后会前途无量呢。(苏童《肉联厂的春天》)

(37)科主任惠狄克不知道什么时候来了产房，他冷冷地说：“林医生，难道你认为为病人拉拉手、擦擦汗就可以当教授吗?”林巧稚默不作声，她认为，不理解病人，不同情妇女，就算不上一个好的妇产科大夫!(CCL)

这里第一例说话人显然是很希望对方能够就此进行解释，所以听话人（她）没有回应，这就迫使“他继续说下去”。第二例听话人打算回应，但由于对方匆匆离开，所以没有解释成。第三例听话人表面上没有回答，但在心里进行了反驳。

2.“不（是）……吗”的回应方式

对“不（是）……吗”的回应方式有很多种，但其主旨大多是为自己辩护，解释说明自己当前行为跟承诺或预期不同的原因。辩解方式多种多样，包括设置例外情况、重新定义、说明内因外因变化、否认之前的话语，等等。

第一，设置例外情况指在承认反问句所说事实的前提下指出某些需要排除在外的特殊情况。如：

(38)“你不是说愿意帮忙吗?”“啥忙都可以帮，这个忙——不行。”(周而复《上海的早晨》)

(39)“你不是说过，她妈临死，要你好好管教她，一切都拜托给你了吗?”“姐姐是要我管教她，婚姻的事可没有提起啊!”(周而复《上海的早晨》)

(40)“妈，你不是说不会的事体要用心学吗?”徐守仁忽然变成懂事的孩子，挑妈喜欢听的话说。“我叫你学好，没叫你学打枪。”她指着朱筱堂对儿子说，“你找套衣服来给他换一换。”(周而复《上海的早晨》)

以上三例中的辩解，第一例是对此前承诺进行条件限制，第二例是对听说双方的理解偏差进行补充更正，第三例则是为了避免对方狡辩钻空子而进行补充说明。

第二，重新定义主要指对反问句命题或某个概念进行再定义，其方式可能是纠正反问句的错误认知，也可能是有意曲解反问句意以缓解尴尬。如：

(41) 孙膑：“我不要中等城邑。”申大夫一愣：“你不是答应降低要求了吗……”孙膑：“降低要求，并非是要中等城邑。”申大夫：“不要中等城邑，如何降低?”孙膑：“我要一座朝中大夫们都不敢要的富庶城邑。”(《孙子兵法与三十六计》)

(42) 她听到有“资本主义”四个字，困惑不解了：“你不是说社会主义吗? 怎么又是资本主义呢?”“唉，不是啥资本主义，是国家资本主义。”(周而复《上海的早晨》)

(43)“你不是说你前妻死了吗?”彭莉咬着牙低声问，喷射出的仇恨好像既是对着新郎也是对着面前的女人。“没错，对我来说，她已经死好多年了。”新郎大声地说。(CCL)

前两例是反问句说话人理解有误，听话人的回应就针对相关概念进行再解释。第三例反问句说话人强烈指责对方撒谎，而听话人试图通过曲解狡辩以缓解自己的难堪。

第三，以情况发生变化为由进行辩解也很常见。情况变化包括外在环境或条件的变化，可以看作外因，也包括辩解人的主观认识发生变化，可以看作内因。如：

(44) 叶美兰说："你不是说她脸大吗？我怎么看着不算大呀？"叶茂老婆道："上两次看到她脸是比现在大嘛。你没听她自己说减肥了吗？你别说，我看她减肥以后是漂亮了很多。"（李可《杜拉拉升职记》）

(45) 钟离春："上次你不是答应了吗，为什么又不嫁了呢？"钟离秋："姐，你走后，我又反复想了想，我不能嫁他……"钟离春："还是因为姐姐？"钟离秋："不是，孙膑将是一个留名千古的人物，如果一个曾为他仇人之妻的女人嫁给他，会玷污他的美名，后代人会说，孙膑是为了夺人之妻，才杀死了公孙阅……"（《孙子兵法与三十六计》）

这里第一例用外因"减肥的结果"进行辩解，第二例则表达重新考虑后的新认识，为当前事实与之前承诺的矛盾寻找合适的理由以回应对方。这也说明此类反问句的确给对方留下了解释争辩的空间。

第四，通过否认信息真实性进行辩解说明或推脱责任的情况也很常见，尤其是当对方的反问是基于自己的谎言、借口或外来不实信息时。如：

(46) 你，你不是说要打炉子么？""打个球！"她又忍不住嘻嘻笑了，"我的炉子是喜喜子给我打的，也好烧着哩。是这么回事：昨天休息，我把喜喜子拾来的麦子推了点白面，蒸了五个馍馍。喜喜子一个，我一个，娃娃两个，还有一个，我就想着给你。"(CCL)

(47) 你不是说，他变过心，有过男女关系问题！我说。那是人家编排的！他跟一个女人一起出了一趟差，人家就说他跟那女人睡觉了，我才不信！姊姊说。（戴厚英《流泪的淮河》）

这两例都是通过否定之前话语的真实性对反问句进行说明或辩解。第一例是通过说明自己有意说假话以及这么做的目的来对反问句进行解释，第二例通过指出对方反问句所言是别人编排的不实信息来进行辩解。

第五，听话人也可能通过寻找借口或补充说明来化解反问的质疑或困惑，这种情况比较复杂多样，通常是根据语境随机应变的结果。如：

(48) 接到LG面试通知后，我竟想不起当初应聘的是哪个职位了。我当然不能直截了当地问面试官，于是自以为婉转地问："我应聘的职位有什么要求?"运作经理当即指出："你来求职竟连这个职位的要求都不知道吗?"我连忙辩解："我是想了解清楚以后便于将来开展工作。"(CCL)

(49) 在老家，邻居聊起孩子的工作时说："从卫校毕业一年多了，还没找到工作呢，现在只好先在一家美容院干着。"从邻居的叙述中了解到，她女儿在的那家美容院在市里有点名气，而且工资收入也很不错。记者不解地问："这不是份挺好的工作吗?"邻居解释说，美容院是私人开的，在那儿只能是临时找个活干。(CCL)

这两例反问句说话人都心存疑惑，对听话人的回应存在明显期待。听话人的回应可能只是临时找借口以满足这一回应期待，如第一例；也可能是进一步解释原因以解对方的困惑，如第二例。

第六，听话人有时还可能直接对反问句信息予以确认，也可能忘记了自己之前说过的话，通过对反问信息提问得到确认，再予以回应。如：

(50) "是啊，如果徒儿遇见您这样的伟人，徒儿就没饭啦，因为您的才高智广，六韬三略无所不知，三教九流无所不晓，徒儿所知道的还不都在您心里装着哪吗?"圣人点点头："那倒是。"(《中国传统相声大全》)

(51) "你不是说要找个时间谈一次吗?""我讲过?""唔。"柳惠光愣了一下，用右手的中指敲了敲太阳穴，半晌，恍然大悟地说："我想起来了，是有这么一回事。"(周而复《上海的早晨》)

可见，反问句"不（是）……吗"句通常是可以辩解，可以解释，甚至可以再提问的，因此，这类非典型反问句并非都是感情强烈的肯定句，这种非典型性体现在两个方面：一是因为没有十分的把握而仍然带有一点求认同的意味；二是虽然有十足的把握，但不想过于绝对强势，所以给双方留有回旋余地。这两种情况都对回应有所期待，也就增加了听话人回应的可能和辩解的空间，具有一定的交互主观性。

3. 增加说理论证的协商性

"不（是）……吗"可以使说理论证带有一定的邀约功能，不仅言之有据，而且具有一定的协商性。反问句可以用于论证，也可以引出结论，有时论证和结论还能调换顺序。如：

（52）人们不是常常讲吗，做一件好事很容易，难的是年年做好事，月月做好事，天天做好事，不做坏事。这就是说，贵在坚持。（邹照明《传媒大亨与佛教宗师的对话：包容的智慧》）

此例中的两句话可以调换语序，但反问句所表达的内容都是论据，以加强说服力，使结论“贵在坚持”有据可依。而且通过反问引出该证据还具有邀约功能，使得说理不那么居高临下，更容易让人接受。

与之类似，通过反问引出结论，邀约对方参与推理，具有明显的协商性，可以避免说理论证的绝对性和主观性。如：

（53）快到院门，我放慢了脚步，我突然觉得，当初刘大爷儿子那么热情地要给我介绍工作时，我一口就回绝了，现在再去求人家，不是太没面子了吗？（卞庆奎《中国北漂艺人生存实录》）

（54）连起码的演技都不懂，就梦想着成为大明星，这不是痴人说梦吗？（卞庆奎《中国北漂艺人生存实录》）

（55）在CBA，没人能阻挡我的跳投或者钩射投，那不是比灌篮更明智吗？（姚明《我的世界我的梦》）

这几例通过反问句引出结论，显示该结论并非一己之见，而是共识，更有说服力，这得益于“不（是）……吗”反问句的邀约功能和协商语气。对以这样的方式表达出的结论，即使回应是否定的，也不会对说话人造成太大的情面伤害，因为用反问引出的结论并非确信无疑的，对方的否定回应也就可以看作对问题的回答，而不是对观点的直接否定。如：

（56）问：你真的是让人觉得很匪夷所思，一方面你一直在说我就是要为了挣钱，那种烂片我都要演，然后一个这么看中钱的人又会说宁可去借款也要去上演艺学校，这不是很矛盾吗？

答：不会。因为如果你要当一个专业的演员，你一定要去学院里面读书，不尊重知识的人是犯罪的。（《杨澜对话热点人物：杨澜访谈录Ⅱ》）

“这不是很矛盾吗”是用反问句表达结论“矛盾”的，其前已经对矛盾进行了说明，但由于这类非典型反问句仍然存在辩驳空间，所以这里的否定回答并不会伤害双方情面。

有时某个观点比较复杂，或者不方便直接使用反问句表达，人们可以使用陈述句表达结论，后面再使用附加反问句，以邀约听话人对整个结论进行协商。如：

(57) 虽然听起来古怪，但它至少可以自圆其说，不是吗？(CCL)

(58) 只有一条是不会变的，那就是有着“愚公移山”之功、“精卫填海”之志的人终将在这大浪淘沙般的变革中脱颖而出，在自己选择的领域中取得骄人的成就。不是吗？(CCL)

(59) 他说的没错！在中国工作生活会改变一个人。不是吗？(CCL)

这里前两例需要反问的内容比较复杂，第一例是转折复句，第二例是解说复句，很难直接套用“不（是）……吗”结构，所以先陈述，再在后面添加附加问句进行反问。第三例在明确肯定的同时添加附加问句以增加跟听话人的互动。这种情况也适用于非说理论证的情况，不过，附加反问句的协商功能更加突出，因为人们添加该问句的主要目的就是避免相关表达的生硬武断。再如：

(60) 老伙计，别灰心。咱们奖金虽比隔壁少些，可这心却是踏实的。不是吗？(CCL)

(61) 你可以不签字，但你不能否认我说的事实，不是吗？(CCL)

(62) 还有一大堆，我都记不住了，不过这样你们就可以每种口味都尝到了，不是吗？(CCL)

(63) 在我们最后分手的时候，我也没有骂过你一句，不是吗？(琼瑶《月朦胧鸟朦胧》)

这类附加反问句有不少并不能与前句合并为“不（是）……吗”反问句。附加反问句的适用范围更加广泛，几乎所有的陈述句都可以添加附加反问句以弱化肯定性或者增加协商邀约性。此外，“不（是）……吗”表示反问的可能性很大，虽然也给对方留下了辩解的空间，但表示质问或责问的比率仍然很高，而附加反问句前面的陈述句已经表示肯定，附加问的主要功能通常不是为了反问，而是为了避免施加意愿，表示质问或责问的比率相对较低，具有更加明显的交互主观性。

1.3.2.3 表示建议时避免典型祈使句的意愿施加色彩

表示建议的反问句通常不是“不是……吗”，而是“不……吗”。如：

(64) 徐义德纹风不动，他便低低对徐义德说：“老兄，朱延年是你的小舅子，你不上去讲几句吗？”徐义德表面还保持镇静，可是心里直跳，胸口一起一伏。马慕韩点了他，他非上台不可了。（周而复《上海的早晨》）

根据听话人的理解“马慕韩点了他，他非上台不可了”，可以看出这里的“不……吗”表示建议，该句并非“不是……吗”反问句的省略形式，不能补充出“是”说成“你不是上去讲几句吗”，否则意思就完全变了，变成提醒或者反问。表示建议的“不……吗”是就没有发生的事情进行反问，言外之意就是“应该 VP”，有时具有建议功能。

“不……吗”和“不是……吗”都可以用作反问句，但二者除了在 VP 的时间上存在将来和过去的对立之外，还在疑问类型上略有差异。前者几乎可以占据中性问和反问之间的所有空间，而后者更偏向反问一端；表示反问时，前者针对的是情理，后者针对的是事实，而针对事实的反问语气会更加强烈些（图 3）。

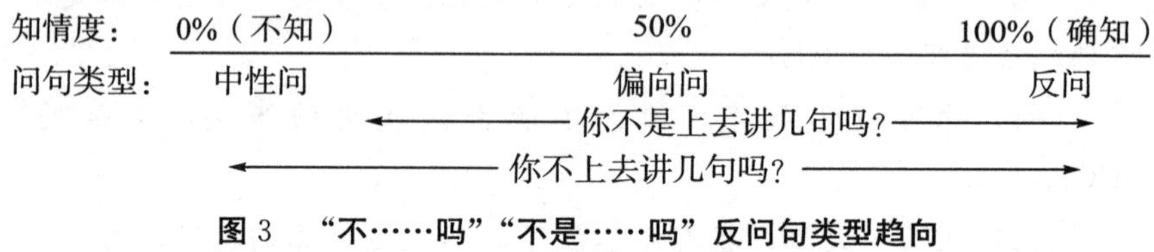

图 3 “不……吗”“不是……吗”反问句类型趋向

“不是……吗”表示反问时可以补充出标记言域特征的“说”“答应”“承诺”等，如“你不是上去讲几句吗”也常说成“你不是说上去讲几句吗”“你不是答应上去讲几句吗”等。“不……吗”表示建议时更加接近反问一端，其目的不是寻求确认，而是通过反问表示对方应该做某事，从而达到说服或建议的目的。

问句形式的“不 VP”和“何不 VP”都可以用于提出建议，而且二者都具有明显的交互主观性，前者表示建议时，其表示偏向问的可能性使得建议意味较为隐蔽，后者通过询问原因的形式表达建议也可以弱化意愿施加色彩，都显得较一般祈使句更为礼貌客气。尽管责备催促和询问原因都可能达到以言行事的目的，不过，建议义“何不 VP”并非源自其反问用法，而是源自同形的一般疑问句，即通过询问不这么做的原因暗示应该这么做，从而达到委婉建议的效果。因为，如果把它看作源自反问用法，就没法解释为什么这种用法更为礼貌客气，毕竟反问句语气一般比较强烈，尤其是疑问代词反问句经常用于表达愤怒斥责。所以即使“何不 VP”反问句带有祈使目的，也是通过责备、催促实现的，跟委婉建议相去甚远。同理，“不……吗”表示委婉建议应该也是源于其略带偏向问色彩的非典型反问用法，因为其典型反问用法的责备催促意味更加明显，即使可以达到促使听话人做某事的目的，也完全谈不上委婉。

“不 VP”和“何不 VP”都既可以用于委婉建议，也可以表示责备催促，还可以表示询问确认，前两种用法都能达到以言行事的目的。如果抽离语境，这类句子的意义并不十分明确。它们在不同的语境中可能存在建议、责备和询问三种意义，要根据上下文语境和说话人语气、语调和重音综合考虑。大致说来，“不 VP”更偏向询问，“何不 VP”表示建议的概率更高，而跟“何不 VP”功能相近的“为什么不 VP”则三种功能都很常用。

从询问到建议到反问，说话人的肯定程度和语气逐渐增强，当说话人寻求答案的目的越来越弱时，询问句就逐渐带上了委婉建议的意味，而当说话人非常肯定时，委婉建议就会变成责备催促，成为典型的反问句。对于这些可以表示建议的问句而言，在询问和反问之间还存在表示建议的功能，发挥该功能的是介于询问句和反问句之间的偏向问句。偏向问句通常根据说话人语气的肯定程度而分布于偏向问范围的不同区间：越偏向询问一端，语气越委婉舒缓，直到变为中性问，失去建议色彩；越偏向反问一端，语气越强烈急促，直到变为以情绪宣泄为主的责备。

1.3.2.4　拉近情感距离

反问句一般感情强烈，经常用于表示斥责、反驳，所以通常被看作表达负面情感的方式。其实，反问句内部具有很大差异。疑问代词反问句的确具有较强的情感宣泄功能，以责备、发泄怒气为主要出发点，很少留给对方辩解空间，而“不（是）……吗”则具有很大弹性，可能以个人情感宣泄为主，具有很强的主观性，也可能对听话人给予一定关注，给双方留有回旋余地，通过邀约回应以增强交互或拉近情感距离。“我不也 VP 吗”就可以通过提醒的方式说明自己跟对方的共同之处，以减轻对方的内疚感或心理压力，从而拉近双方心理距离。如：

(65) 我难道没有应该责备自己的地方吗？我不是常常让你们丢下功课替我浇花吗？我去钓鱼的时候，不是干脆就放你们一天假的吗？(百度百科“反问句”词条)

(66) 我也不是过不了没有钱的日子，诶，前两年我不也是个穷小子嘛。(王朔《编辑部的故事》)

(67) 二位爷，别那么说呀！我不是也快挨饿了吗？(CCL)

(68) 病人家属感动得流下眼泪，掏出 50 元钱送到她面前，被她婉言谢绝。李燕玲说：“如果我是病人，我不也同样需要别人的帮助吗？将心比心，这没有什么大不了的。”(CCL)

这里前三例说话人通过反问句说明自己也曾跟对方一样；最后一例假设自己在对方立场上也会同样如此，通过这样的方式跟对方共情以拉近心理距离。张文贤、乐耀（2018）认为第一人称主语的反问句多是通过自我评价劝慰对方，缓解对方焦虑情绪。

“不（是）……吗”用于劝服对方时可能会带有比较强的商榷色彩，尤其是用在说话人自己身上时。例如：

(69)“我安了电话就不怕家里有什么事了，要不然真有点儿急事怎么办？不是干着急吗？”葛优耐心而又真诚地解释。父母觉得再不同意就不近情理了，只是补充一句：“哪那么多急事儿，安完也是一直闲置。”(CCL)

(70)“我渴望和平并不亚于亚历山大皇帝，”他开始讲，“十八个月来，我做的一切不正是为了赢得和平吗？……”(CCL)

这两例的反问句都是针对说话人自己的，完全是无疑而问，但根据语境提示，说话人应该带有明显的商榷语气，其目的是更加温和而礼貌地说服对方。

即使是用于争执，“不（是）……吗”也还是给对方留下了辩解空间，在接受度上仍然高于肯定句，这一点前文有过专门论述。给对方留辩解空间虽然谈不上是拉近情感距离，但至少可以减轻争论所带来的颜面损害。如：

(71) 六月七日，我们一行十八人在江西庐山仙人洞游玩，中午在园林酒家进餐。吃饭前，服务员上了两壶茶，我们中只有二人各喝了一杯茶。饭后结帐时发现，帐单上写着：“茶水 6 元×18＝108 元”。我们问老板这是怎么算出来的。老板拿着菜单对我们说：“我这上面写着云雾茶六元一杯，你们有十八人，不是一百零八元吗?”经过一番争执，他才给减了五十元，让我们付五十八元，而且不给结帐单。(CCL)

(72) 有一次他对皇帝说：“苏东坡对皇上确实有二心。”皇帝问：“何以见得?”他举出苏东坡一首写桧树的诗中有“蛰龙”二字为证，皇帝不解，说：“诗人写桧树，和我有什么关系?”他说：“写到了龙还不是写皇帝吗?”皇帝倒是头脑清醒，反驳道：“未必，人家叫诸葛亮还叫卧龙呢!”(CCL)

这两例中的反问句如果分别变换为“正好是一百零八元”和“写到了龙就是写皇帝”，语气就会变得生硬冷淡，大大降低了进一步互动的可能。而且第一例中的“不是一百零八元吗”根据说话人语气不同也可能存在表示询问以求确认的可能，此时语气更加和缓。当然，即使是同一个问句，在不同语境下用不同的语调来说，也会带来情感态度的明显变化。这两例中的反问句在例句语境中很可能是耐心解释，但换个语境也完全可以表示愤怒斥责。如：

(73) 你们学过数学没有啊? 六元一杯，你们有十八人，不是一百零八元吗?

(74) 亏你还是研究中华文化的，写到了龙还不是写皇帝吗?

很显然，这里的“不(是)……吗”的反问语气就非常强烈，反映了说话人的不满和不耐烦，跟前面两种语境中服务人员对顾客的细致说明和臣子对皇帝的细心解释具有明显差异。所以，我们不能笼统地说反问句具有交互主观性，也不能不加区分地说反问句表达负面情感态度。反问句未必表示责备，何况语言中还存在大量的第一人称主语关于自身特点或事件的反问句，这类句子虽然也存在自责的可能，但大多数并非表示自责。

1.3.3 从与之并用的特指问句看“不是……吗”的交互主观性

“不(是)……吗”经常与特指反问句并用，两个反问句通常构成转折关系，特指反问句一般使用“为什么”“怎么”“为啥”“为何”“何必”等疑问代词。如：

(75) 谢小玉道：“你不是说真情只有一份吗，何以他能爱上那

么多的女子?”(古龙《圆月弯刀》)

(76) 尤市长脑子有点乱，他定定神，说：“小梅，你不是在南方吗，怎么会在这里?”(CCL)

(77) 第二天，红着一双兔眼找朱护士长要求休假。“你不是说回家过‘十一’吗？怎么提前了?”她问。(张欣《梧桐梧桐》)

这几例中“不（是）……吗”所表示的反问都针对某个已知共识，特指问句所表示的反问则是针对违反该已知共识的当前事实，两种事实彼此矛盾，使得这两个反问句之间具有转折关系，所以有时还可以添加表示转折的关联词“但是”“却”等。这两个并用的反问句通常可以调换语序。

“不（是）……吗”与特指问句这两种经常并用的问句跟语境的关系不同，二者之间具有引发关系与依赖关系。它们分别针对已知事实和当前事实，前者对后者具有完全推导关系，而后者对前者具有不完全推导关系。换句话说，有些“不（是）……吗”（已知共识）在语境中可以蕴含特指反问句（当前事实），或者说后者可以由已知共识激活，但不能激活已知共识。所以，有些“不（是）……吗”反问句在恰当语境中可以补充出一个特指反问句，或者说该特指反问句是“不（是）……吗”得以成立的前提。如：

(78) 康伟业有点控制不住自己了，他说：“你不是不在乎名分吗？你不是可以永远等待我吗？按你说的去做，不要管这件破事，迟早我会把事情搞定的。”(CCL)

此例中说话人责备对方没有做到之前说的“不在乎名分”和“永远等待”，可以补充出相应的特指反问句“怎么现在却催我离婚”或“为什么现在来管我离不离婚”，等等。

与“不（是）……吗”共现的也可能不是特指反问句，但可以补充为特指反问句，或者说其底层仍是特指反问句。如：

(79) 你不是学这个的吗，这还看不出来？肯定是真的！(CCL)

(80) 哎，老大，你不是说要低调吗？怎么突然……(CCL)

这里第一例的“这还看不出来”就相当于“怎么这还看不出来”，这类反问句有不少可以添加“怎么”构成特指反问句。第二例省略了对当前事实的描述，需要据语境补充。可见，特指问句有时以缩略的形式出现，这也正好说明特指反问句可以由“不（是）……吗”反问句和语境共同激活。

并非所有“不（是）……吗”都能补充出特指反问句。为话题转换进行铺垫，就说理论证邀约协商以及有些表示提醒的“不（是）……吗”问句就不存在对应的特指反问句。如：

(81) 你不是学中文的吗？能不能帮我看看这篇文章写得怎么样？

(82) 你不是学中文的吗？怎么连通知都不会写？

这里第一例“你不是学中文的吗”为下一句祈使句提供铺垫，不存在已知共识与当前事实的矛盾，不能跟“怎么”特指反问句共现。而第二例中同样的反问句，语气更加强烈，其使用是因为预期跟现实产生巨大反差，所以可以跟特指反问句并用。可见，即使是同一个“不（是）……吗”反问句，在不同语境中也可能存在不同的意义。

表示说理论证的“不（是）……吗”通常是为了增加协商性，也不存在已知共识与当前事实的矛盾，通常不会跟特指反问句共现。如：

(83) 把垃圾扔在别人花园里，这不是缺德吗？

表示提醒的“不（是）……吗”如果跟特指反问句并用，通常并非真正的提醒，而是针对矛盾的反问。试比较：

(84) 你不是有问题要问吗？怎么还不问？

(85) 你不是有问题要问吗？别忘了哦。

很显然，这里第二例才是真正的提醒，第一例的“你不是有问题要问吗”并非为了提醒，而是带有一定的催促责备意味。跟“不（是）……吗”并用的特指反问句，其疑问代词除“怎么”外，常用的还有“为什么”“为何”“咋”“何必”等。如：

(86) 天礼伯，你不是到省城去了吗，咋又回来啦？（贾平凹《秦腔》）

(87) 既然如此，那就叫“游园图”不是最恰当了吗，为何还称之为“升官图”呢？(CCL)

(88) 春秋时代，有个名叫公仪休的人，因在鲁国做了官，就有人给他送鱼。但他说什么也不肯收。送鱼者问：“您不是很喜欢吃鱼吗，为何不收？”(CCL)

(89) 有位知情的同志劝他：“一个小孩的事，请人办了不就行

了吗，何必那么认真。”(CCL)

这几例中的“不（是）……吗”跟多种疑问代词特指反问句共现，共同表达说话人的困惑与不解。因为与“不（是）……吗”反问句相比，特指反问句更难被语境激活，有时如果单用特指反问句可能会比较突兀，或者让人摸不着头脑，所以“不（是）……吗”必须与之共现，辅助特指反问句明确表义。再如：

(90) 他说你不是堂兄吗，怎么姓泰呢？我只好说全名吴泰阳。(莫怀戚《透支时代》)

“不（是）……吗”反问句既可以出现在特指反问句之前，也可以出现在特指反问句之后。也就是说，这两个问句经常可以调换顺序。如：

(91) 为什么又不嫁了呢？上次你不是答应了吗？

(92) 小梅，怎么会在这里？你不是在南方吗？

(93) 咋又回来啦？你不是到省城去了吗？

(94) 何必要当第一？我们当第二不是挺好吗？

这几例中的特指反问句先出现，“不（是）……吗”反问句随后出现，辅助说明前句的原因或真正用意。

此外，“不（是）……吗”和特指反问句在疑问度方面存在一定差异，在对听话人的关注方面也存在明显不同。前者具有一定的交互主观性，而后者主观性更加突出。

“不（是）……吗”可能和特指反问句一样是无疑而问，也可能仍然带有一定的疑问度，对回应有所期待；二者都可能在带有明显反问语气的同时也表现出对回应的期待。这种仍带有一定疑惑意味的反问句不同于典型反问句，它们有时需要回答。如：

(95) 提起学分制，一些不知情的同志问，现在许多高校不是已经搞了学分制吗，怎么学分制又成了一“热”？(CCL)

(96) 这不是空户吗，怎么出现透支？(CCL)

(97) “老奶奶头发白不是挺好吗，为什么要染成黑的呢？”儿子振振有词，一脸不以为然的样子。(CCL)

一般而言，带疑问代词的特指反问句语气更为强烈，肯定程度更高，表示生气责备的意味更加明显，而“不（是）……吗”反问句因肯定程度降低而语气相对缓和。徐晶凝（2000：138）在分析反问句语气时分别举例分析了以下三句话：

不是你叫我等着吗？（试图为自己辩解，语气委婉。）

你怎么总把门关上？（含有不满责怪语气）

你哪一点儿对得起我？（非常不满，重说语气）

尽管徐文的主要目的是概括汉语的语气系统，文中仅有的三个反问句也并非为了分析反问句的内部差异，但很显然，她也认为第一例“不（是）……吗”反问句语气委婉。其实这类反问句跟特指反问句的语气差异非常普遍。试比较：

(98) 你不是有课吗？怎么还在这儿玩！

(99) 你不是生病了吗？你怎么还不去医院？

上两例中每个反问句都可以单说，单说时“不（是）……吗”反问句可能带有善意提醒的意味，而“怎么……”反问句则通常带有生气责备的意味。因此，尽管二者经常共现于同一语境中互相补充，但其交互主观性具有明显差异，前者可以在一定程度上体现对听话人的关注，具有一定的交互主观性，而后者以宣泄负面情绪为主，带有鲜明的主观性。

小 结

反问句和疑问句之间并非泾渭分明。疑问句随着肯定程度的逐渐增加而由中性问变为偏向问，而偏向问随着趋于肯定而过渡为反问句，因此疑问句和反问句都具有程度和等级差异。典型反问句语气强烈，完全是无疑而问，非典型反问句则在确信程度或语气强烈程度方面弱于典型反问句。

“不（是）……吗”既有典型反问句用法，也有非典型反问句用法。其非典型反问句用法包括两种情况：一种是因不完全肯定而略带疑问色彩，一种是完全肯定但带有征询语气；前者对回应确认有所期待，后者对回应交互有所期待。这两种用法都不像典型反问句那么语气强烈到不容置疑。

非典型反问句“不（是）……吗”具有明显的交互主观性，经常可以用于提醒对方或者为其后话语进行铺垫说明，一般都会给对方留有辩解空间，也给自己留下回旋余地。此外，这类反问句也经常用于表示委婉建议或拉近听说双方的情感距离。

“不（是）……吗”经常跟有疑问代词的特指反问句共现，它们分别基于已知共识和当前事实，表示当前情况跟已知共识发生矛盾，即基于已知共识发生了不该发生事情。“不（是）……吗”反问句在语境中可以激活表示当前事实的特指反问句，经常可以单独使用；但特指反问句不能激活表示已知共识的“不（是）……吗”反问句，经常需要借助于后者进行补充说明以避免突兀或引起困惑。此外，这两种反问句在肯定程度和语气强烈程度上也具有明显差异，疑问代词反问句语气强烈，主观性更加鲜明；“不是……吗”反问句语气相对缓和，带有明显的互动邀约功能，具有一定的交互主观性。

结　语

各种句类都可能通过语气语调的调整来加强交互主观性，减轻主观性过强或者客观性过强而给对方带来的被动接受的压力。陈述句和感叹句如果过于肯定就没有了协商的空间，听话人就只能被动接受对方的看法，而加上求认同或辩解语气则能够缓和气氛，给自己和对方留下回旋余地。祈使句如果使用非常肯定的决断语气，可能会因强加意愿而有损对方颜面，如果为之增加协商语气，则会让对方更容易接受。疑问句可能会因需要对方回答而给对方造成压力，如果使用陈述句的形式，则可以通过减轻听话人的回答压力而体现出对听话人的尊重。

2　制止义的不同句类实现方式及其交互主观性

徐晶凝（2009：200）指出应该探讨同一个言语功能可以用哪些句类来表达，同一个句类可以表达哪些不同的功能，以及这些功能与句类小类的对应关系，因为这直接关涉我们对“人类语言是如何用不同的句类来完成交际目的”这个问题的理解。本章主要探讨不同句类的制止义实现方式及其交互主观性。

实现制止功能的最典型句类是祈使句，但在具体交际活动中，其他句类也都有实现制止功能的可能性。如“不 VP”就使用陈述句形式表示劝止，与之相似，陈述句“不用 VP”也可以通过否定必要性委婉表达拒绝，而同样否定必要性的“何必 VP”则以反问句的形式表示制止。

除陈述句和疑问句外，感叹句也有可能表示制止，如“（我）不要 VP”就经常用于表示抗议、拒绝，制止对方想要支配自己的意图，如“我不要听”就跟“你别说了”一样都有制止对方说话的功能。女性和小孩子用“我不要 VP”表示抗议、拒绝的情况更为常见，通常带有骄纵任性或嗔怒撒娇意味。这类句子通常语气强烈，带有感叹句的特点。此外，具有不同语调的称谓语独词句也可以用于表示多种情态的制止，如撒娇、难为情或愤怒制止等，这类独词句也大多带有明显的感叹语气。

2.1　劝止义“（咱）不 VP”的交互主观性

“不 VP”主要表示否定，但有时也可以用来表示劝止，如“宝宝不哭”

“宝宝不闹”等。再如：

（1）肖莉把抽泣不止、异常伤心的小女孩儿搂在怀里，眼圈红了，“妞妞当然是好孩子，是最好最好的孩子！……好妞妞，不哭，乖，不哭，啊？”……（王海鸰《中国式离婚》）

这类劝止义“不 VP”在哄劝阻止孩子某种行为时较为常用，它比“别 VP”更能体现出对听话人的亲近关爱，而且它还经常跟指称听话人的“咱”共现，构成具有更强交互主观性的劝止句式“咱不 VP”。

宛新政（2008）与侯瑞芬（2015）都讨论过“不”表示祈使否定的“柔劝”功能与委婉表意特点，下文将在此基础上进一步探讨汉语劝止义“（咱）不 VP”的交互主观性及其成因。

2.1.1 “不 VP”的劝止功能及其交互主观性

“不 VP”中的“不”可能表示劝止，也可能表示否定。以“宝宝不哭”为例，除了表示劝止义之外，也可能是他人对宝宝的行为进行客观陈述，还可能是宝宝自己的言语，即“宝宝”是说话人自指，这种用法主要出现在小孩子尚未完全掌握人称代词而主要依靠名词来实现指别的时候。后两种用法此处暂不讨论。

劝止义“不 VP”常用于大人哄劝小孩子，也可能用于小孩子哄劝大人或者大人之间的劝止。劝止义“不 VP”用于大人时大多限于情人、亲人或亲密的朋友之间。如：

（2）“阿芩，不哭不哭，不哭喔，是我不好，不该说这些的，不细想，我们都不细想。”阿曼用细软的指尖拭去我的泪水，“不哭了吧，……阿芩，不哭了，好不好？”（百合《这样一种关系》）

此例是情人间的私语，用表达对方意愿的方式哄劝对方，传递了对听话人的亲近怜爱之情，称呼方式和语气词的选用又对此加以强化：“阿岑”是显示亲近关系的称呼方式，“不哭”后面表示安慰哄劝的“喔”和表示商量语气的“吧”“好不好”则使得语气更加柔和，充满关切。

2.1.1.1 用主动选择替代典型祈使句的意愿施加

典型祈使句“别 VP”或多或少都表现了说话人试图把自己的意愿施加给对方的意味，体现的是说话人的主观意志，受话人处于被动地位。与之相比，劝止义“不 VP”把制止劝停转化为对方主动停止，避免了典型祈使句“别 VP”的意愿施加色彩，具有明显的交互主观性。换句话说，听话人的主动选择还是说话人的意愿施加决定了劝止义“不 VP”和典型祈使句“别 VP”的交互主观性差异。宛新政（2008）讨论过“（N）不 V”祈使句的自主性特征和柔性特征，侯瑞芬（2015）也指出“不”代替“别”是一种带有主观色彩的委婉祈使否定，是一致准则在语言中的一种体现。其实，用主动选择代替意愿施加正是劝止义“不 VP”能够消解对立、实现委婉劝止的内在根源。

对听话人而言，“宝宝不哭”比“宝宝别哭”要温和亲近，因为此时说话人的主观意志被隐藏了，停止做某事成了听话人的主观意愿和主动选择，而不是受外人制止，大大减弱了意愿施加色彩，传达了说话人对听话人的体贴关爱。

“不 VP”与“别 VP”的交互主观性差异还决定了它们能否跟第二人称代词主语兼容。劝止义“不 VP”前面一般不能插入第二人称代词，如“宝宝不哭”如果说成“宝宝你不哭”就很不自然，而“宝宝别哭”则通常可以说成“宝宝你别哭”。

从语言系统内部的相互制约来看，劝止义“不 VP”前面不能插入第二人称代词，是因为“不 VP”不是典型的祈使句，如果没有前后语境，“你不 VP”一般只能构成陈述句，而“别 VP”刚好与之相反。比如，下面两例中“别哭”能否直接变换为“不哭”就是由人称代词“你”决定的：

（3）张全义笨拙地把孩子端在手里，拍着、晃着、哼哼着：“宝宝别哭喽，爸爸抱抱喽……”（陈建功、赵大年《皇城根》）

（4）晓得什么就说什么。你学习毛主席著作是有功的，没有错。有我在，你别怕！（《不怕》，《作家文摘》1994 年）

其中第一例可以直接变换为“不哭”；第二例必须先去掉“你”才能变换为“不怕”，变换后对听话人的立场支持和情感关注更加凸显。

其实，能否在前面添加“你”意味着说话人是否跟听话人明确区分立场并作为对立方把自己的意愿施加给对方，从而达到制止的目的。“不 VP”表示劝止时说话人是隐藏的，从语言形式上看，没有对听话人施加任何压力和影响，“不 VP”是听话人的自主决定，所以该句式跟区分立场的“你”不兼容。“别 VP”则显示了说话人跟听话人的不同立场，说话人作为局外角色实施劝阻行为，听话人是被制止的对象，所以其前经常使用第二人称代词以区分彼此立场。由此可见，称呼语限制也跟劝止义“不 VP”的交互主观性特点密切相关，第二人称代词跟劝止义“不 VP”关爱友好的情感态度相违背；也正是出于这个原因，有人把“你”看作区分听说双方立场的标记词。

此外，劝止义“不 VP”不跟带有说话人强烈意志色彩的限定语共现，如“可”“千万”“赶快”“给我”等都不能出现在劝止义“不 VP”中，因为这些词都具有很强的主观性，体现了说话人不容反对的态度，这跟“不 VP”避免意愿施加的交互主观性特点相冲突。

2. 1. 1. 2 亲近怜爱的情感传递诉求

劝止义“不 VP”尽管多用于哄孩子，但有时也用在大人身上，同样带有亲近怜爱的意味，听话人会产生如孩子般被呵护的温暖。试比较：

(5) 别哭了，准备跟你爸爸划清界限吧！我冷冷地说。(戴厚英《流泪的淮河》)

(6) 我也想爸，可是我不想哭他；我倒是为妈妈哭得可怜而也落了泪。过去拉住妈妈的手：“妈不哭！不哭！”妈妈哭得更恸了。她把我搂在怀里。(老舍《月牙儿》)

很明显，跟第一例的冷淡制止相比，第二例中的安慰劝止“妈不哭！不哭！”对听话人情感的关注非常鲜明突出，以至于使“妈妈”这一听话人“哭得更恸”，并把说话人“我”搂在怀里。

劝止义“不 VP”安慰哄劝的意味比较明显，经常反复出现，以强化说话人耐心关爱的语气和态度。如：

(7)“穿棉袄，穿了棉袄就不冷了！不哭不哭，不哭不哭……”(琼瑶《青青河边草》)

这里“不 VP”反复出现，显示了说话人耐心安抚听话人的态度。与之相反，“别动别动”“别哭别哭”等连续的“别 VP”经常表示急促阻止，显示的是说话人不耐烦的态度。

劝止义“不 VP”多用于亲近的人之间，口语色彩很强，一般多用于非正式场合，而且其亲近怜爱的情感传递诉求决定了其使用范围较窄。除了本节后面要重点讨论的指称听话人的“咱”①，劝止义“不VP”前面的主语一般是昵称、爱称或表示亲近关系的称呼方式，如“宝宝”“妞妞”“阿岑”“学宁”“爸爸”等，庄重正式的全名和尊称、带有厌恶色彩的称呼方式以及带有调侃意味的绰号等都不宜出现在劝止义“不VP”中。

同理，“哭哭啼啼”“哭三嚎四”“嚎”“胡说八道”等带有指责辱骂意味的动词一般不能进入该结构，因为它们跟劝止义“不VP”亲近怜爱的情感传递诉求不兼容。此外，劝止义“不VP”的使用还要受制于其限定成分或前后语句，如果从中可以看出说话人语气生硬冷淡或者愤怒、不耐烦，一般不能用“不VP”。如：

(8) 江父在楼下直转圈子，又急又气，冲楼上恨声道：“别哭了！不叫你们哭，你们偏哭！都给我憋着！”（电视剧《乔家大院》）

例中说话人“恨声道”，是愤怒地喝止听话人，说话人命令责骂的语气跟“不VP”所表示的亲近怜爱的情感态度大相径庭，所以此处的“别哭”不宜变换为“不哭”，这也从反面印证了劝止义“不VP”表达亲近怜爱、关注听话人感受的交互主观性特点。

宛新政（2008）在跟“N别VP”祈使句比较的基础上讨论了“（N）不VP”祈使句的亲昵特征。其实，跟劝止义“不VP”在情感态度方面反差更大的是表示命令喝止的“少VP”，后者重在宣泄自己的负面情绪，完全不顾及听话人的感受，具有很强的主观性。如“咱不说了”与“你少啰嗦”的语气态度截然相反，前者体现的是对听话人的关切体谅，后者表达的是说话人的愤怒与不耐烦。

可见，劝止义“不VP”的交互主观性刚好跟喝止义“少VP”的主观性形成鲜明对照，前者重在亲近怜爱之情的传达，后者重在自我情感的宣泄，它们都体现了说话人鲜明的情感态度，但在对听话人的情感关照方面存在明显对立，而且这种对立还体现在它们对共现成分的选择限制上。首先，交互主观性的标记词“咱”“吧”与主观性标记词“给我”只能分别用于“不VP”和“少VP”，不能互换，如“咱不说了吧”与“你少给我啰嗦”。其次，劝止义“不VP”独立成句时排斥使用贬义动词，也不能跟其他表示负面情绪的词句共现，而表示愤怒喝止的“少VP”则经常跟贬义动词或表示负面情绪的词

① “我们”也可以只指称听话人，但不及“咱”常用，限于篇幅，暂不讨论“我们”的此类用法。

句共现，中性词语反而受较多限制。

因此，“不 VP”“别 VP”“少 VP”对听话人的情感态度存在明显差异，同样的，说话人也可能由于情绪变化而先后选用不同的表达方式，例如：“不说了。”“别说了。”“少废话!”这三句话的依次变换可以传神地反映出说话人从耐心哄劝到愤怒生气的情绪、态度变化。

需要指出的是，劝止义“不 VP”主要用于亲密的人之间，有矛盾的双方或者陌生人之间如果使用这类劝止句，通常会传递出“向对方示好”的交互主观性信息。

2.1.2　劝止义“咱不 VP”的双重交互主观性

在不同语境中，“咱”可以分别指代听说双方、说话人或者听话人[①]。“咱”指称听说双方是其常规用法，指称说话人或者听话人的用法大都带有一定的修辞色彩。姬凤霞（2008）和程伟（2009）都讨论过“咱”的不同用法及其语用功能，我们将在此基础上重点探讨“咱”指称听话人时的交互主观性、劝止义“咱不 VP”的双重交互主观性及其成因。如：

（9）单位不好，咱不去单位，咱提前退休，我去给你办退休手续！（刘震云《单位》）

例中丈夫用“咱”指称作为听话人的妻子，比用“你”能够更好地表达关怀和爱意，充分显示出说话人对听话人感受的体贴关注。

2.1.2.1　指称听话人的“咱”的交互主观性

“咱”用于指称听话人时的交互主观性主要体现在两个方面：一是向听话人表示亲近关爱，二是弱化否定意见的针对性以顾全对方情面。不过，无论是表示亲近关爱，还是弱化针对性，都是通过假设跟对方处于同一立场或属于同一群体而实现的。

1. 通过立场假设显示与听话人的亲近

“咱”指称听话人的用法应该是由其指称听说双方的意义转喻而来的，它保留了“咱”双方立场一致的语义框架，更容易让听话人感受到亲近认同。如：

① “咱”指称听话人的用法尚未作为固定义项收录于《现代汉语词典》。

(10) 母亲用平日从牙缝里省下的钱，为父亲买了一辆板车，劝慰父亲说："别难过，开除了公职咱就拉板车。靠劳动吃饭干什么都不丑!"这句话鼓起了父亲生活的勇气，也成为我生活中恪守的信条。(朱利华《人物》)

例中用"咱"指称听话人要比用"你"多一些亲近关爱的意味，因为用来指称听说双方的"咱"表示交际双方具有共同的立场，属于同一个群体。当人们用"咱"指称听话人时，这种体现共同立场或共同群体归属的亲近情感仍然被保留了下来，使得这种用法具有明显的交互主观性。

用"咱"指称听话人可以显示出说话人对听话人的立场认同和情感贴近，因为用"咱"代替"你"指称对方，表明说话人把自己置身于跟听话人完全相同的立场以表达亲密喜爱之情，从而使听话人感到亲近，增强认同感。如：

(11) 少奶奶，这寡咱可守不得!(刘震云《故乡天下黄花》)

(12) 此时，病人还在小声哭泣，他妻子用手摸着他的额头说："咱不哭，咱不哭了，来，我把衣服给你换换，你看又尿湿了。"口气里充满疼爱，像一个母亲哄自己的孩子。(郝春平《浓浓真情"咱不哭"》)

例中说话人用"咱"指称听话人，把自己放在跟听说人完全相同的立场上，拉近了听说双方的情感距离，亲近关爱之情溢于言表。试比较：

(13) 妈，咱别干这工作了，看到你这样子，我心里疼哪!(CCL)

(14) 胜春的老母亲拉着儿子的手劝说道："儿呀，妈整天替你提心吊胆，你别再接那些破烂摊子啦，让妈过几天太平日子好吗?"(CCL)

这两例都是在劝对方停止做某事，但对听话人的关注存在明显差异：第一例用"咱"指称母亲，表达了关爱之情；第二例听说双方立场对立，是直截了当的批评阻止，而且共现词句也都带有埋怨指责的意味。

总之，用"你"还是用"咱"指称听话人，反映了说话人的立场态度。用"你"指称听话人时，说话人明确区分了双方的立场差异，凸显的是与听话人的对立关系，即说话人是站在不同立场来进行评论或施加影响的，听话人处于被动接受的地位。用"咱"指称听话人时，说话人主动跟对方置身于同一立场，强调双方属于同一群体，以显示听说双方的亲近情感和关切认同。

2. 通过模糊指称对象弱化针对性

“咱”无论用于指称听话人还是用于指称说话人，都是要模糊指称对象以达到一定的交际意图，只不过前者是出于对听话人的关爱，具有明显的交互主观性，后者是出于对自己情面的维护，具有一定的主观性。

指称听话人的“咱”通过模糊指称对象，从双方立场一致的角度提出劝告、催促、提醒甚至批评，弱化了针对性，也在某种程度上弱化了意愿施加色彩。比如下例中的“咱”就把批评性的回应变成了协商性的辩解：

(15) 夏顺开：“王同志，咱不能要求人十全十美吧？你得允许我偶一失足吧？”(王朔《刘慧芳》)

这里的“咱”只指称听话人，“咱不能要求人十全十美”与“你得允许我偶一失足”这两句话中“咱”跟“你”共指也证实了这一点。“咱”的使用弱化了这句话的针对性，保全了对方的面子，使这个抗议性反对意见的可接受性大大提高。

与上述用法相反，“咱”只指称说话人时，可以在一定程度上掩盖双方的立场分歧以减少对自己的面子威胁，从而避免可能的尴尬。如：

(16) 夏顺开也不免有些不好意思：“大姐，您这句话真把我说臊了，确实不应该。咱不犯了成不成？得过一次，永久免疫。”(王朔《刘慧芳》)

这里的“咱”是说话人自指，与第一人陈代词“我”相比，“咱”能在一定程度上减弱说话人承认错误时的难堪，因为“咱”把听说双方的对立关系模糊化，掩盖了负面信息的针对性，在一定程度上保全了说话人的面子。可见，“咱”用来指称说话人体现的是说话人的主观性，这跟“咱”用来指称听话人时的交互主观性刚好形成鲜明对照。

正是由于指称听话人的“咱”可以通过模糊立场差异，弱化反对制止或否定意见的针对性，顾全对方情面，避免对方难以接受或产生抵触情绪，所以这类用法在口语中很常见，尽管它尚未作为“咱”的固定义项被词典收录。如：

(17) 说这话的时候，他眼发绿。我害怕，对他说，兄弟，那是人家的，咱不眼馋。(毕淑敏《墙上不可挂刀》)

例中说话人在批评提醒对方的不当行为时，通过用“咱”指称听话人，使自己跟对方一起成为被批评的对象，针对性得到弱化，从而保全了对方的情面。

可见，只指称说话人的“咱”和只指称听话人的“咱”通过模糊指称对象分别维护自己和对方的情面，前者具有一定的主观性，后者则具有明显的交互主观性。这两种用法刚好反映了主观性与交互主观性的对立与统一。

2.1.2.2 从“你”与“咱”的选择看“咱”的交互主观性

王义娜（2008）曾讨论过英汉人称代词移指所造成的主客体意识表达的变化，与之类似，同一语境中人称代词“咱”和“你”的选择变化也能反映说话人情感态度的调整适应。如：

(18) 张克南一闪身爬起来，眼瞪着他妈，喊：“妈！你怎能做这事呢？这事谁要做叫谁做去吧！咱怎能做这事呢？这样咱就成了小人了！”（路遥《人生》）

说话人先用“你怎能做这事呢”批评对方，后来又把人称代词“你”变换为“咱”，说成“咱怎能做这事呢”。用“咱”替代“你”这一看似简单随意的人称代词变化，其实大有深意，它不仅在一定程度上顾全了对方颜面，弱化了批评的针对性，而且还为后面更为激烈的批评“成了小人”做好了铺垫。不难想象，如果说话人不对人称代词进行调整而说成“你怎能做这事呢？这样你就成了小人了！”就会显得异常尖刻，针对性很强，火药味十足，很可能会严重伤害对方的面子，更何况听话人还是说话人的母亲。

“你别 VP”是直白的批评否定，把对方置于对立面，而自己则处于评判者的优越地位，这肯定会让对方产生抵触情绪，指称听话人的“咱”用于批评制止则可以大大减弱针对性。根据话语内容对指称听话人的人称代词进行调整的现象并不少见。如：

(19) 妈，从原则上说，你是对的。但从道义上说，咱这样做，就毁了！众人都长着眼哩！决不会认为你党性强，而是报私仇哩！咱不能用错纠错！（路遥《人生》）

此例先后三度调整人称代词，其规律是肯定语句用“你”指称对方——“你是对的”和“你党性强”，否定语句换用“咱”指称对方——“咱这样做，就毁了”和“咱不能用错纠错”，其目的正是掩盖双方立场差异，减弱否定意见的针对性，从而避免指责口吻的生硬强势。

因此，“咱”指称听话人时，说话人在语言形式上把自己也一同作为批评制止的对象，即使说话的语气并不十分温和，也能大大减弱批评的针对性。如“你别惹他”就带有警告喝止的意味，而与之对应的“咱别惹他”则因弱化了警告提醒的针对性而让听话人感到比较容易接受。因此，指称听话人的“咱”可以掩盖听说双方的立场对立，消除制止或否定所可能给对方带来的面子威胁以及由此引起的不快和尴尬，具有明显的交互主观性。

2.1.2.3 指称听话人的“咱”与劝止义“不 VP”的共现及其双重交互主观性

指称听话人的“咱”跟劝止义“不 VP”在交互主观性方面具有很强的一致性，它们分别标记共同立场与避免意愿施加，二者共现相得益彰，使得相关表达具有双重交互主观性。如：

(20) 为此，穆青几乎嚎啕大哭，他红着眼睛拉着穗珠的手往外走，“我陪你找厂长去，咱不干了，辞职还不行吗？我写专栏养活你……”（张欣《掘金时代》）

例句用“咱不干了”劝止对方，跟典型祈使句“你别 VP”相比，其中的“咱”表明听话人和说话人的共同立场，避免了“你”暗含的立场对立，“不 VP”则是直接以听话人的口吻做决定，避免了“别”可能造成的意愿施加，从而给予听话人双重的情感关注和理解关爱。

指称听话人的“咱”也可以跟“别 VP”共现，但它与劝止义“不 VP”的交互主观性特征更加一致。换句话说，“咱不 VP”比“咱别 VP”更能表现听说双方的亲近情感，也更能凸显说话人对听话人感受的重视和关切。试比较：

(21) 金顺海一直反对儿子读书，他经常对小宏纲说：“你老子斗大的字认不了几筐，钱还不是照赚？这学咱别上了，回家跟我赚大钱。”（刘常山《受“希望工程”资助的“大款”之子》）

(22) 我说，学宁，咱不练了，回家吧。（《1994 年报刊精选》）

不难看出，劝止对方的“咱别 VP”也具有一定的交互主观性，但不及“咱不 VP”，不过，二者通常可以互相替换。“咱别 VP”替换成“咱不 VP”后更有助于表达说话人对听话人的关切态度和亲近情感，交互主观性更加鲜明。因此，“咱不 VP”与“咱别 VP”都具有交互主观性，但前者的交互主观性是双重的，分别由指称听话人的“咱”和劝止义“不 VP”负载，其对听话人情感的关注更为强烈突出。

“不 VP”与“咱”组合之后，动词的选择面要宽得多，因为指称听话人的“咱”假设自己跟对方归属于同一群体，从而在很大程度上减弱了批评制止的针对性，所以有些不能用于“不 VP”的带有批评斥责意味的贬义动词也可以用于“咱不 VP”，如“咱不哭哭啼啼的”“咱不胡说八道”等。贬义动词不能用于劝止义“不 VP”，但可以进入“咱不 VP”“咱别 VP”，这说明指称听话人的“咱”比劝止义“不 VP”的交互主观性更强，因为“咱”在消解听说双方立场对立的同时也能在一定程度上弱化典型祈使句的意愿施加色彩。

指称听话人的“咱”与劝止义“不 VP”的共现频率很高，这跟它们试图传递的共同立场和亲近关切直接相关。“咱不 VP”使听话人得到双重关注，“咱”使对立立场变为共同立场，“不 VP”把意愿施加变成自主决定，即使用于否定批评，也能从两个方面避免可能给听话人带来的伤害，使劝止义更易于接受。如：

(23) 我就开讲哲学，可没讲两句，那底下妇女纳着鞋底子就说，“咱不讲这个啦，接着昨后晌的讲吧!”（冯骥才《一百个人的十年》）

很显然，这里用“咱”指称听话人，把自己也归入同一群体，在拉近感情距离的同时掩盖了双方的立场差异，弱化了否定意见的针对性和反对阻止的施加色彩，而用“不 VP”代替“别 VP”则又进一步消除了典型祈使句的意愿施加色彩，同时采用两种方式以顾全对方情面，使听话人更加容易接受自己的要求。不难想象，如果换用“你别讲这个了”来表示制止，就带有明显的不耐烦语气，难免使对方处于尴尬难堪的境地。

2.1.3 劝止义“（咱）不 VP”的产生原因

劝止义“咱不 VP”具有双重交互主观性，要分析其产生原因，需要对“不 VP”的劝止用法和“咱”只指称听话人的用法分别进行分析，它们具有不同的产生理据和使用条件。

2.1.3.1 “不 VP”劝止用法的产生原因及使用限制

“不 VP”劝止用法的产生原因很可能跟儿语有一定的关系，这类用法使用频率最高的场合就是大人哄劝孩子，因为根据幼儿语言习得规律，大人通常需要选择适合其年龄段的词汇与幼儿对话。以“宝宝不哭”为例，除了劝止义用法之外，还可能有另外两种情况：一是对宝宝的行为进行客观陈述，此时“宝宝”指称听说双方之外的第三方，可以换用第三人称代词“他”；二是宝宝自己的言语，即“宝宝”是说话人自指，可以换用第一人称代词“我”，这种情况主要出现在小孩子尚未完全掌握人称代词而主要依靠名词来实现指别的时候。

对否定副词而言，幼儿习得“不”的时间要明显早于“别”，所以有些两三岁孩子模仿大人使用劝止义“不 VP”时，并不一定是意识到了其中的交互主观性，而是受制于其语言习得规律和词汇掌握情况。如：

(24) 三岁的小静静看到邻居小孩哭，就抱来自己的洋娃娃，学着奶奶的口气，“乖乖不哭，奶奶给你玩娃娃。”(CCL)

(25) 儿子双手搂着父亲的脖子，用小手拭去他的泪水：“好爸爸，不哭!”……（高立林《好爸爸，不哭》）

这两例“不 VP”的使用未必是出于交互主观性表达的需要，很可能只是语言模仿。

因此，“不 VP”劝止用法的产生根源可能跟儿童的早期词汇掌握情况有一定的关系。这类用法在小孩子身上的使用频率也有随年龄增长递减的趋势。适应孩子的理解水平是语言交流最自然的选择，无论是有意识调整还是无意识适应。

正是由于这种客观需要的存在，“不 VP”用于劝止哭闹的幼儿时，其交互主观性并不十分引人注意，这跟幼儿的理解水平有关，也跟小孩子需要更多关爱有关。既然人们天然地对小孩子更加关心怜爱，那么这类表达方式用于哄劝小孩子时就并不显得超出常规。

相比之下，“不 VP”表劝止用于大人之间时，其交互主观性更加鲜明突出，因为已经熟练掌握了汉语的人们有意识地回避使用更为典型的“别 VP”，就是为了减弱常规祈使句的意愿施加意味，更好地向对方传达自己的亲近关爱之情，同时，“不 VP”常用于哄劝小孩子的语用特点又进一步强化了听话人像孩子一般被关心呵护的感觉。

劝止义“不 VP”的主语多为名词，而且通常用昵称、爱称以更好地显示亲近关爱，如“宝贝”“宝宝”“乖乖”“兰兰”等，这可能也跟先名词后代词的习得顺序密切相关。小孩子掌握人称代词的时间要大大晚于实体名词，因为人称代词具有一定的抽象性和相对性，所指不固定，没有明确的对应关系，远不及实体名词具体明确，而且幼儿习得人称代词通常还会经历一段混用期，所以对两岁以前的孩子而言，所指明确的名词是劝止义“不 VP”的主语的必然选择。“咱不 VP”应该是在“不 VP”的劝止用法与“咱”只指称听话人用法都产生之后才出现的，而且“咱”的共现还使得“不 VP”运用于成人之间的概率大大增加。

此外，劝止义“不 VP”前面的名词一般是指称劝止对象的主语，而不是表示呼唤提醒的独立语，这跟“别 VP”前面的称呼语通常充当独立语具有明显不同。如：

(26)“雁雁，别哭了，有什么委屈跟妈说，好吗?”（谌容《梦中的河》）

(27)“怎么醒过来了?”慈妈急忙把她抱到身前，哄着：“书晴不哭！书晴不怕！慈妈和娘都在这儿!”（琼瑶《烟锁重楼》）

第一例中“雁雁”是表示呼唤提醒的独立语，它跟“别 VP”之间有停顿，而且其后可以插入主语“你”复指，说成“雁雁，你别哭了”。第二例中“书晴”是“不 VP”的主语，二者之间没有停顿。这也跟幼儿习得语言的规律相适应，因为主语和谓语是幼儿在语言习得的独词句阶段之后最早习得的句法成分，明显早于独立语的习得。

值得注意的是，有些“不 VP”因其高频使用而成为客套话，如《现代汉语词典》收录的“不”的方言客套话用法（第⑧义项“不用；不要［限用于某些客套话］：～谢/～送/～客气”）就跟我们讨论的劝止义“不 VP”比较接近。

其实这些用法早已进入普通话系统，成为我们最常用的应答语①。不过，这些作为客套回应的“不 VP”结构由于频繁使用而带有一定的熟语色彩，通常被作为一个固定组合整体认知，交互主观性受到一定的削弱，但其产生根源却跟这类结构的交互主观性密不可分。不过，这些用法可以理解为“别 VP”，也可以理解为“不用 VP”，这跟“宝宝不哭”中的“不哭”并不完全一致。

---

① 也可以将这些词理解为一般否定，构成陈述句。

2.1.3.2 “咱”指称听话人用法的产生原因

《现代汉语词典》中收录了“咱”的两个义项，一是“咱们”，二是在方言中作为第一人称代词。“咱”指称听话人的用法没被词典收录，可能是因为此类用法语境依赖性很强，不能脱离交际场景。如“咱不干了”，这句话抽离语境后只能理解为“咱们不干了”或者某些方言中的“我不干了”，而不会理解为“你别干了”。所以，“咱”指称听话人的用法带有一定的修辞意味，属于非常规用法。不过，一旦某种非常规用法大量出现并成为一种约定俗成的具有特殊言语功能的表达习惯时，其语言学价值及生成理据就非常值得关注。

“咱”指称听话人的用法虽然尚未作为固定义项被词典收录，但在口语中却是大量存在的，它们要么是说话人为了显示亲近关切而采取的表达策略，要么是说话人为减弱否定意见的针对性以顾全对方情面而做出的选择。

对说话人而言，用“你”还是“咱”指称对方也反映了说话人的立场态度。如：

(28) 咱们这次摸底考试的成绩都不错。

(29) 你们这次摸底考试的成绩都不错。

很显然，第一种表达方式听上去更加亲切，因为用“你们”意味着说话人明确区分了自己作为老师与学生的对立立场，而用“咱们”指称听话人时，说话人作为老师把自己跟学生置于同一立场，自然会让同学们倍感亲近，这也正是用“咱”指称听话人在口语中十分常见的重要原因。

如果说在非批评性话语中用“咱”指称对方是说话人为了主动显示亲近和关心，那么，在带有批评意味的话语中用“咱”指称对方则是说话人为了避免伤害对方情面而采取的交际策略，因为把自己置于同一立场或群体，可以大大减弱批评的针对性。试比较：

(30) ……你别绕圈子了好不好！(张平《十面埋伏》)

(31) ……咱别兜圈子了行不行？(魏润身《挠攘》)

很显然，第二例的“咱别兜圈子”要比第一例的“你别绕圈子”礼貌客气，而且句末标点也印证了这两种表达方式在态度、语气方面的不同倾向。如果和“你少绕圈子”相比，“咱别绕圈子”的交互主观性就更加凸显，因为“你少 VP”的自我情感宣泄跟指称听话人的“咱”所体现的对听话人的亲近关爱存在鲜明对立。

因此，“咱”指称听话人的用法要么表示向对方主动示好，要么是为了避免伤害对方情面。前者通过建立共同立场以显示听说双方的亲近情感和关心认同，使劝止表达得亲切轻松；后者通过减弱针对性，避免对听话人面子造成伤害，使批评制止柔和客气。不过，无论是表达亲近关切，还是避免情面伤害，都是出于对听话人的情感关注而采取的言语策略，二者在交互主观性方面具有很强的内在一致性。

此外，“咱”指称听话人用法的交互主观性并不只是体现在典型的祈使句当中，有些由形容词充当谓语中心所构成的“咱别 A”也同样具有交互主观性。比如，跟直白的批评“你别那么庸俗”相比，“咱别那么庸俗”就相对容易接受，至少不算太刺耳，因为前者把对方置于对立面，自己则处于评判者的优越地位，肯定会让对方产生抵触反感情绪。

总之，指称听话人的“咱”与劝止义“不 VP”的共现频率很高，是因为二者所传递的交互主观性具有很强的一致性：“咱”表明听说双方的共同立场，“不 VP”则直接以听话人的口吻做决定，它们的使用分别是为了避免“你别 VP”类常规祈使句中“你”所暗含的立场对立和“别”所造成的意愿施加，从而给予听话人双重的体贴关爱。

2.1.3.3 “咱”指称听话人与“来”表外向位移用法的共同理据

说话人用“咱”指称听话人，通过置身对方立场，显示对听话人的亲切认同和情感贴近，这与汉语中用“来”表示外向位移的语言策略具有大致相同的产生理据。

“来”表示从别的地方到说话人所在的地方，属于内向位移，“去”与之相反，属于外向位移，但人们有时会用“来”代替“去”表示从说话人所在的地方到听话人所在的地方。“来”代替“去”表示外向位移的用法，除了单音节动词“来”，还包括由“来”构成的“出来”“进来”“下来”“过来”“回来”“上来”等复合式趋向动词。如：

(32) 王师傅实在不好意思张这个口，觉得太那个了。“没事，我马上过来!”黄师傅显然听出王师傅有些不好意思，抢着说。（施建华《没事，我马上过来》）

表示外向位移，照理应该用“过去”，但上例中黄师傅在深夜接到王师傅求助电话时察觉到了对方的“不好意思”，抢着说“我马上过来”，这无疑比用“我马上过去”更能表达说话人的爽快和热情，可以缓解对方的心理压力。

用“来”表示外向位移是假设自己跟听话人处于同一方位，通过缩短空间距离以拉近双方的情感距离，很容易使对方产生亲近感，具有明显的交互主观性。如：

(33)“您好，长安公司038号客服代表为您服务，请问有什么可以帮您吗?”“我的车坏了，需要急救。”电话那头，传来焦急的声音。“先生，能告诉我您的位置吗？我们马上安排服务站的救急车过来，请稍等……”(项黎歌《“我们马上过来，请稍等”》)

这里客服人员也是用“来”代替“去”表示外向位移（从服务站至对方所在地），更能让听话人感受到关切和温暖，取得了很好的表达效果。听话人显然对长安客服的礼貌热情很满意，否则就不会出现以“我们马上过来，请稍等”为标题的报道文章。

“来”表示外向位移的用法在汉语中很是常见，跟“去”相比，它更能体现对听话人的亲近关切；如果换用“去”，双方的空间距离就会凸显，情感距离感也会相对疏远一些。其实，“来”表示外向位移用法的产生就是基于说话人为显示亲近而建立起的方位假设，因为地理位置的共享假设必然会带来心理距离的接近，从而使听话人感受到说话人的真诚和热情，消除距离感和隔膜感，具有明显的交互主观性。

英语中也存在指示语移用所导致的心理空间重建现象，贾红军（2006）、吴雯（2006）和钟慧（2012）等都曾对此做过专门论述。不过，有些表示外向位移的“来”在成为惯用语后，人们使用时未必明确意识到其交互主观性，如应答语“来了来了”就带有一定的惯用语色彩，一般不能用“去了去了”替换，而且高频使用也使得这类惯用语的交互主观性不那么明显。

总之，“来”的外向位移用法源自说话人假设跟听话人共处同一空间以显示亲近，即通过消除距离感来表达关爱与热情，这跟用“咱”指称听话人的产生理据具有很大共性。“来”是基于双方位置相同的假设，而“咱”是基于双方立场一致的假设，方位与立场具有非常密切的内在关联，而且“立场”这一词语本身就是方位隐喻的结果。

小 结

用“不VP”代替“别VP”表达劝止，在语言形式上把外人制止转化为主动停止，把说话人的意愿转换为听话人的自主选择，充分照顾听话人的心理感受，避免了典型祈使句的意愿施加色彩，具有明显的交互主观性。指称听话人的“咱”通过营造共同立场表达对听话人的亲近关爱，能够表现说话人的亲密态度或者避免伤害对方情面，具有鲜明的交互主观性，这跟用以明确区分双方立场的“你”刚好形成对照。

劝止义“不 VP”与指称听话人的“咱”共现频率非常高，它们经常构成“咱不 VP”句式，如“咱不干了”“咱不绕弯子了”等。“咱不 VP”用于劝止时，“咱”这一劝止对象并不包括说话人，而是代替“你”指称听话人，假设自己跟对方属于同一群体，意在显示情感亲近或立场一致。用“不 VP”表示劝止则是用自主决定的形式避免典型祈使句的意愿施加色彩，它在关注听话人感受方面跟指称对方的“咱”相得益彰。二者共现时，说话人从不同方面对听话人感受给予高度关注，使相关表达具有双重交互主观性。

“不 VP”表示劝止义可能跟适应幼儿语言习得规律具有一定的关系，“咱”指称听话人用法的产生则源于表达关切关爱或避免情面伤害的交际策略。指称听话人的“咱”跟表外向位移的“来”在交互主观性及产生理据方面具有很强的一致性，它们分别通过假设与对方处于同一立场或处于同一方位来消除跟对方的距离，表达对听话人的亲近关爱。

2.2　抗议制止义“我不要 VP”[①]的主观性与交互主观性

汉语中“不要”跟“别”一样经常作为否定副词用于祈使句中，但第一人称代词后“不要”的用法却明显不同：“我不要 VP”通常可以表示抗议反对或拒绝制止。如：

(1) 她似乎哭得上气不接下气：“奶奶，你告诉他们……你告诉他们……我不要弹吉他！我不要！奶奶……”（琼瑶《梦的衣裳》）

(2)“你又讲这些话了，义德，我不要你讲。”（周而复《上海的早晨》）

(3) 柔嘉道：“我不要听，随你去说。不过我今天才知道，你是位孝子，对你父亲的话这样听从——”（钱钟书《围城》）

---

① 本节除了第 2.2.3 小节讨论“我不要 VP”与“我不要 NP+VP”的共性与差异时对二者加以区别外，其他部分的“我不要 VP”通常也包括“我不要 NP+VP”。

(4) 她并没有做成功，正打算听凭树枝掉下去的时候，他握住了她的两手。这一个举动突如其来，因此她挣脱不开，她于是直盯着他望。“撒手，尤金，请你撒手。”他注视着她，摇摇头。“请你撒手，”她继续说。“你不可以这样。我不要你这样。”(翻译作品《天才》)

上面的例句出自不同地域作家的作品，他们都使用这种表达方式，说明这并非方言用法。尤其是翻译作品，因为翻译作品为了更好地体现原作本意，经常需要字斟句酌，选择最贴切的表达手段，所以翻译作品中的此类用例也很能说明“我不要 VP”的特殊表达效果。最后一例翻译作品中“我不要你这样”还跟祈使句“请你撒手”共现，表达了相同的意思，一个是通过表达个人意愿的方式实现间接制止，一个是通过典型祈使句直接制止。间接制止与直接制止共现的用法很多，又如：

(5)“不!”他苦恼的，急切的，矛盾的，烦躁的大喊起来：“不不不！我改变了主意，你不去见江浩，我不要你去见江浩了！江浩的事，我们再想办法，你不要去见他!”(琼瑶《雁儿在林梢》)

例中“我不要你去见江浩”跟“你不去见江浩”“你不要去见他”共现，体现了三种不同的语气和情感态度。最先出现的“你不去见江浩”是从对方的角度陈述，其次出现的“我不要你去见江浩”是从说话人主观意愿的角度间接阻止对方，最后出现的“你不要去见他”则是用祈使句把自己的意愿直接施加给对方。这三种表达方式中，第一句是听话人不去见江浩，第二句是说话人不想让听话人去见江浩，第三句是说话人不许听话人去见江浩。尽管三句话都表示制止，但只有第三句是用典型祈使句表直接制止，前两句都是间接制止，其中第二句对听话人的关注最为突出，具有明显的交互主观性。

抗议义“我不要 VP”在言情小说和翻译作品中的使用最为普遍，多在人物对话中作为应答语使用，而且有时可能同时出现几种表达方式共同表达类似的意思。如：

(6) 鸣凤恰恰在这时候揭起门帘进来请他们去吃午饭。“我不想吃，”瑞珏第一个懒洋洋地说。“我也不要吃，”淑华接着说。“你们真没有用！这样胆小！听见一点儿消息就连饭也不想吃了!”觉慧嘲笑地说，第一个走出去。(巴金《家》)

(7) 我不跟你去美国，我不跟你去阿拉斯加，或任何地方！因

为，我不要做一个逃兵！（琼瑶《月朦胧鸟朦胧》）

第一例分别用“我不想吃”与“我不要吃”表达说话人对请吃饭的拒绝。第二例用“我不要做一个逃兵”表达说话人对被要求去美国的抗议，同“我不跟你去美国”“我不跟你去阿拉斯加”的生硬拒绝相比，“我不要做一个逃兵”要委婉一些。

2.2.1 “我不要 VP”的抗议制止功能及其交互主观性

在现代汉语中，“要”作为能愿动词，一般表示人的意愿打算或者对即将发生的事情可能性的判断，如“我要去北京”中的“要”就有“想要”和“将要”“打算、决定”三种不同的意思。“要”的三种用法都属于客观陈述，尽管其词汇意义是表示意愿的，但这种词汇意义跟交际话语所传递的主观情感态度并不相同，并不一定是说话人主观性的表现，这跟表示主观情感的心理动词“喜欢”“讨厌”等是不同的。

“要”的否定形式“不要”的意义比较复杂，通常并不是肯定形式的对立面。如例（5）中“我不要你去见江浩了”跟“你不要去见他”表达了说话人相同的意图，但两句话中的“不要”并不具有同一性。后者是祈使句，其中的“不要”是否定副词，可以用“别”替换；前者是陈述句，而且带有说话人鲜明的情感态度，具有较强的主观性。跟“你不要 VP”表示直接拒绝相比，“我不要 VP”用表达个人意愿的方式表示拒绝，既突出了个人意愿，具有明显的主观性，又顾全了对方情面，具有一定的交互主观性。

2.2.1.1 “我不要 VP”表示抗议制止的用法

《现代汉语八百词》指出“要”在表示做某事的意志时，否定形式通常不是“不要”，而是“不想”或“不愿意”，如“我要进去”的否定形式是“我不想进去”。在能愿动词当中，与表示意愿的“要”在意义上最为接近就是“想”，二者在很多场合都可以互换，只不过“要”的主观意志更加凸显。如“我要考研究生”跟“我想考研究生”基本意义接近，但前者的意志性要强一些，带有下决心的意味，后者则只表示有此打算，并非已经决定。不过，“想”和表主观意志的“要”的否定形式通常都是“不想”。例如“我要上大学”和“我想上大学”的否定形式都是“我不想上大学”。[①] 否定形式“我不想上大学”只表现个人意愿，“我想上大学”和“我要上大学”在个人意志方面的程度差异在否定时被弱化消解。

在形式上更能整齐对应的“我不要上大学”为什么通常不能作为“我要上大学”的否定形式呢？“我不要VP”固然显示了个人意愿，但它一般用于表示对祈使句“你要VP”或“你得VP”的拒绝反对或抗议制止，而且其使用语境限制较多，通常不作为首发句使用，而是用于被要求做某事或者配合对方完成某事的语境中，表示抗议制止。如：

(8)“……今番你可得给俺全吃下去。”“我不要吃嘛！过来，快给我把腰扎得更紧一点，咱们眼看已经晚了。我听见马车都走到前门来了。”(翻译作品《飘》)

(9) 海风很大，夜凉如水，他把她的手阖在手中，她的手在微微颤抖。他不安的问：“怎么？你冷了！我们到舱里去。”“不要，”她很快的说。“我很好，我喜欢这海风，也喜欢这天空，我不要到舱里去。”(琼瑶《雁儿在林梢》)

这两例中的“我不要VP”都是用于抗议某种要求或建议，它们分别作为祈使句“你（可）得VP”“我们VP”的回应出现，表示说话人的抗议反对。这种抗议反对不同于单纯的拒绝，带有说话人强烈的情感态度，具有明显的主观性，不过由于说话人不是直接拒绝，而是以抗议反对的方式表示拒绝，把自己置于相对弱势的地位，在一定程度上避免了可能给对方造成的情面伤害，所以这类表达方式也有一定的交互主观性。

抗议义“我不要VP”也经常可以表达对听话人要求配合或协作的拒绝。如：

(10) 陆大可疼爱地看了女儿一眼，摇头道：“爹也不想让你出嫁，可是男大当婚，女大当嫁，这是人伦的大礼……要是能有个两全其美的办法就好了，你嫁了个好女婿，又没离开爹——”玉菡捂着耳朵，摇头跺脚道：“爹，我不要听！”陆大可哈哈笑着站起道：“好了好了，爹不说了。这只玉环，你真的喜欢？”(电视电影《乔家

① “我要上大学”“我想上大学”还有一种否定方式是“我没要上大学”“我没想上大学”，这种否定主要针对当前和过去，此处暂不讨论。

大院》)

这里说话人的抗议“我不要听”得到了对方的有效回应——“爹不说了”。跟“我不听”或“我不想听”相比，这里的“我不要听”在抗议的同时还带有撒娇的语气，更能显示说话人跟听话人之间的亲密关系。女儿“捂着耳朵，摇头跺脚”和父亲“哈哈笑”的情态很传神地呈现了父女间亲昵和谐的谈话场景。

像“说-听”这种需要双方配合完成的行为，有时也可以用祈使句要求对方配合，这种抗议可能不是在对方说话中途，而是在开始说话时。如：

(11) 鸿渐吓得倒退几步道：“柔嘉，你别误会，你听我解释——”“我不要听你解释。你欺负我，我从此没有脸见人，你欺负我！”说时又倒下去，两手按眼，胸脯一耸一耸的哭。(钱钟书《围城》)

这里的“解释”需要“听”配合完成，“我不要听你解释”表示抗议，在主要解释的人刚开口时就提出了。

有时抗议义“我不要VP”也可以跟由“你不要”“你别”或“你不许”等构成的祈使句共现，其制止态度表达得更加明确。如：

(12)“你别跟我说这个!”丁小鲁打断他，锐利地看于观一眼，“我不要听你这套。你让我觉得费解于观，现在我还看不清你，不知道你到底心里在想什么。不过有一句话我要告诉你，你说服不了我。”(王朔《你不是一个俗人》)

(13) 王芳不以为然，用手去捏周同的嘴：“别甜言蜜语，这种话我不要听。你不觉得人家是非要死皮赖脸地想嫁给你就行了!”(叶兆言《不娶我你后悔一辈子》)

(14)“秋桐! 秋桐!”靖南恼火地大叫：“这两天，我已经听够了这个名字，我不要听了! 你这个新娘子也真怪，一说就没个完! 你不许再说了! 过来，过来……”(琼瑶《烟锁重楼》)

以上三例中的“我不要VP”都跟祈使句“别VP”或“不许VP”共现。“别VP”或“不许VP”直接要求或命令对方停止对自己做某事，具有明显的意愿施加意味，而“我不要VP”是说话人被要求做某事或被强加某种意愿时用来表达抗议反对的，而且说话人期待对方顺应自己的意愿，兼具主观性和交互主观性。可见，不同的拒绝制止方式在情感态度方面具有明显不同。

有时，“我不要 VP”也可以用于说话人需要接受或承受某种事实的语境中，对方并没有要求说话人做出某种行为，其中的 VP 并不受对方控制，甚至可能听说双方都不能控制。此时的“我不要 VP”就不是表示抗议，而只能表示不情愿。因为不可控的行为无法抗议，当事人无论情愿与否，都只有被动接受，所以这类句子主要用来向对方传达自己不情愿的主观感受，并无抗议义。如：

(15) 先前什么都不告诉我，现在却突然说他死了，甚至都埋葬了，我不要相信！我就是不要相信！(琼瑶《鬼丈夫》)

(16) ……他小心翼翼的又说：“他回来了，您可别跟他提这回事……我不要失去他，我不要吓走了他！……”(琼瑶《烟锁重楼》)

(17) “不!”雨杭大喊出声了：“我不要这样！这太不公平了！我永远不要承认这件事!”(琼瑶《烟锁重楼》)

显然，“相信”“失去”“承认”并非听说双方可以控制的事，“我不要相信”“我不要失去”“我不要承认”都是表达说话人很不情愿的情感态度，主观性较强。不过，这种表达由于带有娇蛮任性的意味，能够传递出听说双方关系比较亲密的信息，所以也具有一定的交互主观性。

2.2.1.2 “我不要 VP”的交互主观性

“我不要 VP”以说话人表达自己意愿的方式表示抗议、制止时带有一定的交互主观性，这种交互主观性可以在跟其他相近表达方式的比较中很明显地体现出来，也可以从对方的回应或应答语中体现出来。

1. 从与相近表达的比较看“我不要 VP”的交互主观性

在被要求做某事时，表示反对的方式有很多种，可以是表示断然拒绝的“我不 VP”，客观陈述个人意愿的“我不想”，寻找客观原因的“我不能/不可以 VP”，也可以是寻找主观原因的“我不会/不可能 VP”，还可以是直接制止对方的“你别（让我）VP”，等等。“我不要 VP”有时会跟这些相近表达方式共现或先后出现。

跟祈使句“你别 VP”或“（请）你 VP”共现的“我不要 VP”的交互主观性最为凸显，因为祈使句通常表达说话人的意志，反衬出“我不要 VP”的交互主观性。试比较：

(18) 倘若当时我有勇气开口，我就会对妈妈说：“不，我不要，你别睡我这儿。”(翻译作品《追忆似水年华》)

很显然，“我不要（你睡我这儿)”比祈使句“你别睡我这儿”礼貌客气得多。

“我不要VP”比祈使句更具交互主观性的原因在于祈使句通常表示说话人把自己的意愿施加给对方，而“我不要VP”则是表达自己的意愿，并未明确要求对方照做，意愿施加意味要弱很多，尽管在某些语境中二者的语用功能是基本一致的，而且经常可以共现。

兼语形式的祈使句“你别让我VP”跟“我不要VP”的对立更加鲜明。如：

(19) 我在他背后呼喝：“你别让我看见你!”(亦舒《香雪海》)

(20)“你走，马上离开这儿，我不要看见你。”(王朔《我是你爸爸》)

跟“你别让我看见你”相比，“我不要看见你”更客气，而“你别让我看见你”甚至还带有一些威胁的味道。试比较：

(21)“去去，自己都记不清楚，还要跟别人玩孔乙己那一套！都什么年代了！我告诉你啊，反正你别让我再经历今天这么一回就行了，我还想踏踏实实再活几十年呢……”(电视电影《冬至》)

(22) 法师看着两双眼睛，明白它们要的是什么，突如其来的恐惧握住了他。“不行，”他气若游丝的说，“我不要再经历那一切!”(翻译作品《龙枪传奇》)

这里的“你别让我再经历今天这么一回”和“我不要再经历那一切”在交互主观性上存在明显对立，后者对听话人给予了更多的关注。不过，这两例中的“经历”并非自主动词，这跟前面的用例略有差异。

表示断然拒绝的“我不VP”跟“我不要VP”在交互主观性上有差别。如“我不去”“我不听”表示拒绝，显得冷淡生硬，而“我不要去”“我不要听”通过表达个人意愿的方式进行抗议，跟直接拒绝相比，显得要委婉些。跟“我不要VP”意义非常接近的“我不想VP”通常用于客观陈述自己的想法，而前者带有更强的主观色彩，二者存在主观陈述和客观陈述的区别。

表示拒绝反对的“我不会/不可能VP”或“我不能/不可以VP”等跟

“我不要 VP”在交互主观性方面会产生相互影响，说话人有时还会特意把能愿动词作为关键词以突出其个人意愿。如：

(23) 我不要转告那种事！要说的话你自己亲自去跟她说！我不会为你转告的！(翻译作品《银河英雄传说》)

(24) 他抬头昏乱的看了牧白一眼，喉咙紧促的说：“不不不！我不能接受这个事实，我不要相信这件事！”(琼瑶《烟锁重楼》)

这两例中“不要”分别和“不会”“不能”共现正是为了凸显说话人主观上的不情愿，而不是不可能，凸显出该表达主观性的一面。

2. 从回应方式看“我不要 VP”的交互主观性

说话人用“我不要 VP”表示抗议的主观意图通常可以通过对方的反应或回答得以证实。如前例（10），说话人成功实现了抗议，听话人不再继续说下去。又如：

(25) “……等会儿打电话把医生请来……”安娜听见高夫人这样说，立刻紧张起来……大声叫着：“不，妈咪，我不要见医生，我不要看医生，我没有病。”“你这孩子真笨，总是怕见医生，”高夫人笑了起来说，“有病怎可以不看医生，看医生没有什么大不了，只不过打一支针罢了。”(岑凯伦《合家欢》)

例中安娜说“我不要……”虽然没有达到制止的目的，但高夫人的回应表现出对安娜的关心爱护。

可见，“我不要 VP”通常会引起对方妥协或表达关爱，这正是由该句式的交互主观性决定的。

3. 从适用对象看“我不要 VP”的交互主观性

带有交互主观性的“我不要 VP”多用于熟悉的人之间表示抗议义。这种表达方式大多带有一点撒娇的语气，说话人通常是希望借助于这种方式向听话人表示祈求，并希望得到对方的哄劝、安慰等情感支持。

(26) “少爷，医生检查过了，夏小姐的感冒非常严重，再加上喉咙有些发炎，可能要输液。”……“我不要打针，我不要输液。”我大声地抗议着，心里害怕到了极点。(浅夏《有种爱我一辈子》)

(27) “不行不行！”静芝挣扎的喊著：“我怕疼！我就是怕疼！我不要动手术……那会疼！”(琼瑶《青青河边草》)

(28) 妈妈，我不要去上学。(https://www.jianshu.com/p/09cdabaa4f93)

这几例的听说双方关系比较亲密，用语是日常口语，带有撒娇的味道，说话人希望以此让对方不再继续行为或给予怜惜安慰。有时，“我不要VP”中的VP并非自主动词，此时由于该行为并不能由对方强加给自己，所以并不存在抗议意味，倒是撒娇的意味更加明显。如：

(29)“我不是跟你们说过，我不要面对这一天！不能面对这一天！你们怎么可以这么残忍？”(琼瑶《鬼丈夫》)

(30) 我不要醒来，我不要天亮，还没在梦里看够你的脸庞，还有很多没有去过的地方，想和你一起流浪。(歌曲《一个人的精彩》)

(31) 孩儿“哇”的一声又大哭起来，噗地喊道：“好狠的人，你竟敢废了我，我不要活了……不要活了！”(古龙《多情剑客无情剑》)

这里的“面对”“醒来”和“活”都不受控于他人，甚至说话人自己的控制权也极其有限，无所谓抗议反对或制止拒绝。这种情况下“我不要VP”只能用来表达不满委屈等情绪，希望得到对方的安抚劝慰，具有更加明显的交互主观性。

需要指出的是，“我不要VP”有时并非撒娇，说话人也可能很生气或者很不耐烦。不过，即便如此，听说双方仍然多是熟悉近亲的人。如：

(32) 张太太现出不耐烦的神气挥手说：“我不要听你的大道理。讲道理我当然讲不过你，你的道理很多。……”(巴金《家》)

(33) 我一听再也忍不住了，说：“……你既然这么不相信我，你就走好啦，我不要听你这些臭事。”(肖华《我和张艺谋的友谊与爱情》)

这里的“我不要VP”说话人很不耐烦，语气也比较尖刻，主要表达了自己的生气与反感，对听话人的感受似乎没有特别关注，但如果换成表示直接制止的祈使句“别跟我讲大道理”“少跟我讲大道理”，两相比较，仍然不能否认“我不要VP”的交互主观性。

2.2.1.3 抗议制止义“我不要VP”的句法限制

“我不要VP”句式的使用受到较多的句法限制，其中充当主语的人称代词和动词的语义特点起着最为关键的作用。

1. 人称代词限制

抗议义“不要VP”首先要受到人称代词限制，“不要VP”以陈述说话人意愿的方式表示抗议的用法主要用于第一人称单数，一般构成“我不要VP”。“你不要VP”则表示阻止，其中“不要”可以用“别”替换；“他不要VP”较少使用，陈述第三者的意愿通常用“他不想VP”“他不愿意VP”或“他不同意VP”等。比如，“我不要去看医生”通常表示抗议反对，可以间接实现拒绝制止功能；“你不要去看医生”是典型祈使句，直接阻止对方；一般不会说“他不要去看医生”，而是说“他不想去看医生”。

可见，只有第一人陈代词充当主语的“我不要VP”才是通过表达说话人意愿的方式表达抗议反对，而且通常希望对方给予安抚，具有一定的交互主观性。如：

(34)“我不要听，你不要说……”(尤凤伟《石门夜话》)

(35) 第一，不要用妻子的名义葬我，我不要玷污你的名字。(琼瑶《雁儿在林梢》)

(36) 我廿三岁，母亲要我结了婚，我不要。我请来三姐给我说情，老母含泪点了头。我爱母亲，但是我给了她最大的打击。时代使我成为逆子。(老舍《我的母亲》)

第一例中“我不要听”和祈使句“你不要说”同义并用。第二例中“不要用妻子的名义葬我”中省略了第二人称代词主语“你”，其中的“不要”也可以用否定副词“别”替代，属于典型祈使句；“我不要玷污你的名字”的主语是第一人称代词“我”，“不要”表示不希望、不情愿。第三例中“母亲要我结了婚”中的“要”属于使令动词，表示请求或要求，该分句是兼语句；“我不要”是“我不要结婚”的省略形式，表示对母亲“要我结了婚”要求的抗议。可见，“你”和“母亲”作为主语构成的“(不)要VP”跟“我不要VP”具有明显差异，只有第一人称代词后面的“不要VP”才能表示抗议制止。因此，人称代词是决定“不要VP”语义特点的重要因素。

2. 动词限制

除人称代词外，抗议义“不要VP”的形成还要受到动词的限制。就动词的语义特点而言，非自主动词主要表示不情愿，因为非自主的行为无法被制止。如：

(37) 安森巴哈，我不要，我不要死！求求你，想办法救我一命！我可以无条件向他投降！我愿意献出领地和地位，只要能活下去！(翻译作品《银河英雄传说》)

(38) 我不要活了，吃得还不如狗狗，手里的窝窝头突然就不香了。(https://v.qq.com/x/page/r30477j032j.html?)

这两例中的“死”和“活”是典型的非自主动词，由于行为不受人为控制，所以也就无所谓抗议制止，因此交互主观性信息的传达就成为该句式的主要功能。再如：

(39)“哦，原来如此。你瞧瞧镜子里你的脸，人都吃得下似的，多可怕！我不要看见你！”汪太太并不推开站在身后的丈夫，只从粉盒子里取出绒粉拍，在镜子里汪先生铁青的脸上，扑扑两下，使他面目模糊。(钱钟书《围城》)

这里的“看见”也是非自主动词，说话人明显是在对丈夫撒娇，因为她“并不推开站在身后的丈夫”，据此判断“我不要看见你”的交互主观性非常明显。

由自主动词构成的“我不要 VP”据语境中又分为两种情况。第一种情况，动词所表示的动作行为是由对方施加或对方要求的，这时“我不要 VP”表示说话人不愿做某事或抗议对方施加某种行为。如：

(40) 台青想起一年暑假，她母亲那边的亲戚把孩子自美国带回探亲，叫孩子去参加中文补习班，那小泼皮不肯去，跳上沙发，用外语号叫：“我不是中国人，我不要学中文！”(亦舒《七姐妹》)

(41)“我不要听！明天叫我到账房间去讲！”朱桂英看定了屠维岳的脸回答，也就站住了。(茅盾《子夜》)

这两例的“我不要 VP”都是对对方向自己施加某种行为的抗议。

第二种情况，“我不要 VP”并非表示抗议，而是表示不高兴或者不情愿，因为说话人并未被要求做某事。如：

(42) 辛楣道：“我看像人的唾沫。”鸿渐正要喝，恨得推开杯子说：“我不要喝了！”孙小姐也不肯喝，辛楣一壁笑，一壁道歉，可是自己也不喝，顽皮地向杯子里吐一口，果然很像那浮着的白沫。(钱钟书《围城》)

(43) 那汉子道:“你做了男人也不懂道理,米是要吃到嘴里去的呀——”孙小姐羞愤顿足道:“我不要坐了!赵先生,别理他。”(钱钟书《围城》)

这两例中“喝”“坐”都并非对方要求,而是说话人可以自主决定的事,这时的“我不要 VP”结构没有抗议义,主要表示不情愿或不高兴,带有明显的主观性,但仍然有娇蛮任性的语气,能够显示双方较为亲近的关系。

2.2.2 “我不要 VP”与相关句式的比较

与“我不要 VP”相关的两种句式是“我不 VP”“我不想 VP”。“我不要 VP”可以变换为“我不 VP”“我不想 VP”,但变换的条件和交互主观性有明显差异。

2.2.2.1 “我不要 VP”的两种主要变换方式

与“我不要 VP”具有互换关系的主要有“我不 VP”和“我不想 VP”这两种句式。有的“我不要 VP”既可以变换为“我不 VP”,也可以变换为“我不想 VP”,而有的则只能变换为“我不想 VP”。

可以同时替换为“我不 VP”和“我不想 VP”的“我不要 VP”中的 VP 通常表示说话人被要求或被期待做某事,说话人可以自主控制动词所表示的行为是否发生,所以既可以用“我不 VP”直接拒绝,也可以用“我不想 VP”委婉反对。如:

(44) 她以为是雁儿又端茶来,就敲了一下门背,烦死了,我不要喝茶。(苏童《妻妾成群》)

(45) 陈白露:(纵身坐起)不用拿,不用拿,我不要看。(曹禺《日出》)

(46) 是不是黄色的?我不要听。我捂起耳朵叫着。(CCL)

(47) 反正我不要吃龙虾,艾红说,龙虾肉象肉又不象肉怪怪的,没骨头,是鱼又没刺,我觉得可怕。(马兰《阅读和对话》)

(48) 牛肉汤笑道:“是的,那么请陆小凤陆爷用早饭。”陆小凤依旧高声道:“我不要吃!”(古龙《陆小凤传奇》)

这些“我不要 VP”都可以替换为“我不想 VP”或“我不 VP”。“我不 VP”表示直接拒绝,语气很不客气;“我不想 VP”更委婉,语气也较“我不

VP”和“我不要 VP”舒缓平和。

只能替换为“我不想 VP”而不能替换为“我不 VP”的“我不要 VP”通常用于说话人并未被要求做某事的语境中，或者说 VP 是非自主动词，其发生与否无法控制。如：

(49) 泰门我也认识你；除了我知道你是什么人之外，我不要再知道什么。(翻译作品《雅典的泰门》)

(50) 他发现原作的意义已不存在，原作就是复制，可以批量生产，于是留下一句名言：“我想成为机器，我不要成为一个人。我要像机器一样作画。”(CCL)

(51) 我偶尔也会打，大部分都不打没把握的仗。为什么我要做成功者？我不要作为一个失败者。我要作为一个战士，我不要做个烈士。(电视电影《李敖有话说》)

(52) 我这个人不大喜欢流眼泪，因为写到前面那一句话，我觉得我要流眼泪了。那是神圣的，我不要丢人。(李健吾《怀王统照》)

(53) 我放弃了社交活动。我和（在同一出版社任副总裁，出版部主任的）丈夫可能为同一部书工作，我不要落在他的后面。(CCL)

这几例中的动词“知道”“成为”“作为”“丢”“落”等所表示的行为都不是听说双方可以控制的，也就不存在说话人用“我不 VP”表示抗议拒绝的必要。因此这些“我不要 VP”一般只能用“我不想 VP”替换，二者都表示主观意愿，但“我不要 VP”的语气更为强烈，“我不想 VP”则相对和缓。

2.2.2.2 “我不要 VP”与“我不 VP”

在口语中，表示抗议制止的“我不要 VP”中的“不要”通常可以用“不”替换，替换后基本意义没有明显变化，但两种句式的交互主观性却有显著不同。

“我不 $VP_{非主谓}$”可能表示两种不同的意义，一是某种行为习惯，二是拒绝做某事。如“我不坐飞机”既可能作为客观陈述表示“我”有不坐飞机的习惯，也可以在对话语境中表示拒绝坐飞机。前者不能变换为“不要”，跟“我不要 VP”没有可比性，因此，这里所讨论的“我不 $VP_{非主谓}$”仅指第二种情况，即口语对话中表示拒绝做某事的应答句。试比较下列几组例句：

(54) ——你最好打一针。

——我不要打针。/我不打针。

(55) ——你听我说。

——我不要听。/我不听。

(56) ——该上学去了。

——我不要去上学。/我不去上学。

(57) ——坐公共汽车去吧。

——我不要坐公共汽车。/我不坐公共汽车。

不难发现，在被要求做某事时，“我不 VP”表示断然拒绝，语气毫不客气，而“我（不）要 VP”通过表达不情愿的态度来表示抗议，姿态相对较低，要委婉含蓄一些。又如：

(58) 妈妈：去叫你爸爸吃饭。

瑄瑄：我不要。(电影《五月之恋》)

[对比句：我不（去）。]

很显然，电影中的对白具有一定的交互主观性，带有不情愿和撒娇的意味，而拟写的对比句则只是生硬的拒绝，对妈妈的情感关注明显不如前者。

有时“我不 VP”与“我不要 VP”这两种表达方式会在同一语境当中先后出现以表现说话人的情感态度变化。如：

(59)“我不吃，这没有用。你索性把它拿回厨房去吧。”嬷嬷把托盘放到桌上，然后两手叉腰，摆出一副架势。“你就得吃，前次野宴上发生的那种事俺不想再看见了。那次俺吃了猪肠子病得厉害，没在你们出发前拿吃的来。今番你可得给俺全吃下去。”“我不要吃嘛！过来，快给我把腰扎得更紧一点，咱们眼看已经晚了。我听见马车都走到前门来了。”(翻译作品《飘》)

这里思嘉小姐先用“我不吃”表示拒绝吃饭，得到的是嬷嬷“你就得吃”和“你可得给俺全吃下去”这样的直接要求，而后她又用“我不要吃嘛”表示抗议反对，得到的是嬷嬷“像是在哄孩子”一样的耐心哄劝和妥协。当然，这里经常用于撒娇的语气词“嘛”也进一步强化了“我不要 VP”的交互主观性。

由于亲近的人之间日常交流中对交互主观性的需要，想要抗议制止时选择“我不要 VP”句式在口语中很常见。如：

(60)“我不要出去！我要问清楚！老爷，你为什么要赶走我海爷爷？你到底有没有派人去找我海爷爷？”（琼瑶《青青河边草》）

[对比句：我不出去，我要问清楚。]

拟写的对比句都是不留情面的直接拒绝，会给对方情面带来伤害，而原文的说法则在一定程度上顾全了对方情面，具有一定的交互主观性。

相应的，把“我不 VP”换成“我不要 VP”，则能在一定程度上缓和语气，提高拒绝的可接受度。如：

(61)“我不要手表，我也不结婚!”（周而复《上海的早晨》）

[对比句：我不要手表，我也不要结婚!]

很显然，与原句相比，拟写的对比句还有一定的商量余地，因为仅表达了说话人自己这一方的意愿，而不是已做出的决定。这类留有余地的拒绝方式仍然给予对方一定的情感关注，具有交互主观性。

若 VP 是表示心里的感受、想法的，那么“不要 VP”的交互主观性就更加明显，因为感受、想法并非可以控制的。同理，与“我不 VP”相比，“我不要 VP”更侧重向对方传达自己的主观情绪，并希望得到对方的抚慰等情感支持。如将前例（15）改写成“先前什么都不告诉我，现在却突然说他死了，甚至都埋葬了，我不相信！我就是不相信!”跟“我不相信”相比，“我不要相信”的情感表达更为强烈，跟对方的交互也更加主动、明显。

2.2.2.3 “我不要 VP”与“我不想 VP”

语言的主观性和词汇意义所包含的心理感受或感情色彩是不同的概念，所以表示说话人的主观意愿的能愿动词“想”就其词汇意义和大多数用法而言，并不具有主观性。如：

(62) 何红秀还告诉记者：“我不想迁来珠海，家里还有两个小孩。只想给些钱回家。”(CCL)

(63) 黄江北说：“好，你不说了，现在我说。”夏志远从床上跳起来：“我不想听。”（陆天明《苍天在上》）

这两例中的“我不想 VP”属于客观陈述，没有明显的主观性或交互主观性。

1. “我不要VP”与“我不想VP”的共性和共现

“我不要VP”中的“要”跟能愿动词“想”具有较多的共性。“我不要VP”与“我不想VP”是最为接近的两种表达方式，都表示说话人没有VP所表示的行为意愿，二者经常共现，但在交互主观性方面存在明显差异。如：

(64)“我不要看，”他说。“我不想知道信里写的什么。”(《百年孤独》)

[对比句：“我不想看，”他说。“我不要知道信里写的什么。”]

(65)……我是多么地恨他，多么地与他不共戴天！我不想再见到他，永远不要再见到他！可是，在信的结尾处，我又自相矛盾地说，以后有机会也许我可以再见他。(陈染《私人生活》)

[对比句：我不要再见到他，永远不想再见到他！]

这里的“我不要VP”是对个人意愿的带有强烈主观情感的表达，“我不想VP”则是语气相对平静的客观陈述，也是对拒绝原因的说明。需要指出的是，例(64)中的“永远不要再见到他”可能有歧义：“不要”也可以理解为“别”。不过，在此例语境中“不要见到他”很可能还是表示不愿意，跟“不想再见到他”共现，强调自己主观情感态度的变化。可见，“我不要VP”变换为“我不想VP”后，尽管理性意义没有明显变化，但说话人的主观情感态度会发生明显改变，变得理智冷静。

2. 抗议制止与客观陈述

当VP为自主动词时，“我不要VP”一般表示抗议制止，“我不想VP”大多是客观陈述，二者在交互主观性方面具有明显差异。试比较：

(66)我不要听你解释。/我不想听你解释。

(67)我不要去医院。/我不想去医院。

两例中，前者带有很强烈的抗议制止意味，说话人希望对方能够顺从自己的意愿停止行为或停止要求。后者只是对自己态度的客观陈述，并不表达主观情感意愿，与对方的情感交互很少。又如

(68)“别说。”白丽作手势止住了单立人的话头，“我不想听。不管她话里有多少虚假成份，我也宁愿相信她而不相信你！”(王朔《人莫予毒》)

(69)鲁鲁显然知道了结尾是哥哥被咬死，他眼泪汪汪地站起来

走开去，悲伤地说："我不要听了。"（余华《在细雨中呼喊》）

第一例中的"我不想听"是对前面表示制止的祈使句"别说"的原因的解释说明，属于客观陈述。第二例中的"我不要听了"则是通过表达意愿来表示抗议制止，其功能跟"别说"更为接近，但交互主观性却与之明显不同。

"我不要VP"一般用于说话人在被要求做某事时向对方表示抗议，"我不想VP"则没有这样的语境限制，它可以用于对要求的拒绝，也可以在没有任何要求的情况下单纯陈述个人想法。如"我不想去上课"可能只是表示自己的想法，并没有期待对方顺应自己的意愿，因为对方也许根本没有在提要求，或者并无权要求说话人是否去上课。"我不要去上课"则主要用于说话人抗议被要求去上课的情境，而且希望对方顺应自己的意愿，既有明显的主观性，也有一定的交互主观性，其交互主观性使其与如"你别让我去上课""不要逼我去上课"等祈使句有明显不同。又如：

（70）帖子标题：我不要去上课……

不想上课……讲的我都会……还要在那熬时间……（http://tieba.baidu.com/p/967825499）

标题用"我不要VP"，正文用"（我）不想VP"，说明二者意义非常接近，但二者的主观性差异也显而易见，与"不想上课"相比，标题"不要去上课"更鲜明地表现了说话人的情感态度。

3. 修辞与常规表达

当VP为非自主动词时，"我不想VP"属于常规表达，不具有修辞意味，而"我不要VP"则带有较强的修辞意味。试比较：

（71）"我不想知道！"（陆天明《苍天在上》）

（72）我不想成为艺术家，只想好好地生活。（CCL）

（73）"我是个傻瓜！是个笨蛋！我不要知道，再不要知道你说的任何事情……"（琼瑶《聚散两依依》）

（74）"……一日我急了，买了瓶漂白水，硬是把校服浸了一夜，白得耀眼，我不要成为他们一分子。"（亦舒《流金岁月》）

很显然，"我不想知道""我不想成为艺术家"是对自己意愿的一种客观陈述，没有明显的主观性或交互主观性，而"我不要知道""我不要成为他们一分子"则在表示自己意愿时除了强调自己的主观态度外，通常还希望听话人能够顺应意愿，既有明显的主观性，也有交互主观性。

“我不要VP”的交互主观性在只能变换为“我不想VP”而不能变换为“我不VP”的用例中更加典型，因为这种用例中的动词自主性不强，通常不受制于听说双方。按照常理，这种情况的拒绝应该用“我不想VP”来表示，如果用“我不要VP”，其修辞意味就很明显，说话人的主观情感态度就成为主要的表达目的。如：

(75)“福贵，我不想死，我想每天都能看到你们。”（余华《活着》）

(76) 我不想伤害你，尔旋，她心中在狂喊著，我从来都不想伤害你！（琼瑶《梦的衣裳》）

(77) 请你逃开我！你懂吗？我不要带给你不幸！我不要伤害你！我不要让你痛苦！我不要谋杀你！（琼瑶《雁儿在林梢》）

(78) 摔死我吧，我不想活了！（电视电影《武林外传》）

(79) 红孩儿“哇”的一声又大哭起来，噗地喊道：“好狠的人，你竟敢废了我，我不要活了……不要活了！”（古龙《小李飞刀》）

仔细比较，我们不难发现“我不想死”“我不想伤害你”“我不想活了”是对个人想法的客观陈述，而“我不要伤害你”“我不要活了”则不止于陈述想法，还传达了强烈的主观情感，而且对听话人的回应也具有一定期待，互动意愿更加明显。

2.2.3 “我不要VP”与“我不要NP+VP”

“我不要NP+VP”具有多义性，其中的“不要”可能表示“不需要、不（想）让、不许”等多种意思，有不少语境中的“不要”可以做两种以上理解，只是从“不需要”到“不（想）让”再到“不许”，说话人的语气由委婉变到强硬。如：

(80) 柳原道：“你好也罢，坏也罢，我不要你改变。难得碰到像你这样一个真正的中国女人。”（张爱玲《倾城之恋》）

(81)“嗳呀，明生！离姐就不活了？你可真有出息！”玉珊笑着说，“俺们是去向地主算账呀，傻孩子！再哭我不要你当广播员啦！”（冯德英《迎春花》）

这两例中的“不要”分别可以用“不需要”“不想让”和“不让”“不许”替换。当然，有些例句中的“不要”在句法上的替换可能性不止两种，只是语境可能会更倾向于其中某些选择。比如，倾向于替换为“不需要”或“不想让”的语气相对柔和，对听话人的关注度要高一些，而倾向于替换为“不让”或“不许”的语气则要强硬一些，主观性更加鲜明，但它们在情感态度上仍然具有一定的内在一致性。

2.2.3.1 “我不要NP+VP”与“我不要VP”的共性

“我不要NP+VP”与“我不要VP”都可以表示抗议制止，二者在交互主观性方面具有明显的一致性，有时前者可以据语境省略NP而跟后者同形。如：

(82) 地市委领导知道后要来作陪，他得知后说：“你们该干什么干什么，我不要陪!”(CCL)

此例“我不要陪”省略了“你们”，其完整形式应该是“我不要你们陪”。有时“我不要NP+VP”与“我不要VP”还可以共现，二者都以表达说话人意愿的方式达到阻止或拒绝对方的目的。跟“我不要VP”一样，“我不要NP+VP”也可以与祈使句共现以突显其交互主观性。如：

(83) 你太顽强了！除非你自己乐意的话，否则我不要你离开威特拉太太。别为了我离开她。我并不要跟你结婚，至少目前不要。(翻译作品《天才》)

这里的“我不要你离开威特拉太太”跟“别为了我离开她”共现，前者以表示说话人主观意愿的方式对听话人进行抗议，既突出了个人意愿，又表现出对听话人情面的关注。与表示意愿施加的祈使句“别为了我离开她”相比，“我不要你离开威特拉太太”的交互主观性得以凸显。

有时“我不要NP+VP”与“我不要VP”还可以互相转换，尤其是当两个动词意义相辅相成时，如“我不要你说”跟“我不要听”就表达了大致相近的意义。相对而言，“我不要听”比“我不要你说”的交互主观性略强，因为后者中的“你说”使得该句的针对性更明显，而前者以自己“不要听”制止对方说下去，显得相对委婉含蓄。

同样，“我不要你在这里”跟“我不要看见你”在一定语境中也可以互换。如：

(84) 你想去哪里就去哪里，痛快地吃一吃，玩一玩，可以在外面过夜，但是，明天早晨前我不要你在这里。（翻译作品《追忆似水年华》）

又如前例（20）“你走，马上离开这儿，我不要看见你”，这里的“我不要你在这里”跟“我不要看见你”的表达意图、语用功能都一样，而且都具有明显的主观性，同时跟表驱赶的祈使句“你想去哪里就去哪里”“你走，马上离开这儿”相比也都有更明显的交互主观性。

2.2.3.2 “我不要NP+VP”与“我不要VP”的差异

很多“我不要NP+VP”并没有对应的“我不要VP”形式，其中的“不要”跟“不想让”“不许”“不需要”的意义大致相当，但主观性稍有差异。试比较：

(85) 就是李夫人说，我现在不好看了，我憔悴了，我生病了，我要死了，我不要给你这个印象，我不要情人看到我这一面。（电视电影《李敖有话说》）

[对比句：我不想让情人看到我这一面。]

(86) 出息有啥好？姑姑你这么美，我不要你伤心。（冯向光《三晋春秋》）

[对比句：我不想让你伤心。]

(87) 周建人也嚷着要走大哥的路，鲁迅一想到家里的老母亲，就好言劝慰三弟，还是留在家里，一边陪伴母亲，一边自学，并说：“将来我和作人学成了，赚一个钱，都是大家合着用，这样好不好？”周建人不高兴地回答道：“我不要你们养活。”鲁迅一惊，又问：“莫非你不相信我的话？”（《读者》合订本）

[对比句：我不需要你们养活。我不让你们养活。]

不难看出，原句和拟写的对比句尽管意义相近，但说话人的主观态度发生了明显变化，原句说话人的个人情感态度要更加鲜明强烈。

除了主观性差异之外，“我不要NP+VP”与“我不让NP+VP”的句法结构也有不同。尽管“我不要+NP+VP”中的“要”通常可以用使令动词“让”或“叫”替换，但我们并不能据此认为“我不要NP+VP”是兼语句。“要”替换为“让”或“叫”后说话人的主观情感态度有显著不同，而且

“要”后面还可能会有“让”与之共现。如：

(88) 我会慢慢让他弄清楚！我觉得，一个好女孩是不可以欺骗别人的，我不要让他认为被骗了！因为，这许许多多日子以来，我心里从来没有别的男人，只有你！（琼瑶《青青河边草》）

(89) “你和我，只有你和我两个人，一同离开这个城市。我不要让任何别的人知道这件事。你明白吗?”（翻译作品《鹈鹕案卷》）

(90) 他说：“不。”我没问他为什么，因为我不要让他改变他的心意！我只是很高兴！（翻译作品《心灵鸡汤》）

(91) “我不要让你们其他人跟着我去。”（翻译作品《龙枪编年史》）

以上四例中跟“让”共现的“要”并非使令动词，而是能愿动词，因为一般不会出现两个使令动词连用的情况。此外，这些句子中的“让”可以去掉而不影响主观性信息的传达，而去掉“要”后句子的主观性会发生明显变化。“我不让……”与“我不要……”跟原句“我不要让……”相比，后两句的主观性较强；“我不让……”是兼语句，“我不要……”跟原句“我不要让……”都是动词性谓语句，其中的“要”在句法、语义上都没有明显不同，只不过前者是主谓结构充当宾语，后者是兼语结构充当宾语。

此外，第一人称代词前面不能用“要”，只能用“让”，因为说话人没有必要对自己使用带有强主观性的词语。如：

(92) 我要你取下面具，让我瞧瞧你的容貌。（金庸《神雕侠侣》）

可见，“我不要 NP+VP”中的“要”和使令动词“让”不仅在主观性方面存在对立，而且在语法功能和句法分布方面都存在明显差异。[①]

“我不要 NP+VP”有时还会以“我不要 NP+的+VP”的形式出现，此时的“不要”只能理解为“不需要”，因为“NP+的+VP”是定中结构，而“不许”“不让”“不想让”后面只能带谓词性成分。如：

(93) “我不要你的同情怜悯。”（亦舒《紫薇愿》）

---

① “要”也可以表示请求、要求，构成兼语句，其主语通常是第二人称代词或第三人称代词，如“他要老王帮他”“是你要她去的”等。这类用法跟我们讨论的抗议义“我不要 VP”中的“要”明显不同。

（94）我想让你们所有的人都滚得远远的，我不要你们任何人的可怜。你还记得吗？当时带着满头的肥皂沫，我转过身来就走了。（陆天明《苍天在上》）

例句中“我不要你的同情怜悯”“我不要你们任何人的可怜”跟“我不要你同情怜悯”“我不要你们任何人可怜”理性意义大致相当，但前者中的“要”是动词，带名词性宾语，后者中的“要”是能愿动词，带谓词性宾语。两相比较“我不要 NP+VP”的交互主观性更强。

2.2.3.3　“要”与“让”的变换条件及交互主观性差异

“我（不）要 NP+VP”跟“我（不）让 NP+VP”经常可以互相变换而不影响基本意义的表达，如“我不要妈妈去”与“我不让妈妈去”就表达了大致相同的意义，只是交互主观性有所不同。

表示抗议反对的“我（不）要+NP+VP”中的 NP 是人称代词或人名词时，该句式带有明显的使令意味。这类句子跟由使令动词“让”或“叫”构成的兼语句在句法结构上具有很强的一致性，二者通常可以互换而不会改变意义。

否定形式的变换比较：

我+（不）要+$NP_{指人}$+VP：我不要妈妈去。

我+（不）让+$NP_{指人}$+VP：我不让妈妈去。

肯定形式的变换比较：

我+要+$NP_{指人}$+VP：我要妈妈去。

我+让+$NP_{指人}$+VP：我让妈妈去。

可见，无论是肯定形式还是否定形式，这类结构的“要”都可以跟使令动词“让”替换。否定形式替换后基本意义没有太大变化，只是交互主观性信息具有明显差异；而肯定形式变换后基本意义和交互主观性信息都跟原句明显不同。再如：

（95）陆小凤道：“我不要你挖蚯蚓！”（古龙《陆小凤传奇》）

[对比句：我不让你挖蚯蚓。]

（96）她的声音也像泉水般轻柔而平淡，可是她说出来的话却让陆小凤大吃一惊，她说：“我要你做我的丈夫。”（古龙《陆小凤传

奇》）

［对比句：我让你做我的丈夫。］

相比较而言，否定形式“我不要你挖蚯蚓”跟“我不让你挖蚯蚓”的差异主要体现在交互主观性信息上，后者作为使令兼语句，其强令意味更加明显，前者则是通过个人意愿的表达实现抗议目的，多用于亲近熟悉的人之间，具有一定的交互主观性。肯定形式“我要你做我的丈夫”“我让你做我的丈夫”则除了主观性信息不同外，基本意义也有差异，前者凸显说话人的主观意愿，而后者则可能表示允许对方的意愿，没有明显的主观性或交互主观性。

肯定形式“我要 NP+VP”跟“我让 NP+VP”除了在主观性方面存在上述差异之外，语义也有明显不同。如“我要妈妈去”对妈妈事前是否打算去没有明确预设，是说话人要求她去，而“我让妈妈去”的前提则是妈妈事前已经打算要去，说话人只是允许她去，而不是要求她去。

否定形式“我不要 NP+VP”跟“我不让 NP+VP”的差异主要体现在交互主观性方面。如“我不要妈妈去”和“我不让妈妈去”都是阻止或不允许妈妈做某事，前提都是妈妈打算去做某事。二者的不同在于后者只是客观使令，没有交互主观性；前者说话人通过表达自己意愿的方式表示希望对方遵从，考虑到听话人的情感态度，带有一定的交互主观性。如：

(97) ……她就把那些小册子紧捧在胸口，喃喃的说：“你们为什么都在这儿？你们为什么不走开？你们走吧！我不要你们在这儿！我要一个人，我要看碧槐的日记，你们走吧！让我一个人在这儿！”（琼瑶《雁儿在林梢》）

正是由于“我（不）要 VP”跟使令动词兼语句在意义表达和主观性、交互主观性信息方面的差异，这类句式才得以广泛使用。

2.2.4　“我不要 VP”与“我要 VP”的不对称性

“我不要 VP”与“我要 VP”在形式上刚好对立，有时二者可以共现，强调说话人的取舍。如：

(98)“我不要你死去，只要你爱我！”（琼瑶《水云间》）

(99) 李文秀低声道：“我不要别人怕我。”她心中却是想说：“我只要别人喜欢我，这毒针可无能为力。”（金庸《白马啸西风》）

(100)“亚平，我不要活了。上次一点都不难受，怎么这次简直跟扒我皮、抽我筋一样？我要你抱抱我。”丽鹃躺在床上拉着亚平的手。(六六《双面胶》)

这三例中的“我要VP”与“我不要VP”在形式和内容上都刚好对立，呈现出肯否定格式在形式、语义方面整齐对称的特点。三例中的“要”都是表示说话人的主观意愿，前两例中的“要”前面虽然都出现了副词“只”，但并非组成关联词“只要”，而是各自作为独立的词使用。“要”与其前句中“不要”刚好在语义上呈现为肯定与否定的对立，两句在交互主观性方面完全一致。如：

(101)“不，我不要听。”嘉莉说着，大怒起来。“我要你让我离开这里，否则我要喊列车员了。……”(翻译作品《嘉莉妹妹》)

这里的“我要你让我离开这里”跟“我不要听”都带有明显的交互主观性，显示了“我要VP”与“我不要VP”在表达说话人情感态度方面的一致性。

在句法形式上肯定与否定对立的“我要VP”与“我不要VP”在语义、语用上经常呈现出不对称性。如：

(102)“我不要你效忠！我要打死你！”(吴强《红日》)

(103)于是他又震怒起来，他感到受了不可容忍的羞辱，满脸火辣猩红，突然地敲击着手杖，喊叫着：“滚出去！我不怕牺牲！我要战到底！我不要你去替我求和！我不会死！我要征服共产党！”(吴强《红日》)

(104)自然法学派的代表人卢梭就曾明确地表态说：“我所要探讨的是人权和理性，我不要争论事实。”例如，婚姻在古代是昏夜抢劫妇女，到了近代也要讲各种条件，真正无条件的爱情大概是从来也没有的。(《从身份到契约》，《读书》1991年第8期)

这几例中的“我要VP”都是表示说话人的目的、意图或者计划、打算，并非需要跟对方交互的主观意愿。“我不要VP”表示的是抗议反对，通过表达个人意愿的方式拒绝听话人的要求，跟“我不VP”“你别VP”类的断然拒绝相比，在某种程度上保护了对方的面子，具有一定的交互主观性。

可见，“我要VP”有时跟抗议义“我不要VP”一样，是在表达说话人的主观意愿，与表示个人打算的“我要 VP”的区别不十分明显，而且有时甚至两种理解都讲得通；但当 VP 的实现与否不能由说话人自己做主时，“我要 VP”更倾向于表达说话人的主观意愿。如：

(105) 楚楚一看到灵珊，就已经在那儿尖叫了：“我不要回家！张阿姨，我要和你住在一起！我不要回家！张阿姨……”（琼瑶《月朦胧鸟朦胧》）

(106) “我不要听，我要走，你放我走！”女人又哭泣起来。（尤凤伟《石门夜话》）

这两例中的“我要 VP”之所以可以理解为说话人的主观意愿而不是计划、打算，是因为 VP 的实现不是说话人能够自主决定的，通常需要得到对方允许才能实现，而这跟“打算”义并不十分吻合。

如果脱离语境限制，“我要 VP”就可能有歧义，至少可做两种理解，而“我不要 VP”则意义比较单一，都是用于被要求或被期待做某事时表示抗议拒绝。试比较：

(107) 我要考大学。/我不要考大学。

据不同语境，“我要考大学”可能表示说话人的打算，也可能表示说话人的意愿。后者通常用于表达说话人意愿受阻时的抗议。

除了上述两种意义之外，“我要 VP”中的“要”还可能表示“将要”，此时它跟“我不要 VP”又呈现出另外一种不对称。试比较：

(108) 我要考大学了。/我不要考大学了。

这里的“我要考大学了”是对说话人将要考大学这一事实的客观陈述，在交互主观性上与否定形式“我不要考大学了”存在明显差别。

“我不要 VP”意义相对单一明确，通常用于被要求或被期待做某事时表示抗议反对，比直接拒绝要委婉含蓄些，体现了对听话人情面的关照，带有一定的交互主观性。

可见，“我不要 VP”与“我要 VP”之间并非单纯的否定和肯定的语法形式对立，二者在语义和交互主观性方面存在诸多不对称之处。

此外，跟抗议义“我不要 VP”相对的两种肯定形式“我要 NP＋VP”“我要 VP”在语义与交互主观性方面也存在明显的不对称。如：

(109) “我要你真实、快乐地活着，懂么？”他这样说着，轻柔，

却很坚决。(《波澜壮阔的人生故事》)

[对比句：我要真实快乐地活着。]

上例中拟写的对比句完全改变了原句义。因此，“我（不）要（NP）+VP”语义与交互主观性的不对称性分为两个方面：一是肯定形式的“我要VP”跟否定形式的“我不要VP”不对称，二是两个肯定形式“我要NP+VP”与“我要VP”不对称。这两方面的不对称是由“我要VP”的语义复杂性决定的。

小　结

“我不要VP”用表达说话人主观意愿的方式抗议拒绝对方的要求或期待。跟“我不想VP”相比，它更突出说话人的意志态度；跟断然拒绝的“我不VP”相比，它相对多地关注对方的情面。所以“我不要VP”兼具主观性和交互主观性。

“我不要NP+VP”跟“我不要VP”在交互主观性方面具有很强的一致性。前者虽然在句法结构上似乎跟兼语句比较接近，但在交互主观性与语义上跟“我不要VP”的共性更多。

“我不要VP”抗议义的形成受人称代词和动词语义特点的制约。其中的人称代词主要是第一人称代词。动词所表示的行为若是对方可控的，则“我不要VP”未必带有撒娇意味，如“我不要听”“我不要看”等；若是对方不可控或双方都不可控的，则“我不要VP”通常带有撒娇意味，如“我不要知道”“我不要相信”“我不要死”等，这时该句式具有明显的交互主观性。这也正是“我不要VP”较少出现在叙述性语言当中，而大量运用于言情小说人物对话中的原因。如：

(110) 我真会带你去的！我不要你烦恼，我不要你忧愁，我不要你操心，我不要你这样憔悴下去！(琼瑶《月朦胧鸟朦胧》)

(111)“快给我走，我不要见到你。”(岑凯伦《还你前生缘》)

“我要NP+VP”与“我不要NP+VP”的对称性相对较强，肯定形式和否定形式大都具有交互主观性。“我要VP”与“我不要VP”则明显不对称，肯定形式表意比较复杂，未必具有交互主观性；否定形式则跟“我要NP+VP”与“我不要NP+VP”一样具有交互主观性。

因此，“我要VP”是多义结构，它在表示“主观意愿”和“即将发生”

这两种意义的时候没有交互主观性；“我不要 VP”与“我要 NP+VP”“我不要 NP+VP”大都同时带有主观性与交互主观性。

总之，“我要 VP”跟“我不要 VP”“我不要 NP+VP”“我要+NP+VP”表意具有明显差异。后三者都用于表示抗议反对，而前者虽然也能在特定语境中跟后三者一样表示主观意愿，但它具有多种表意可能，而且以表示没有交互主观性的计划打算和客观陈述即将发生的事为常。

否定形式“我不要 NP+VP”与“我不要 VP”共性较多，在交互主观性方面具有较强的一致性。肯定形式“我要 NP+VP”与“我要 VP”则差别明显：前者在交互主观性方面与其否定形式一致；后者表意复杂，可能是没有交互主观性的客观陈述，也可能同样表示说话人的主观意愿。表达主观意愿的“我（不）要（NP）+VP”通常用于被要求（不）做某事时以表达个人意愿的方式实现抗议拒绝，既明确表达了个人意愿，又维护了对方的情面，带有明显主观性的同时也具有一定的交互主观性。试比较：

(112) 我不要去北京。（主观性与交互主观性）

(113) 我不要妈妈去北京。（主观性与交互主观性）

(114) 我要妈妈去北京。（主观性与交互主观性）

(115) 我要去北京。（未必有交互主观性）

此外，“要”从主观性较强的“想要”义发展出没有明显主观性的“将要”义，说明语言中还存在逆主观化的情况。这一问题将另文论述。

2.3 拒绝制止义“不用 VP”的交互主观性

现代汉语中的“不用”可以表示“不使用”，也可以表示“不必、无须”，后者的词汇化程度较高，甚至还构成一些惯用语，如“不用谢”“不用说”等。

“不用”的常规用法是对问句“要不要 VP”中 VP 的必要性进行否定回答，不过，有时“不用”也可能用来表示拒绝制止。如：

(1) 陈白露：（纵身坐起）不用拿，不用拿，我不要看。（曹禺《日出》）

这句话因为“不用 VP”和“我不要 VP”的使用而具有很强的主观性和

交互主观性，说话人想要表达的意思是“别拿了，别拿了，我不想看”。这一节主要考察“不用 VP”表示拒绝制止时的交互主观性。需要指出的是，表示拒绝制止的“不用 VP”不易跟否定必要性的同形结构区分，通常需要结合语境才能确定。

电视剧《唐顿庄园》中一段对话的两种汉语翻译方式也体现了“不用 VP”的交互主观性。我们分别看了该电视剧的一个电视汉译版和一个网络汉译版[①]，其中有段对话分别采用了两种不同的翻译方式：

（2）Carson：We should go out to greet them.

Daisy：And me，Mr Carson?

Carson：No，Daisy，not you.

（网络版）

卡森：大家出门迎接客人吧。

黛西：我也去吗？卡森先生。

卡森：不，黛西，你不用去。

（电视版）

卡森：大家出门迎接贵客。

黛西：那我呢，卡森先生。

卡森：不，黛西，你不能去。

不难发现，这两个版本的翻译基本都忠实于英语原义，但就说话人的情感态度而言，电视版的语气似乎强硬些，网络版要委婉些，这种差别主要通过“你不用去”和“你不能去”体现出来。就当时情境来说，黛西是没有资格或不被允许上楼见客人的，也就是说她不能去迎接贵客[②]。相比“你不能去”，说话人卡森用“你不用去”能够在一定程度上照顾对方的面子和情感。此外，网络版“你不用去”前面的祈使句“大家出门迎接客人”后使用了语气词“吧”，二者在交互主观性上刚好一致。电视版“你不能去”前面的祈使句没有使用带有商榷语气的“吧”，语气都比较生硬。

---

① 网络版见 http://www.yunpp.com/html/v80/336204.html.

② 网络版幕后花絮画外音：She's never allowed to be seen upstairs and you can tell because she's dressed that way.（她绝不能上楼见人，一看她穿的衣服就一目了然。）

2.3.1 “不用VP”的拒绝制止功能及其交互主观性

用来表示拒绝制止的“不用”表达了跟“别、不要”大致相当的意思，由于字面上借助于否定必要性来表示拒绝制止，语气显得委婉很多，体现了说话人对听话人情面的关注，具有明显的交互主观性。如：

(3)“以后的体能课，你就不用去上了，我会通知林克。”程风心里突然感到一阵异常的痛疼，一种揪心的痛，他知道，学校是怕他给学校丢脸，所以才不让自己去参加，他紧紧地咬着下唇，嗯了一声。(光芒《裁决者》)

(4)要是他说“你不用再约我了”怎么办，我很难过。(爱问知识人—问题库 http://iask.sina.com.cn/b/19165128.html)

(5)“不能弯腰，不用节奏太快。”约翰逊不厌其烦地指导着中国选手。“OK，有进步，但要慢慢体会。”“阿甘”一头大汗地喊着。(CCL)

很显然，这里“不用VP”的真实意图都是“别VP”或“不要VP”，只不过用否定必要性来达到拒绝的目的要比“你别VP”类否定祈使句委婉得多。以最后一例中的“不用节奏太快”为例，试比较“不用节奏太快”“不能节奏太快”“不要节奏太快”三句。这三种表达方式当中，“不要节奏太快”是祈使句，带有一定的意愿施加色彩；“不能节奏太快”是客观陈述，通常用于指导或纠正对方，说话人可能有一定的权威，这两种说法都是直接告诉对方不应该怎么做或是直接指出对方错误。而“不用节奏太快”则通过否定必要性来告诫或阻止对方，显示了对听话人的情感关注和面子维护，具有明显的交互主观性。再如：

(6)你不用去了。/你不要去了。

(7)你不用解释了。/你别解释了。

相比之下，“你不要去了”“你别解释了”是直接阻止对方，语气要生硬许多，通常会给对方带来面子伤害；“你不用去了”“你不用解释了”通过否定必要性来间接达到阻止对方的目的，避免了施加意愿，充分照顾到对方的颜面和情感，具有明显的交互主观性。

可能正是由于拒绝制止义“不用VP”的交互主观性，在口语中常见以

“不用 VP”表示拒绝制止的用法。如：

（8）胡锦涛话音刚落，好几位委员立刻举起手。看到发言的委员拿出了准备好的发言稿，胡锦涛笑着说：“不用念稿子，大家想说什么就说什么。”（CCL）

（9）“在作为新人时，训练之后我会马上回家，”他（姚明）说：“现在我会打电话告诉我父母说：‘不用等我吃中饭了。’我会去某个地方吃饭休息。……”（姚明《我的世界我的梦》）

第一例中用“不用念稿子”来制止发言者念稿子，委婉含蓄，其实际意图应该是“别念稿子”或者“不要念稿子”，但这两种制止方式比较直接，再加上说话人身份特殊，很可能会让对方紧张难堪，而“不用念稿子”通过否定“念稿子”必要性来间接阻止对方则容易接受得多。第二例中姚明说“不用等我吃午饭了”，而不是“别等我吃午饭了”，也是出于同样的目的。

有时“不用 VP”可能跟“不要（VP）”共现，二者都不是祈使句，但其真实意图都同否定祈使句一样，是要使对方停止某种行为。如：

（10）“妒忌，我真的这样？”他说。“可怎么不呢？唔，真的，我妒忌艾希礼·威尔克斯。怎么不呢？唔，你不要说话，不用解释了。我知道你在肉体上是对我忠实的。你想说的就是这个吗？”（翻译作品《飘》）

（11）明轩上西房挖出一瓢麦子，向安在正间的石磨的顶上倒。“给姐做干粮。”春玲抢上去把住他的手，说：“不要，不用！我拿点什么都行，留给明生过生日，蒸大面圣鸡。”（冯德英《迎春花》）

第一例中“不要说话”“不用解释”连用，前者比较生硬，后者相对缓和，反映了说话人的激动情绪逐渐平复，体现了其语气态度的细微变化。第二例“不要”和“不用”连用，体现了姐姐情急之下先直接制止后委婉解释的情态，反映了姐姐对弟弟真切的爱护之情。

电视剧《唐顿庄园》的另外两处翻译方式也能很好地体现“不用 VP”与其他表达方式在交互主观性方面的差异。如：

（12）Lavinia：Mary，can you stay for luncheon?

Mary：I can't... but thank you.

（网络版）

拉维尼娅：玛丽，能留下来用中餐吗？

玛丽：不行啊，多谢好意。

（电视版）

拉维尼娅：玛丽，留下来吃午饭吧？

玛丽：不用了，非常感谢。

用“不行啊”或“不用了”来拒绝对方的邀请，显示了不同的情感关注。后者要委婉柔和一些，是通过否定留下吃饭的必要性来达到间接拒绝的目的，比用“不行啊”直接拒绝要礼貌客气得多。再如：

(13) Anna：Would you like me to come back later，my lady?

Mary：No. Come in.

（网络版）

安娜：我要过会儿再来吗？

玛丽：不，进来吧。

（电视版）

安娜：要我等会儿再来吗？

玛丽：不用，进来吧。（《唐顿庄园》）

上面这段对话的应答句，两个版本的翻译分别用“不”和“不用”来回应对方关于是否需要过会儿再来的询问，相比之下，“不用”要委婉礼貌一些。问句“我要过会再来吗”和“要我过会儿再来吗”分别基于说话人自身需求和听话人需求两个不同角度，后者更有利于显示礼貌尊重，这刚好跟各自应答语的情感态度协调一致。

可见，跟“不要”“别”“不能”“不行”“不”等所构成的拒绝方式相比，“不用”表示拒绝体现了对听话人情面的关注和照顾，具有明显的交互主观性。

2.3.2 “不用 VP”的语义特点和使用语境

2.3.2.1 “不用 VP”的语义特点

“不用 VP”有时表示没有必要（相当于“不必”），有时表示制止（相当于“不要”“别”），其语义需要通过语境来确定。这两种语义非常相近、密切相关，其取舍判断经常只是一种倾向，未必非此即彼。有时可以借助于与之共现的其他词语确定“不用VP”的语义。如：

(14)“好，我去！”松叔叔开始往前走。“来，到屋里来，等我嘱咐好了铁柱子给你们作什么吃的，我就走！”“不用！不用！”梦莲又急又愧的拼命阻止他进屋子。(老舍《火葬》)

(15)记者采访时，将军兴致勃勃地挥毫赠字，记者想帮他用镇纸压压铺在书桌上的宣纸，他用手一挥说：“不用！”(CCL)

以上两例中的“拼命阻止”和“手一挥”印证了说话人的目的在于拒绝制止听话人的某种行为，其意图并不只是客观地告诉对方没有必要做某事。

也有些“不用VP”倾向于表示“不必VP”，不能替换成祈使句“别VP”。如：

(16)高秀敏：呵呵呵呵，你要多少给多少！

赵本山：免谈！待我前去会诊！

高秀敏：不用，大夫，不用，我把我老头领来了。(小品《心病》)

(17)他自己能变钞票，那就不用变魔术挣钱了。(金近《黑心魔术家》)

这两例中的“不用”理解为“不必”更加合适。当然，也有不少“不用VP”似乎可以做两种不同理解。如：

(18)邓先生让我脱下西服，他说，“天太热了……咱们不用拘礼。”(CCL)

(19)我随手甩出几百块钱，得意地说：“借什么借，这些钱送你，不用还了。今晚我请客，咱们去找点乐子去！”(卞庆奎《中国北漂艺人生存实录》)

(20)我告诉她5元钱，她却给了我10元钱，我正要找钱给她，她笑着说不用找了。(卞庆奎《中国北漂艺人生存实录》)

这几例中的“不用VP”都既可以理解为“不必”“不需要”，也可以理解为“不要”“别”。不过，由于第一例的主语是包含了听说双方的“咱们”，而且VP对双方都有益，最后两例的“不用VP”都是有益于对方的，所以即使直接用典型祈使句“别VP”也不会伤害对方情面，甚至可能显得更加热情。这说明祈使句受益方的变化会对祈使句的情感态度产生导向性影响。

当VP为心理动词时，由于心理感受被人支配的可能性较小，所以即使“别VP”的意愿施加意味也很弱。此时，“别VP”跟“不用VP”的礼貌客气程度没有太显著的不同，“不用”“不必”“别”通常可互换。如：

(21)“不用担心。政府一定会帮你，保证让你取出钢板！”温家宝转身对当地干部说：一定要把她的医疗费解决好。(CCL)

(22) 也是一时激动，当时办公室女小彭不在，就剩下小林，老何当时对小林说：“小林，你不用怕，我不会当了领导，就忘了过去一起工作的同志。……”(刘震云《单位》)

(23) 方：我们就是作一个社会调查，你也不用那个太紧张，就随便聊聊。你是那个汉族的吗？(白旭明《1982年北京话调查资料》)

这些由“担心”“怕”“紧张”等心理动词构成的“不用VP”通常用于安慰对方，听话人是受益者，所以即使用“别”，也不会因强加意愿而不够客气。不过这是由动词的语义特点决定的，并不能说明“别VP”跟“不用VP”一样具有交互主观性。

可见，有些“不用VP”只能理解为“别VP”或只能理解为“不必VP”，但也有不少“不用VP”既可以理解为“别VP”，也可以理解为“不必VP”，这是由“别”和“不必”的语义共通性决定的。

表示拒绝制止的“不用VP”一般可以直接替换为“别VP”或“不要VP”，但单独出现的“不用”替换为“别”或“不要”时通常需要做一定的调整，如补足VP或加上“了”，等等。如：

(24)“我先去洗一洗脸。”她用那冻红的手指摸着脸蛋。“不用！先坐下，我看看你！”(老舍《老张的哲学》)

例中的“不用”如果要变换为“别”，通常需要补足动词及其附加成分，说成“别洗了”“先别洗”等。

2.3.2.2 “不用VP”的使用语境

“不用VP”一般作为后续句或应答句出现，其先行句一般是问句或者是描述动作行为的陈述句。如：

(25) 常少乐说：“海鹏，你赶快和部队联系，我送林总去休息休息。”林总说：“不用不用，有小江和小程引个路就行了。”(柳建伟《突出重围》)

(26) 病人见面前这位年过花甲、白发苍苍的教授俯身为自己脱鞋，是那样不好意思，忙说："不用不用，我自己来。"教授满面笑容地说："你是病人不方便，我是医生，为你脱鞋完全应该。"(CCL)

(27) 在姑娘埋头开发票的时候，他连连摆手，用深感抱歉的口吻说："不用了，不用了。"他不像有些出差的人，连八分钱邮票也要开张单据回去报销。这份电报纯属私人通信，要什么发票呢？(张贤亮《浪漫的黑炮》)

(28) 周廷焕：吃了点东西没有？弄点什么吃吧？(要走)

刘常胜：不用！我有要紧的事告诉你！(老舍《春华秋实》)

第一例的始发句是陈述句"我送林总去休息休息"，表明要为对方做某事；第二例和第三例则是直接叙述对方做某事的场景"老教授为自己脱鞋"和"姑娘为自己开发票"；最后一例始发句是问句"弄点什么吃吧"，询问对方做某事的必要性。

在这些语境中，说话人也可以用"不""别"直接拒绝或者用"不必 VP"回应。不过，"不用 VP"用于拒绝对方某种行为时更加委婉客气，体现了对听话人更多的情感关注，避免了生硬、疏远，能够更好地顾全对方的情面，具有明显的交互主观性，听话人更容易接受。

2.3.2.3 "不用 VP"的始发问句及其特点

"不用 VP"的始发问句主要有"要不要 VP"(或"要 VP 吗")、"得 VP 吧"与"用不用 VP"(或"用 VP 吗")。不过"要不要 VP"(或"要 VP 吗")最为常用，而"用 VP 吗"表示偏向问或反问的可能性比"要 VP 吗"要大一些。

正反问"用不用 VP"和是非问"用 VP 吗"都可以表示中性问，但前者表示中性问的概率要略高于后者。如：

(29) "您明天就结业了，用不用我去接您？"春枝估计他考虑成熟了，问道。(刘绍棠《运河的桨声》)

(30) 赵中荣停下手中的笔，"用不用通知红蓝两军派人参加？"(柳建伟《突出重围》)

(31) 他们在急诊室内到处乱抹伤口流出的血，还把血甩到护士脸上、身上，并大叫："我这手用不用缝？"(CCL)

(32) "用不用我打电话让你们部长来证明我的身份？"(杨晖

《我同洋警察》)

这几例中的“用不用 VP”都是询问对方是否需要 VP，通常可以理解为中性问，不过有时可能对否定回答的期待更加明显一些，也就倾向于表示偏向问。这跟其他作为中性问句的正反问具有明显不同，因为询问必要性时，说话人即使用的是相对中性的正反问形式，也可能暗含否定期待。“用 VP 吗”也可以表示中性问，但通常是偏向问，暗示更期待否定回答。基于偏向问与中性问的两可，“用 VP”有时会产生歧义。如：

(33)“在后花园。”门子问道：“用我通禀吗?”(刘绍棠《狼烟》)

(34)“去你的吧，老婆儿们才那样哩!”秋分笑着说，又看高庆山，“用我家去给你们烧水吗?”(孙犁《风云初记》)

由以上两例可见，询问必要性的始发问句“用 VP 吗”也可以表示中性问，但通常更期待否定回答，属于偏向问或反问，具有较强的主观性。作为偏向问或反问时，其前经常有“还”共现以加强语气。试比较“(还)用说吗?”“(还)能说吗?”“(还)要说吗?”三句。相对而言，“(还)用说吗”表示反问的可能性较后两句大，尽管它也可以在一定的语境中表示中性问，但概率较低。又如：

(35)“用他讲?正定府到天津，整个冀中，谁不知猫洗脸主有客来!这是老年人的妈妈论，没有人信啦。”(冯志《敌后武工队》)

(36)一个民兵说：“用你废话，咱们干啥的?”(周立波《暴风骤雨》)

(37)“用你劝?先打你一顿!”虽然这样嘴皮子强，天赐的心中可是直冒凉气。(老舍《牛天赐传》)

(38)“还用问吗?当然是真的了。你难道没听到刚才的鼓掌声吗?”直到现在还隐隐传来掌声。(翻译作《嘉莉妹妹》)

(39)“还用说吗?快去!”(穆时英《夜总会里的五个人》)

这几例中说话人大都带有毋庸置疑的语气，“用 VP 吗”属于反问句，通常不需要回答，带有说话人很强的主观性。

2.3.3 “用”的能愿动词性及词类地位

人们在谈到能愿动词时较少提到“用”，这可能是因为其否定用法比较常见，肯定用法相对较少，而且用于问句时以期待否定回答的偏向问“用 VP 吗”为常。但我们并不能因此否认“用”的能愿动词性。

2.3.3.1 “不用 VP”中的“用”为能愿动词

能愿动词大致可以分为表示意愿、表示可能性和表示必要性三大类。就意义而言，“用 VP”中的“用”表示的是必要性。从英语的对译词来看，“用”一般翻译为“need”，并且通常会说明该词多用于否定（need not）。《汉语大词典》提到“用”表示“须，需要”的相关用法，举例如：

高适《行路难》诗之二“有才不肯学干谒，何用年年空读书”；《朱子语类》卷一四〇“作诗先用看李、杜……方可看苏、黄，依次诸家诗”。由这两例可见，文言中肯定形式“用”做能愿动词的用法比在白话文中更加典型，它刚好跟现在的“不用”构成肯定与否定的对立。

就语法形式而言，“用”跟其他能愿动词一样，一般用在谓词性成分前面，通常可以肯定、否定连用，表示疑问，这跟“要不要”“会不会”“能不能”“可以不可以”等是一致的。如：

（40）赵中荣说：“这里离 T 市不远，用不用去借点舞伴来。T 市的歌舞团在西南很有名气。”（柳建伟《突出重围》）

（41）朱海鹏问常师长：“师长，你看还用不用再逗他们一会儿?”（柳建伟《突出重围》）

这里的“用不用”可以用“要不要”替换，只不过前者侧重询问必要性，后者侧重询问主观意愿。

从跟其他能愿动词的关系来看，表示“应当、必须”的“要”或“得”的否定形式不是添加了否定词“不”的“不要”或“不得”，而是“不用”。如：

（42）一进门，他便立刻被两名女演员拉进了一辆车内：“哎呀，找你找得我们好苦!”“找我干什么呀?”“去中南海!”阎肃一愣，“那得让我换件衣服!”“不用了，来不及!”（彭东海《阎肃与〈江姐〉》）

（43）儿子告诉我：“妈妈，小狗把我的牛奶给喝光了。”我说：“一定要教训它。”“不用了，妈妈，我也喝光了它盘子里的牛奶啦!”儿子得意说。（《要爸爸有啥用》）

除了这些表示“应当、必须”的“要”和“得”一般用“不用”否定外，表示“需要、想让”的“要”的否定形式也通常是“不用”。如：

(44) 老张老婆关切地问：“要不要躺躺，老孙？”老孙说：“不用不用。今天帮大哥搬家，高兴，喝得多些。”(刘震云《单位》)

(45) 他的同伴哭着说：“你要我枪杀你吗？要吗？没关系。”“不用了，”罗伯特说，“走吧，我在这儿很好。”(海明威《丧钟为谁而鸣》)

(46) 他说：“不用告诉他们怎么干，只需告诉他们干什么就行了，而只需告诉他们干什么这一点，在下达任务时就明确了，要相信他们有惊人的独创力。”(马骏《巴顿》,《百家讲坛》)

可见，“不用”是能愿动词“要”和“得”的常用否定方式，其先行问句通常为“要VP吗”“要不要VP”“得VP吗”等，这可以在一定程度上证明“用”的能愿动词性。吕叔湘《现代汉语八百词》(1999：239)认为“得$_1$”的否定式是“不用”或“用不着”，表示相同意义的“要$_2$”的否定形式也是“不用”，二者正是由于意义相同，才共用一个否定式。

可见，“要”“得”的不同意义具有不同的否定方式。“不要”否定的是“需要、想要”义，“不得”通常表示不允许，而“不用”则是否定“应当、必须”义的最常用形式，它们都是能愿动词。

与之具有很强共性的“犯得着”“犯不着”“用得着”“用不着”一般也被看作能愿动词，“用”“不用”虽然在语气和情感态度上稍有不同，但它们的语法特征基本一致。《现代汉语语气成分用法词典》就把“犯不着”“犯得着”归入能愿动词（助动词），分别表示“不值得、没有必要”和“值得、有必要”，其中肯定形式“犯得着”常用于反问句表示否定，而且肯定、否定形式可以并用，构成正反问“犯不犯得着”。

“犯得着（用得着）”“犯不着（用不着）”的能愿动词性已经得到广泛认同。“用VP”“不用VP”虽然跟“犯得着（用得着）VP”“犯不着（用不着）VP”在情感态度方面具有明显差异，但它们的语法语义特征基本一致，所以都是能愿动词。

2.3.3.2 能愿动词“用”和“要”的不对称性

作为应答语，“不用”的先行问句通常是“要不要VP”或者“要VP吗”，尽管也可以说“用不用VP”或者“用VP吗”，但“要”的使用频率高得多。换句话说，询问必要性的疑问句中“用”与“要”的使用频率具有明显差异，后者要常用得多。尽管“用”“要”都可以用于中性问，但“用（不用）VP”似乎更期待否定答复，表示偏向问，只是不像“犯得着 VP”的主观倾向那么明显。如：

（47）——要不要喝点什么啊？

——不用。（电视剧《我和妈妈一起嫁》）

（48）3 月 12 日在你尚清醒时，我问你在研讨会上将做怎样的发言，要不要写稿子，你笑道，不用写，我就几句话，我能讲……（秦志钰《最后的张弦》）

（49）田鸡：照相跑第二呀！我问你要不要买位置，你说不用。（电影《喜剧之王》）

翻译作品中常见以“不用”对先行问句“要不要 VP”进行否定回答的用例。翻译作品通常要在很多同义表达法中选择最为贴切的，所以有时更能反映某些词语的语义特征。如：

（50）Edith：Would you like me to teach you to drive?

Farmer：Not much...cos then you wouldn't come here no more.

伊迪丝：要不要我教你开车啊？

农夫：不用了，不然你就不会来了。（《唐顿庄园》）

虽然也有一些先行问句是“用不用 VP”或“用 VP 吗”，但跟“要不要 VP”与“要 VP”相比，其频率明显要得多。如：

（51）那用不用明天请你郑叔来吃顿饭哪？（电视剧《我和妈妈一起嫁》）

肯定形式“用 VP”用于问句频率相对较低的原因可能是“用”作为能愿动词，其肯定形式问句通常带有一定的偏向问色彩。可见，作为能愿动词的“用”和“要”以及它们的否定形式“不用”和“不要”在语法功能、语义特征上具有明显的不对称性，因而使用频率差异明显。

2.3.3.3 能愿动词“不用”与熟语化的“不用 VP”

“用”的能愿动词用法还没有得到广泛关注，这可能是因为它多用于否定句和疑问句中表示必要性，而且其否定形式“不用”已经词汇化。

“用”作为能愿动词的用法产生相对较晚，有可能是“不用”的词汇化在先，后来才分离出“用”的能愿动词用法，所以其肯定用法和否定用法之间才存在诸多不对称现象。其实，不只是“不用”已经词汇化，有些“不用VP”也熟语化了，如“不用谢”“不用客气”等，甚至有些“不用VP”还在词汇化的基础上实现了关联化和主观化，比较常用的有“不用说”“不用问”“不用提”等。如：

(52) 高原是我们的语文老师，不用说，他长得很帅。(卞庆奎《中国北漂艺人生存实录》)

(53) 特别是发现有四副手铐后，进一步证实司机吐露的是实情：他们确实是心怀鬼胎来抓村民上访代表的。想要抓的四个人，不用问，这就是王俊彬、王向东、王洪超，外加一个王洪钦。(陈桂棣《中国农民调查》)

(54) 任何一个民族，如果停止劳动，不用说一年，就是几个星期，也要灭亡，这是每一个小孩都知道的。(《中国儿童百科全书》)

(55) 沈阳体育学院女子橄榄球队教练程公说，我们国家连男子橄榄球的生存空间都非常小，女子橄榄球就更不用提了。(CCL)

这些“不用VP”具有一定的关联作用，而且也表达了说话人鲜明的主观情感态度。它们有的可以换用为“不必VP”，如前面两例中作为插入语存在的“不用说”和“不用问”可以分别替换为“不必说”“不必问”；有的可以换用“别VP”，如最后两例的“不用说”“不用提”可以分别替换为“别说”“别提”，构成递进关系。

2.3.4 “不用VP”与其他同义形式

跟“不用”语义相近的表达方式除了“不必”“不需要”之外，还有“用不着”和“犯不着”，后二者跟“不用”关联更紧密，共性和差异都更加明显。

2.3.4.1 “不用”和“用不着”

跟“不用”意义最接近的能愿动词应该是“用不着”，不过二者应该是分别虚化的。相对而言，“不用”的交互主观性更加明显，而“用不着”的主观性更加突出。换句话说，“用不着”更倾向于表达说话人的主观情感态度，而“不用”则较多地体现了对听话人的关注。如：

(56) 小坡给父亲磕完，刚要起来，父亲说：“不用起来，给妈妈磕!”(老舍《小坡的生日》)

(57) 一切安排停当，朱老忠抬起脚走出来，严志和又要挣扎送他，朱老忠说：“不用，兄弟身子骨儿不好，甭动了。”(梁斌《红旗谱》)

(58) 多日的积怨，这时一齐发作了。徐远举大叫大嚷：“要杀就杀，用不着这样软磨硬缠，一天到晚折磨我。”(杨耀建《徐远举的后半生》)

(59)“不用，用不着，”她说，一面把手抽开。“我会做。”(翻译作品《天才》)

(60) 十三妹嚷道：“用不着你多事！你不用在那盆里洗手!”安公子说：“不怕，水不凉，这是，这是我才刚擦脸的，还温和呢!”(《儿女英雄传》)

这里第一例“不用起来”跟同义的“别起来”相比，更加易于听话人接受，意愿施加较少，具有明显的交互主观性。第二例的“不用”体现了对听话人的关心。第三例“用不着”反映了说话人对听话人行为的不耐烦和愤怒，具有较强的主观性。第四例“不用”和“用不着”并用，体现了说话人情感态度由礼貌客气到不太客气的变化。第五例先说“用不着”，再说“不用”，说话人情感态度发生了与第四例方向相反的变化。

“用不着”通常表示说话人不耐烦或不高兴的态度，较少顾及对方的感受，语气较为冷漠或冷淡。如：

(61) 胡女士怒道：“谁醉了！你看见我醉了吗？我家去不家去，有我的自由，用不着你干涉。”(《留东外史》)

(62) 孙小红道：“用不着！他不想见你。”(古龙《小李飞刀》)

(63) 南京下了一场大雪，冰冻路滑，弟子们要挽她过马路，她手一摔：“用不着，难看!”(CCL)

需要指出的是，“用不着 VP”的语气未必总是冷淡或不耐烦，有时也可能只是中性的，虽然没有对听话人的特别关注，但也不至于不礼貌或不客气。如：

(64) 此刻已没了电车，外面又冷得紧，我这里以后还要请二位时常来。用不着客气。(《留东外史》)

(65) “唉，师哥，我怎么说呢？小弟我给您道谢吧。”老头一摆手：“用不着！师弟呀，咱两个耳鬓厮磨一块儿十五年了。……哥哥我疼爱你，但是这里头的事情也很多，希望你好自为之。”(《雍正剑侠图》)

(66) “……我的女儿尚未有门当户对，哪里来的佳婿呢？”国老哈哈大笑道：“你用不着来逗趣了，难道你瞒着我，我就不讨喜酒吃了么？”(《汉代宫廷艳史》)

(67) 连忙止住陈蒿道：“用不着去寻菜了。女士既定要我吃，这碗饭也没多少，做几口便吃完了。”(《留东外史续集》)

这几例中的“用不着”都是相对中性的表达，没有太强的主观性。不过，这几例都来自清代和民国的文献，可能当时“用不着”还处在主观化尚未完成的阶段。相较而言，现代作品中的“用不着 VP”具有更加鲜明的主观性，跟“不用 VP”的交互主观性以及“不必 VP”的客观性刚好形成鲜明的对比。

除了“不用”和“用不着”之外，“犯不着”也经常用来否定做某事的必要性，它通常表示说话人不屑与不认同的情感态度，其主观性也比“用不着”更加鲜明。如：

(68) 老色鬼也拎了个空瓶跟着凑热闹，我穿着钉了金属鞋掌的高跟鞋，走起路来掷地有声，老色鬼则走得轻手轻脚，走廊是水泥地，又没蚂蚁，他真犯不着这么小心翼翼，如履薄冰。(姜丰《爱情错觉》)

(69) “看看你三岁的儿子吧，你犯不着和他去拼命。”(余华《在细雨中呼喊》)

(70) 他前不久同他的女朋友吹了，听说我们今天聚会也想来的，可我有了你，坚决没同意。你犯不着吃这个醋。(方方《埋伏》)

汉语对必要性的否定有很多不同的表达方式，“不用”“不必”“用不着”“犯不着”是其中比较常用的几种，它们为说话人的不同情感态度表达提供了多种可能的选择。

2.3.4.2 “(还) 用”与“用得着”“犯得着”

“(还) 用”与“用得着”“犯得着”经常用来构成疑问句“(还) 用 VP

吗”与“用不用 VP”，“用得着 VP 吗”与“用得着用不着 VP”，“犯得着 VP 吗”与“犯得着犯不着 VP”。它们尽管都询问 VP 的必要性，但在主观性方面却存在明显差异，三者表示偏向问或反问的可能性依次递增。“（还）用 VP 吗”与“用不用 VP”表示中性问的可能性最大，不过“还”的使用在一定程度上增加了其表示偏向问的可能性。“用得着 VP 吗”与“用得着用不着 VP”表示中性问的可能性很小，而“犯得着 VP 吗”与“犯得着犯不着 VP”基本都表示偏向问。如：

（71）“我只要看你这个人——还用看剧本吗！”陈良还想说什么，丁团长扬长而去。（徐荣芳《意外》）

（72）作为一个司法厅长，对自己下属单位的这些领导，还用得着这样偷偷摸摸吗？（张平《十面埋伏》）

（73）宋建平一把搂住肖莉与之并肩而立，嬉笑着：“这还用得着介绍吗？”（电视电影《中国式离婚》）

（74）如今他德高望重，功成名遂，在古城监狱里可以说是说一不二，他何以要给他手下的一个小小的侦查员说谎话？犯得着吗？有这个必要吗？（张平《十面埋伏》）

（75）……不过，她对“走穴”又不像有些人那么深恶痛绝。犯得着那么恼羞成怒吗？特别是现在，老爷子的口气，跟开庭审讯似的。（陈建功、赵大年《皇城根》）

（76）大人倒仔细想一想，宝贵的精神，犯得着犯不着花在跟这些人打交道上头？（高阳《红顶商人胡雪岩》）

可见，“用 VP 吗”与“用不用 VP”可能表示对答案没有明确倾向的中性问，也可能表示反问，其中正反问形式“用不用 VP”表示中性问的可能性相对较大。表示必要性的“用得着”和“犯得着”经常用于反问句中，态度鲜明地否定做某件事的必要性，即使是正反问形式也不例外。

总的来说，“用得着”和“犯得着”具有更多共性，它们很少用于单纯的陈述句，所负载的主观价值评判和情感倾向非常明确。但二者也稍有差别：“犯得着”除了可以跟“犯不着”形成正反问外，基本上只能用于反问句，主观性非常鲜明；“用得着”在少数情况下也可能用于疑问句，主观态度表达得稍微温和些。试比较：

（77）朋友聚会而已，用得着如此大张旗鼓的吗？

（78）涨了两百块钱工资而已，你犯得着这么激动吗？

“犯得着”经常用在陈述句后面构成附加反问句，对陈述句所述事实的必要性进行质疑，而“用得着”较少这样用。

(79) 年轻人为了鸡毛蒜皮的小事闹情绪，犯得着吗?

(80) 猫狗战争让人打起来了，这犯得着吗?

需要指出的是，偏向问“用得着 VP 吗”具有一定的非典型性，人们对它的认知并不完全一致。该问句有时介于反问和疑问之间，既不是典型的反问句，也不是典型的疑问句。如果是疑问句，则它具有较强的主观性，期待得到否定的回应，这完全不同于其他的对答案没有明确期待的“吗”字疑问句；如果是反问句，它似乎在邀约听话人回应互动，具有交互主观性。因此，“用得着 VP 吗”即使不是反问句，也大多表示一种特殊的偏向，即说话人对做某事的必要性有质疑，并期待得到否定答复“用不着”。介于疑问与反问之间的“用得着 VP 吗”具有一定的交互主观性。

正反问句“用得着用不着 VP”与“犯得着犯不着 VP”都带有主观性，而且后者的主观性更加鲜明突出。

“用得着”“犯得着”用于疑问句时主观性非常明显，尤其是后者，大都用于构成反问句。肯定形式的能愿动词“用”用于疑问句时，也具有一定的主观性，通常期待对方做出否定的回答，较少出现肯定回答，而且即使是肯定回答，通常也不以“用”作答，而是采用其他回答形式。如对“用去看看吗”的回答通常是“最好去看看”“得去看看”“还是去看看吧”等，若直接以“用”回答会显得很不自然。

小　结

拒绝制止义“不用 VP”具有一定的交互主观性。交互主观性的产生在于“不用 VP”通过否定必要性间接达到拒绝制止的目的，大大减弱了意愿施加色彩，充分照顾对方的颜面，体现了说话人对听话人的情感关注。

“不用 VP”作为后续句通常是对问句“要 VP 吗”的回答，问句“用 VP 吗”的使用频率相对较低，陈述句“用 VP”的使用频率更低，三者之间呈现出多组不对称关系。

“用/不用”跟“用得着/用不着”“犯得着/犯不着”一样是表示必要性的能愿动词，它们在句法、语义特点和主观性、交互主观性方面存在着一系列共性和差异。

2.4 制止义不同句式交互主观性强弱比较

很多交际目的都可以借助具有主观性的表达方式实现，也可以采用具有交互主观性的表达方式实现，而且主观性和交互主观性的表达都有多种选择，这些表意功能相近的不同表达方式在主观性和交互主观性方面有强弱之别。不过，强弱是相对的，需要经比较才能衡量。对于表示各种制止义的“不VP”“我不要 VP”和“不用 VP”而言，其交互主观性强弱衡量的有效参照标准可以是中性的“别 VP”，也可以是主观性很强的“少 VP”，以后者为参照的对比更加鲜明。李倩（2014）对各类“少 VP”结构进行过系统研究，其中包括其禁止否定义以及基于该义的“少来”“少来这套”等固定搭配。谢美婷（2017）在“少 VP”和“V 少”的对比研究中也专门讨论过“少 VP”的祈使句用法。

2.4.1 作为参照的批评制止义“（你）少 VP”

我们以“（你）少 VP”作为参照，分析制止义“不 VP”“我不要 VP”和“不用 VP”在交互主观性方面的程度差异。“（你）少 VP”经常用来制止对方做某事，语气强烈，句末多用感叹号，属于感叹句。如：

（1）母亲斥了一句：“你少胡说八道！”（方方《桃花灿烂》）

（2）“我不是你妹妹，你少管我！放开我！”（琼瑶《梦的衣裳》）

（3）马叔摔了一下胳膊，嘟哝着：你少管闲事！（莫言《红树林》）

（4）你少叫我大嫂！你要知趣，请出；别等我把你骂了出去！（老舍《方珍珠》）

这几例中的“（你）少 VP”都是表示粗暴制止或喝止，说话人情绪反应很激烈，完全不顾及对方感受，跟关注对方情感的交互主观性背道而驰，显得非常粗暴无礼。北京市公安交通管理局制定的《交通民警服务、纠违忌语50句》中有 5 句“少 VP”（“少装糊涂”“少废话”“少啰嗦”“少来这一套”“少问我”），该句式成为仅次于反问句（25 句）的违忌语。

“你少 VP”也可能是建议对方不要过多做某事，有时还可能存在制止和建议两种不同的理解。如：

(5)“什么没时间？你少写几篇发表不出的小说，不就行了？”（西敏《照片》）

(6) 我常说他，你少管这些事，身体不大好，别累着。（杨沫《我一生中的三个爱人》）

(7) 冼局长：妈，你少说话，没关系！（老舍《残雾》）

(8)“李顺！你少说话！我看你不顺眼！”赵子曰看见李顺，有了泄气的机会。（老舍《赵子曰》）

第一例中的“你少写几篇发表不出的小说”中的“少”一般理解为数量义，这种带有假设意味的句子不大可能表示制止。第二例中的“你少管这些事”也是出于关心的劝慰建议，并非语气强烈的愤怒制止。这两例“少 VP”的句末标点也都是逗号，而不是感叹号。后两例中的“你少说话”中的“少”分别表示数量和表示制止。第三例根据其后“没关系”可以推测“你少说话”应该是语气温和的建议，句末标点是句号。第四例根据其后“我看你不顺眼”和“泄气”可以判断“你少说话”表示生气制止，语气强烈，句末标点是感叹号。如果脱离语境，“你少说话”可能表示制止义“别 VP”和建议义“别过多 VP”两种不同的意思，甚至在同一语境中也存在两可的理解。如：

(9) 瑞丰见黑毛儿方六出了风头，也不甘寂寞，要把自己的所闻所见也去报告大家。可是，祁老人拦住了他：“你少出去！脸上青一块紫一块的，万一教侦探看见，说你是囚犯呢？你好好的在家里坐着！”（老舍《四世同堂》）

从语境上看，例中“你少出去”的说话人主要是出于关心，而不是愤怒制止。没有贬义色彩的动词“出去”也很少单独用于批评制止义“（你）少 VP”，但根据其前“拦住他”和其后的“你好好的在家里坐着”又不难看出说话人的主要目的是阻止听话人出去，且其后标点是感叹号，所以这句话在语气和语义上有一定的模糊性或非典型性。

我们这里主要讨论制止义“（你）少 VP”，它具有很强的主观性，说话人通常很不耐烦，语气要么冷淡生硬，要么愤怒激烈。如：

(10) 美奴瞪了母亲一眼：“你少管我！你不是说我不是你女儿吗？去酒田的人也不是你丈夫吗？好，你就是你自己，我也就是我

自己，别想教训我！”（迟子建《岸上的美奴》）

（11）她头脑中那根“阶级斗争”的弦骤然绷紧了。她眼一瞪，大声喝斥道：“龚绍熊，你少来这一套，休想腐蚀拉拢我！”（罗强烈、肖肖《人生即选择》）

这两例中的“（你）少 VP”都带有很强的主观性，说话人的语气大多是生气或不耐烦。例中分别用“瞪了母亲一眼”“眼一瞪，大声喝斥道”等描述说话人情态，可见制止义“（你）少 VP”多用于训斥责备，主要是说话人宣泄负面情绪，具有非常鲜明的主观性，在书面上经常使用感叹号。

制止义“（你）少 VP”跟典型祈使句“（你）别 VP”相比，不仅具有更鲜明的意愿强加意味，而且语气强烈、态度粗暴，这跟其他具有一定交互主观性制止义的表达方式形成鲜明对比，以“（你）少 VP”为参照有助于我们发现不同表达方式在交互主观性方面的程度差别。

2.4.2 “（咱）不 VP”与“（你）少 VP”[①] 对比

制止对方做某事可以用“（你）少 VP”以发泄自己的不满和愤怒，也可以采用“（咱）不 VP”以显示对听话人的关切和爱护，这两种表达方式的选择可以很好地体现主观性和交互主观性之间的联系与区别。

2.4.2.1 动词选择差异

具有强烈主观性的“（你）少 VP”用于制止对方行为时，说话人态度往往比较粗暴，语气通常充满了愤怒厌恶和不耐烦，所以，进入这类句式的动词通常都带有一定的贬义色彩；与之相反，具有明显交互主观性的劝止义“（咱）不 VP”中的动词则以中性为主。比如，“不哭”经常用于表示劝止，但“少哭”只能表示跟“多哭”相对的意思，不能表示制止义；“哭哭啼啼”“哭三嚎四”则可以进入该结构表示批评制止义，但不能表示跟“多 VP”相对的意思。这是因为“哭哭啼啼”“哭三嚎四”带有一定的贬义色彩，更倾向于表示否定意义，所以其前的“少”不大可能表示数量少。此外，表示干涉义的“管”虽然没有明显的贬义色彩，但也经常用于“（你）少 VP”表示制

---

① 本节讨论的“（你）少 VP”指的是表示批评制止的用法，不包括“你少说话，多做事”这类表示建议劝告的用法。为了讨论方便，少数可能表示嗔怪制止的“你少肉麻”“你少来”等用法也暂不讨论。

止，因为干涉控制别人的行为通常是招人反感的。

大多数贬义动词都可以自由进入“（你）少 VP”结构，但只有少数贬义动词可以进入劝止义“（咱）不 VP”中。而且含贬义动词的“（咱）不 VP”通常要求指称听话人的“咱”必须共现以减弱批评的针对性，如“咱不撒谎”“咱不吹牛”等。之所以如此，是因为说话人通过“咱”表明与听话人置身于同一立场，可以在一定程度上掩盖批评制止的针对性，弱化贬义动词所可能给对方造成的情面伤害。“（咱）不 VP”与“（你）少 VP”在动词选择上的贬义和中性色彩差异非常明显，而且非常普遍。如：

（12）流苏连忙沉下脸来道：“少胡说。”（张爱玲《倾城之恋》）

（13）“你少费话！我是金府的老妈子，不错，可是呀，除了金老爷子和我杨妈之外，谁也没资格进这三间屋。”（陈建功、赵大年《皇城根》）

（14）黑娃已不耐烦：“你少啰嗦！只说搞鬼捣窍弄下多少粮食和银元。”（陈忠实《白鹿原》）

（15）一个弟兄在他的背上打了一拳，骂道：“少说废话，砍掉你王八蛋的吃饭家伙已经够便宜你了！”（姚雪垠《李自成》）

（16）“你少说这种不着调的话！”金秀最听不得金枝发这样的牢骚。（陈建功、赵大年《皇城根》）

（17）杨妈瞪儿子一眼：“你少混说！”（陈建功、赵大年《皇城根》）

（18）“你们少胡扯了！”灵珊笑著骂。（琼瑶《月朦胧鸟朦胧》）

（19）朴：（向冲）你少多嘴，出去！（冲由中门走下）（曹禺《雷雨》）

这些例句中的“（你）少 VP”都是用来喝止对方说话的，其中的动词结构“胡说”“废话”“啰嗦”“说废话”“说这种不着调的话”“混说”“胡扯”“多嘴”等都跟“说”相关，大多具有批评指责意味。一般不会出现“你少说”的说法，而“你少说话”这种表达尽管出现过，但通常具有歧义，而且以表示“别多说话”意义为常。

劝止义“不 VP”刚好与之相反，一般用“不说了”“不说话了”表示劝止，部分贬义动词如进入该结构，通常要跟指称听话人的“咱”共现。如：

（20）记者啊！咱不胡说行不？（http://tieba. baidu. com/p/

1135462614）

“（咱）不VP”与“（你）少VP”在动词结构的选择方面存在明显对立，这是由前者的交互主观性和后者的主观性特点决定的。

2.4.2.2 与强主观性标记“给我”共现的可能性

“（你）少VP”和“（咱）不VP”的差异还体现在二者能否与强主观性标记词“给我”共现上。“给我”本是引介与事的介宾短语，但有时它的意义虚化，主要用来彰显说话人强势逼人的情感态度，如“你给我闭嘴”“你给我站住”等。劝止义“（咱）不VP”一般不能跟具有强主观性的“给我”共现，而“（你）少VP”则经常跟“给我”组合成“你少给我VP”。如：

（21）程谓奇冷冷一笑：“你少给我来这一套。你当我不知道呀？你看老庄他们和胜利矿一起搞联采发了财，眼红了，也想去捞一把，对不对？”（周梅森《人间正道》）

（22）“你少给我装蒜，特尔！”乔尼冲着特尔喊道。（翻译作品《地球杀场》）

（23）“你少给我扯淡，特尔！告诉我，你到底为什么放她们？”（翻译作品《地球杀场》）

（24）“你，德龙努什卡，给我听着！你少给我说废话。……”（翻译作品《战争与和平》）

“（你）少VP”与“给我”在主观性方面相得益彰，二者共现能够更加凸显说话人的主观情感和个人意志，使态度更加强硬，语气更加咄咄逼人。与之相反，具有很强交互主观性的“（咱）不VP”不能跟“给我”共现，如以上所有例句都不能用劝止义“（咱）不VP”替换，这是因为“给我”所彰显的说话人的强势态度跟“（咱）不VP”所力图表现的对听话人的亲近关爱不兼容。

2.4.2.3 与指称听话人的“咱”共现的可能性

“咱”表示听话人时具有明显的交互主观性，它经常用于表示劝止的“不VP”句式，但不能用于表示批评制止的“少VP”句式。

我们已经讨论述过劝止义“不VP”经常跟指称听话人的“咱”共现，构成具有双重交互主观性的“咱不VP”，但跟区别立场的“你”不相兼容。与之相反，具有很强主观性的“少VP”因其彰显说话人的强硬态度而跟指称听话人以表明共同立场的“咱”不兼容，而经常跟明确区分双方立场的“你”共现。

用“你”指称听话人凸显的是双方的立场对立，而用“咱”指称听话人强调的则是双方的立场一致，前者与“少VP”的主观性特征吻合，后者与“不VP”的交互主观性特征一致，所以它们通常分别构成“你少VP”和“咱不VP”，而不能构成“咱少VP”表示批评制止或“你不VP”表示委婉劝止。如：

(25)“你少假装天真!”周瑾瞪着眼睛冲我嚷。“少装傻！我还不了解你？你精得都能安上缝纫机上砸线了。”（王朔《给我顶住》）

(26)……吃饭连筷子都拿不住时，母亲心疼地落泪：“儿子咱不干了，咱不要出名。”(CCL)

很显然，第一例中的“你少假装天真!”“少装傻”不能变换为“不装天真”“不装傻”表示温和劝止，第二例中的“咱不干了”也不能变换为“你少干了”表示批评制止。

同理，表示批评制止的“少VP”中也很少出现显示亲昵关系的称名方式，这也刚好跟劝止义“不VP”中经常出现昵称、爱称形成鲜明对照。试比较本章第2.1节例（1）与以下两例：

(27)“楚轩吾，你少捣蛋。”（礼平《晚霞消失的时候》）

(28)麻副指被郑有田噎得有点恼羞成怒：“妈的你这哈哈郑，你少给我打哈哈!”（刘烊《周总理命令我们抢彭真》）

本章第2.1节例（1）中跟“不哭”共现的昵称有“妞妞”“好妞妞”，这些昵称与具有交互主观性的劝止句“不哭”相得益彰。此处两例中的称名分别使用了完整姓名“楚轩吾”与带有不敬色彩的“哈哈郑”，它们刚好跟“少VP”生硬强势的主观性特征相一致。“不VP”与“少VP”在称名方式选择上的对立在本质上是跟它们对指称听话人的“咱”选择与否的对立是完全一致的。

2.4.2.4 与交互主观性标记“吧”共现的可能性

表示征询商量语气的“好不好”和“吧”“哈”等也因为具有明显交互主观性而不能出现在表示批评制止的“（你）少VP”结构中，而只能用于劝止义“（咱）不VP”中。如：

(29)阿曼用细软的指尖拭去我的泪水，“不哭了吧，哭多了，岁月会老去，眼泪多了，心会潮湿，会长满青苔，风景会黯淡呢。黯淡的风景，能做什么？连明信片都做不了的，阿芩，不哭了，好不好?”（百合《这样一种关系》）

很显然，这里的“不哭了吧”表示温和劝止，具有交互主观性的“不VP”和“吧”共同体现了说话人对听话人的关心爱护。“不哭了吧”不能用“少哭吧”替换，因为“少VP吧”一般只能基于其数量义表示跟“多VP”相反的劝告建议。如：

(30) 后来还是他们李家户下几个老长辈跪在他们面前说：“求你们少作些孽吧！人家是六十多岁的人了。”（赵树理《李家庄的变迁》）

(31) 苏小姐道：“好哇！拐了弯拍了人家半天的马屁，人家非但不领情，根本就没有懂！我劝你少开口罢。”（钱钟书《围城》）

这些“少VP吧”一般不是用来表示批评制止的，其中的“少”不能理解为否定词“别”，而只能理解为数量“不多”，这跟我们讨论的批评制止义“（你）少VP”具有本质区别。

因此，“（咱）不VP”的交互主观性与“（你）少VP”的主观性存在鲜明对比，表现为对主观性标记词“给我”与交互主观性标记词“咱”“吧”的选择的明显对立。

表示建议劝止的“（咱）不VP”因为对听话人的关注而具有明显交互主观性，而表示批评制止的“（你）少VP”则因为说话人自我情感的发泄而带有很强的主观性。“（咱）不VP”与“（你）少VP”都反映了说话人鲜明的情感态度，这种情感态度在对听话人的情感关照方面明显对立，很好地反映了交互主观性跟主观性的共性和差异，因此这两类句式的比较可以成为考察交互主观性与主观性的有效视角。

2.4.3 “（你）不用VP”与“（你）少VP”对比

“（你）不用VP”与“（你）少VP”都可以用于表示制止，但二者在主观性、交互主观性方面差异很明显。试比较：

(32) 麻三就这样把小姐带回了村，又把她带到了水塘边，说：“你坐在塘边，只要把脚放在水里就行了。”小姐莫名其妙了，问道：

“这是干什么呢?”麻三说:“你不用管,到时付你钱就是了。”(桂忠阳《绝钓》)

(33)田卫明:“我的事,你少管。”(陆天明《苍天在上》)

这里的“你不用管”和“你少管”都是用来表示制止的,大致相当于“你别管”的意思,但前者要客气很多,比较礼貌,而后者语气很不客气,完全不顾及对方的颜面和感受,只是宣泄自己的负面情绪,具有强烈的主观性。再如:

(34)林仙儿道:“我自然会找人去接,你不用操心。”(古龙《小李飞刀》)

(35)文革用完全不是女儿对母亲的口气说道:“总之你少瞎操心,有空给我熨熨衣服。”(张欣《今生有约》)

第一例的“你不用操心”比较客气,而第二例的“你少瞎操心”,就显得很不礼貌,正如其中对话之前的描述“用完全不是女儿对母亲的口气”。可见,“(你)少VP”对听话人的关注远不如“你不用VP”,前者凸显的是说话人的负面情绪,具有很强的主观性,后者凸显的是说话人对听话人的情感关注,具有明显的交互主观性。

正是由于“(你)不用VP”与“(你)少VP”在交互主观性与主观性方面存在差异,所以一些中性的动词大多用于“(你)不用VP”,而较少用于表示批评制止的“你少VP”。如“你少担心”“你少说”“你少吃”就不大用于表示制止,如果想要表示制止,通常需要对动词结构做出调整限定,语气才会显得自然。如:

(36)“你不用说,我完全了解!”灵珍打断她。(琼瑶《月朦胧鸟朦胧》)

(37)“你少说废话,什么党员、党员的。我认真对你说,你作为作协领导人应当帮助我们。”(蓝英年《作家村里的枪声——法捷耶夫之死》)

第一例中“你不用说”打断对方的话,比用典型祈使句“你别说了”显得委婉客气,在一定程度上顾及了对方的面子。第二例中“你少说废话”显得粗暴无礼,说话人很不耐烦。正是由于“(你)少VP”有强主观性,所以单独说“你少说”很不自然,一般需要在“说”后添加“废话”“胡话”“没用的”之类的宾语或者换用“啰嗦”“多嘴”“胡说”“乱说”“瞎说”等带有贬义色彩的动词或短语。如：

(38)“你胡说什么?!”宝姑忍不住瞪文革一眼。文革索性走过来，“我说得不对？都是阿公阿婆级的人马看，京剧都没戏，何况粤剧?!”“你少废话，再过几天就是粤剧节了。”宝姑偏头咬断丝线，抖了抖行头……（张欣《今生有约》）

(39) 子默瞪瞪眼：“你少胡说!”（琼瑶《水云间》）

(40)“乃亭，你少幸灾乐祸，大哥的事你少插嘴，大哥自会处理。快点放苏苹下来，当心大哥看见了，又要打翻醋坛子了。”（于晴《红苹果之恋》）

由带有贬义色彩的动词或动词性短语构成的“（你）不用 VP”大多可以变换为“（你）少 VP”，变换后说话人的语气会变得比较尖刻激烈，不再顾及对方情面。试比较下面几个例句及其变换形式：

(41)“小玲子!”他以轻蔑的口吻说，“你不用老拿大话饯我，人都有自个的打算。你看透我，嘿，我也看透你啦!”（冯德英《迎春花》）

[对比句：你少拿大话饯我。]

(42) 建侯道：“你不用假仁假义。我下午有事出门，不到书房去。你要使唤齐颐谷，就随你便罢。我以后也不写什么东西了，反正一切都是这样！……”（钱钟书《猫》）

[对比句：你少假仁假义。]

(43)“你不用这样跟我说话，阴阳怪气的没用。”（皮皮《比如女人》）

[对比句：你少这样跟我说话。]

(44) 玉梅说：“你不用说我！你那个‘翼’字比我这‘梅’字更难写！越写越长!”（赵树理《三里湾》）

[对比句：你少说我。]

这些例句中制止对方说话的动词或动词性短语大多有贬义色彩，或者至少语境中含有贬义。如最后两例中的“这样跟我说话”和“说我”，字面意思似乎没有褒贬之别，但随后话语所提示的语境显然表达了说话人的不满与讽刺，这就跟“（你）少 VP”的主观性特点一致。照理说，在这样的语境中更适合使用“（你）少 VP”，但“不用 VP”可以在一定程度上减轻批评制止的语气强度，弱化顶撞反对的激烈程度。

将原句与后附的自拟对比句比较，可以发现，变换为“你少 VP”后，说话人的语气变得强硬粗暴，完全不顾听话人的感受，意愿施加色彩比“你不用 VP”明显得多，甚至比典型祈使句“你别 VP”更明显。

2.4.4　“我不要 VP”与“（你）少 VP”对比

“我不要 VP”和“（你）少 VP”都可以用来表示制止，而且二者有时还会出现在同一语境当中。如：

（45）“你折腾了几个月了……到现在，连安安静静地看个电视也不行……你少动我的药！我的东西不要你动……”（张洁《世界上最疼我的那个人去了》）

例中“你少动我的药”与“我的东西不要你动”先后出现在同一语境中，反映了说话人语气态度的细微变化，后者在一定程度上缓和了前者的生硬粗暴及其可能带给对方的面子伤害。“我不要 VP”通过表示说话人意愿的方式拒绝对方做某事，跟强硬地把个人意愿施加给对方的“你少 VP”和“你别 VP”相比，具有一定的交互主观性。再如：

（46）别跟着我，我不要听你说话，我要照约实行。（翻译作品《威尼斯商人》）

（47）“嘘！嘘！”那年轻人责备地喃喃着，“我不要听你这样对他说话。算了吧。”（翻译作品《呼啸山庄》）

例中的“我不要听你说话”“我不要听你这样对他说话”用于制止对方说话，比典型祈使句“你别说话”“你别这样对他说话”客气，因为祈使句的主语——第二人称“你”，针对性更强，带有明显的意愿施加色彩，而“我不要 VP”的主语是第一人称，该句只是表达了说话人的意愿，并没有明确强迫对方接受。

说话人可以同时使用这两种表达方式，二者的交互主观性差异可以反映说话人的情感态度的微妙变化。如：

（48）雪瑛停住笑，瞪着他冷笑道：“你打住！下面的话我不要听！……这样的话我听得多了！除了这些话，你还有别的吗？”（电

视电影《乔家大院》)

很显然，跟把个人意愿强加给对方的祈使句“你打住”相比，通过表达个人意愿来间接实现制止的“我不要听”能够弱化针对性，减轻对听话人的情面伤害，具有交互主观性。又如本章第2.2节例（12）先后使用“你别跟我说这个”和“我不要听你这套”制止对方，语气尽管依然强硬，但多少渐趋缓和：前者体现的是说话人强行制止的坚决态度，后者体现的是说话人强烈的主观意愿，但跟前者直接施加意愿相比，后者还是要委婉含蓄一些。

当然，如果跟带有强主观性的“你少VP”相比，则“我不要VP”的交互主观性更明显。如“我不要你管”用于制止时虽然语气也比较强烈，但由于其表达的是个人意愿，通常并不像“你少管”那么直接而强硬。再如：

(49) ……他抿紧嘴唇，显出冷笑的样子。“把我的忧愁治好？使我的心不再疼痛？谈这些有什么用？我不要听这种废话。”他凝视着地板。(翻译作品《天才》)

(50) 当我作否定表示时，他竟说：“你少废话！不是说到省政府下车的吗？你说的市政府离这儿还有几站路（实际上还有十几公里），自己去。快交钱，200元!”(CCL)

虽然“我不要听这种废话”由于贬义词“废话”的存在而显得不十分礼貌，但它仍然比“你少废话”客气一些。“你少废话”带有明显的训斥意味，而“我不要听这种废话”在形式上只是表达个人意愿，不同于明确把个人意愿强加给对方的祈使句，而且第一人称“我”做主语，减弱了针对性，减轻了可能对听话人造成的情面伤害。这样的比较显示出“我不要VP”所具有的交互主观性。

2.4.5 几种制止义表达方式的交互主观性程度差异

以上以“（你）少VP”为参照，分别比较了制止义“不VP”“我不要VP”“不用VP”在交互主观性和主观性方面的程度差异。

表劝止义的“不VP”通过表达对方意愿的方式达到劝止目的，有效避免了一般祈使句的意愿施加色彩，具有较强的交互主观性，而且“不VP”还经常跟指称听话人的“咱”共现，构成交互主观性更加鲜明的劝止义“咱不VP”。指称听话人的人称代词“咱”跟“别VP”构成的“咱别VP”也具有明显的交互主观性，说话人通过使用指称对方的“咱”把自己置身于听话人立场，大大弱化了祈使句的针对性。

就交互主观性的程度而言，“咱别 VP” 不及 “不 VP” 和 “咱不 VP”，因为 “咱别 VP” 仍然是祈使句，虽然 “咱” 的使用减弱了针对性，但其作为祈使句的意愿施加色彩仍然存在。而劝止义 “不 VP” 以表示听话人自主选择的方式达到劝止目的，避免了祈使句的施为意义；“不 VP” 与指称听话人的人称代词 “咱” 共现，使交互主观性得到进一步强化。三者的交互主观性强弱序列为：

咱不 VP>不 VP>咱别 VP

用于表示制止的 “你不用 VP”① 的交互主观性稍次于 “咱别 VP”，因为指称听话人的 “咱” 标记性更强，更能显示说话人的亲近关爱，而 “不用” 带有判断评论的意味。但跟 “别 VP” 相比，“不用 VP” 通过否定做某事的必要性来达到制止目的，相对委婉含蓄，在一定程度上顾及对方颜面，更能体现对听话人情感的关注。四者的交互主观性强弱序列为：

咱不 VP>不 VP>咱别 VP>你不用 VP

“我不要 VP” 在表示抗议制止时也比 “别 VP” 委婉，因为它以表达自己意愿的方式间接抗议对方的要求，而不是直接把自己的意愿强加给对方。不过，由于 “我不要 VP” 中说话人的情感态度比较强烈，其主观性也非常突出，甚至可以说抗议制止义 “我不要 VP” 的主观性比其交互主观性更加凸出。但这并不能否定其交互主观性的存在，只是其交互主观性明显弱于 “不 VP”，也略弱于 “你不用 VP”。试比较：

(51) 王福升：（手在口袋里摸索着，一边望着陈白露）小姐，您刚还了八百，又欠了两千，这样花法，一辈子也是还不清的。您看，这些帐单，（从口袋往外拿）这一共是……

陈白露：（纵身坐起）不用拿，不用拿，我不要看。（曹禺《日出》）

例中分别通过否定必要性的 “不用拿” 和表达个人意愿的 “我不要看” 来实现制止功能。相对而言，前者较后者语气缓和，更为委婉含蓄。

综上，这几种表达方式的交互主观性强弱序列如：

① 这里讨论的 “你不用 VP” 不包括其否定客观必要性的用法。

咱不 VP＞不 VP＞咱别 VP＞你不用 VP＞我不要（NP）＋VP

具有制止义的这几种表达方式的交互主观性呈递减趋势，而主观性则呈递增趋势。

语言中还存在一些只关注说话人自己感受而完全不顾及对方情面的表达方式。就制止义的表达方式而言，“（你）少 VP”就显示了说话人很不耐烦、很不客气、很不礼貌的情感态度，一般语气强烈，在书面上通常使用感叹号，具有很强的主观性。如“你少啰嗦”“你少装蒜”等。试比较：

（52）a. 咱不管。（强交互主观性）

b. 我不要你管。（弱交互主观性，强主观性）

c. 你别管。（无交互主观性）

d. 你少管！（无交互主观性，强主观性）①

制止义有多种不同表达方式，有的主观性很强，有的则交互主观性明显，还有的同时兼具主观性和交互主观性。主观性及交互主观性的强弱有时会影响共现词语的选择，包括动词、名词、称谓等，有些词用于“少 VP”就不大自然，如我们会说“咱不说了”“不说了”“咱别说了”“你不用说了”“我不要你说了”“你别说了”，却不会说“你少说”。若要用“少 VP”用来制止对方“说”，则通常需要添加贬义的限定语组成“胡说”“乱说”“瞎说”等。这样的情况并不是少数，再如我们会说“咱不解释了”“咱别解释了”“你不用解释了”“我不要你解释”“你别解释了”，却很少说“你少解释”。有些动词甚至不能出现在“少 VP”当中，比如某些非贬义的心理动词。如我们会说“你不用害怕”“你别害怕”“不怕”“我不要你害怕”，却不会说“你少害怕”。

有意思的是，如果我们把这类动词跟其他限定修饰词组合成贬义短语，再用于“（你）少 VP”，就会变得比较自然，如“你少废话！”“你少乱解释！”“你少装害怕！”

可见，“（你）少 VP”的主观性很强，且多表达愤怒厌烦的情绪，进入其中的动词或动词性短语大多是贬义的，非贬义动词进入其中需要附加一定的条件。

总之，语言交际中某些语义有多种表达方式，这些方式的最初动机、最终目的基本一致，但说话人的立场或情感态度却大有不同，有的重在凸显说

---

① 本例及第 3 章第 3.2 节多数例句为简单自拟句，为便于对比，分组给例句编号，同一组下的各句子用字母 a、b、c 等相区别。

话人自己的主观感受，有的重在凸显对听话人的关切，有的则只是客观陈述。对制止义的多种表达方式而言，“（咱）不 VP”从听话人主动选择的角度表示劝止，对听话人的关注度最高，交互主观性最强；“不用 VP”从否定必要性的角度制止对方，也充分照顾听话人的情面，具有明显的交互主观性；“我不要 VP”以明确表达说话人意愿的方式，显示说话人鲜明的立场态度，具有明显的主观性，同时，通过表达个人意愿制止对方，而且通常带有任性撒娇的语气，既照顾了说话人的情面，也拉近了听说双方的情感距离，具有一定的交互主观性；“你别 VP”“你不要 VP”是最典型的表示制止的祈使句，带有较明显的意愿施加意味，没有对听话人的明确关照，也就不具有交互主观性；“你少 VP”主要宣泄说话人的愤怒厌烦，完全不顾及听话人的情面和感受，具有鲜明的主观性，而没有任何交互主观性。（表 4）

表 4 制止义不同实现方式的主观性和交互主观性强弱比较[①]

特 点	句 式						
	咱不 VP	不 VP	咱别 VP	不用 VP	我不要 VP	你别 VP	你少 VP
交互主观性	++++	+++	++	++	+		
主观性	+	+	+	+	++	+++	++++

这几种制止方式构成了从强交互主观性到强主观性的连续统，中间还存在兼具主观性和交互主观性的“我不要 VP”等，它们可以体现说话人各不相同的情感态度和语气特点，能够满足多种交际需求。其他语义也同样存在多种表达方式，也可以根据交互主观性和主观性的表达需要进行选择取舍。

结 语

制止义不仅可以通过典型祈使句来表达，也可以借助陈述句、疑问句和

① 表格中的“咱”只指称听话人。“咱别 VP”和“不用 VP”的交互主观性程度差别不大，但“不用 VP”跟其前几种句式没有任何共同标记，比如“咱别 VP”中指称听话人的“咱”的强交互主观性会被其后祈使句标记“别”削减，而制止义“不用 VP”虽然比典型祈使句委婉含蓄，但跟“咱”相比又不够主动鲜明。由于影响因素复杂，难以取得一致的比较标准，所以这两种句式的比较结果还有待进一步验证。

感叹句来表达。同样基于否定必要性的制止义方式“不用VP”和“何必VP”分别采用了陈述句形式和疑问句形式，而通过表达个人意愿表示抗议制止的“我不要VP”“你少VP”和通过特定语调表达难为情或不满的称谓语独词句则大都带有感叹语气。

“我不要VP”用表达说话人意愿的方式表示抗议制止，兼具主观性和交互主观性。跟“我不想VP”相比，“我不要VP”更突出说话人的意志态度；跟“我不VP”相比，“我不要VP”更关注对方的情面。当该句式中的动词是非自主动词时，句子通常带有撒娇意味，所以该句式经常用于亲近熟悉的人之间，言情小说的人物对话中存在大量此类语例。

“不用VP”表示制止时也具有一定的交互主观性，它借助否定必要性来表示制止，体现了对听话人情面的关注，比较委婉客气。不过，这类结构不易跟客观否定必要性的同形结构区分，通常必须在语境当中才能确定其语用功能。同样通过否定必要性表示制止的“何必VP”则是用反问句的形式达到这一目的。

“你少VP”表示批评制止时带有很强的主观性，因为说话人只是发泄自己的不满、愤怒情绪，而没有关注听话人的感受，这跟劝止义“（咱）不VP”具有明显差异，两相比较，可以很好地反映交互主观性跟主观性的共性和差异。不同表达方式的交互主观性和主观性具有程度差异。非祈使句表达制止义时有的具有强交互主观性，有的具有强主观性，还有的同时具有交互主观性和主观性。这些具有不同程度主观性和交互主观性的表达方式为各种不同表达需求提供了多种可能的选择。

结合第1章关于某些句子语调兼具不同句类特征的讨论可以看出，借助其他句类的语调特征或直接使用不同句类这两种方式都可以实现不同程度的交互主观性。有些句子从形式上看属于某一句类，却可能由于某些特定标记而得以借用其他句类的部分语调特征，实现另一句类的交互主观性，造成功能和形式之间不同程度的偏离。这些句子的功能可能在两种句类之间游移，语调调整有较大自由度，其句类归属并不十分典型。也可能这样的句子只是在某一句类语调特征基础上混合了少量其他句类语调特征，其句类归属相对明确，但语调与功能仍然存在一定的偏离。

相同的交际功能选用了不同句类来实现，通常是为了适应不同的交际意图，其形式和功能的偏离更加明显。尽管句类归属可能相对明确，但其功能却分为典型和派生两种可能，通常需要根据语境或语调才能准确解码。

3　带交互主观性的称谓语、语气词和语调对句类特征的影响

前面第1章以句类为纲考察了几种在句类特征方面不十分典型的句式及其标记，第2章以功能为纲分析了制止义的几种不同表达方式，以下将以标记的性质为纲来讨论实词（听话人称谓语“你小子”“你娃儿”）、虚词（新兴语气词“哈”“哦”）和语调（以称谓语独词句为例）对句类认知所可能产生的影响。与前两章一样，此章的讨论仍然在交互主观性的总体框架之下展开。

“你小子”和四川话的“你娃儿”作为听话人特殊称谓方式，是用于称代男性的男性用语，带有亲昵和调侃意味。“你娃儿”中“娃”的辈分义较“小子”更为明显，调侃意味更重，更加俚俗，适用范围也更广。“你小子”的句法功能更加复杂，还可以单独作为简略句使用。指称听话人的其他方式大多是为表示亲近或尊重，“你小子”和“你娃儿”则主要是为表示亲昵调侃而北京话中源自辱骂语的“你丫”在构造理据和感情色彩上都与之相去甚远。

新兴语气词“哦”“哈”跟原有语气词系统中“啊”“吧”等存在功能互补，“哦”和“哈”的礼貌等级高于“啊”而低于“吧”，四者共同构成交互主观性逐渐增强的连续统。“啊—哦—哈—吧”这个语气系统的形成有助于更加准确细腻地传情达意，这也许正是它们得以进入普通话并迅速流行的重要原因。

称谓语独词句也可能带有明显的交互主观性。如表示撒娇、娇嗔、制止的独词句“妈妈”跟表示呼唤提醒的独立语具有显著不同。称谓语独词句具有独立语调，尽管语调特点各有不同，但无论语调怎样变化，这些称谓语都是独词句而非省略，一般不存在补充句法成分的可能。如果想要更加明确地

表达交际意图，通常采用添加与之并列的后续句的方式，如“妈妈！别说了”等，二者语调基本一致。称谓语省略句通常可以结合语境补足省略的句法成分构成完整句，如表示赞扬、嗔怪、无可奈何等的“你小子”可能分别表示“你小子真有两下子”“你小子净添乱”“你小子又来这一套”，等等。

称谓语独词句交际功能丰富多样，各种交际功能主要依靠语调实现，如独词句“妈妈”根据语调不同可以表示撒娇、难为情、不满或愤怒等不同情态。语调特征直接关联的是交际功能，而非句法形式。语调特征与交际功能的关联是称谓语独词句与其他各种句子的共享特征。

3.1 听话人称谓语“你娃（儿）”“你小子”的交互主观性

“你小子”是口语中常见的称呼听话人的方式，如“你小子真行”表达了对听话人的赞赏，亲昵而略带调侃色彩。四川话的“你娃儿”与之类似，“你娃儿凶哦”可以表示大致相当的意思，不过，跟“你小子”不同的是，四川话“你娃儿”[①] 既可以作为偏正短语指称“你的孩子”，也可以跟“你小子”一样作为同位短语指称听话人。

指称听话人的“你小子”和“你娃儿”都是用于指称男性的男性用语，但“你娃儿”更俚俗，适用范围更广泛，情感态度也更加鲜明。

从句类归属来看，除可以构成疑问句和祈使句外，由听话人称谓语“你小子”或“你娃儿”充当句法成分构成的单句通常带有感叹句特征，无论其后是否出现其他感叹句标记。比如“你小子厉害”“你小子真厉害”“你小子太厉害了”“你小子有两下子啊”都是感叹句，虽然第一句中并没有“真”“太”“啊”等感叹句标记，但其语气跟一般陈述句并不相同，带有明显的感叹意味，在书面上也经常选择使用感叹号，至少可以看作不太典型的感叹句。此外，“你小子”还经常可以单独构成非主谓句，此时其感叹句特征更为典型。

特殊称谓方式虽然是实词，但有的可能会因为其强烈的主观性或交互主观性特征而带有感叹色彩，如说话人自指的“咱”在普通话中通常带有较强的主观性，而指称听话人的“你小子”和“你娃儿”则既有明显的主观性，

---

① 四川话的“娃”可以表示子女，也可以用作小孩子的通称。

也带有一定的交互主观性，由它们构成的非疑问句在书面上通常会使用感叹号。可见，有些称谓语在某种程度上也可能成为感叹句标记，无论它们是否跟其他感叹句标记共现。

3.1.1 “你娃（儿）”与“你小子”适用语境的共性与差异

四川话的“你娃（儿）”和普通话的“你小子”一般用于长辈对晚辈或同辈之间表示略带调侃色彩的亲昵。如：

(1) 父亲瞪了我一眼，笑骂道：“你小子，就知道卖乖。”(CCL)

(2) 就在这个时候，手机响，一个远方的老同学：“宋思明，你小子混得不错啊！找你要下面通报了！”(CCL)

这两例中听说双方都是熟悉的人，而且关系较为亲密，进行普通话与方言转换时“你小子”“你娃（儿）”可以互换而不影响基本意义和情感态度的表达。不过，二者也略有区别，“你娃（儿）”还可以用于陌生人之间，表示充满敌意的威胁辱骂，而“你小子”较少用于陌生人之间，也较少用于有重大冲突的语境。

“你娃（儿）”和“你小子”都带有亲昵调侃的意味，这可能是因为“娃（儿）”和“小子”都表示小孩子或年轻人，当长辈使用时带有一定的亲近怜爱色彩，当同辈使用时则显得亲密无间。如：

(3) 叶晓明坐在副驾驶位置，刚关上车门就笑着说了一句：“你小子，真不要脸！”(电视剧《天道》)

(4) 大熊说相信我的眼光，所以要我挑一条我觉得最漂亮的项链。……最后终于买到一条。他看了半天，恶狠狠地对我说，要是我女朋友不喜欢，我就只能送给你了，便宜你小子了。我们两个大笑。(CCL)

(5) 莫急嘛。搞得快怕还要不到两年。光洋我加一倍，你娃吃拢二辈子都有余！(CCL)

跟“你小子”相比，“你娃（儿）”的调侃意味更加明显，这种调侃意味主要来自说话人更加明显的自我优越感，因为“娃（儿）”指称的是“子女”或“小孩子”，有指对方辈分低之义，说话人即使是赞美夸奖对方也多少有点居高临下的心理优势，而“小子”很少用于表示“子女”，辈分义不明显。辈分在中国传统社会中具有非常重要的意义，跟尊卑高下直接相关，所以汉语中自称“老子”或者把没有血缘关系的人称为“儿子”“孙子”都是侮辱人的言语方式。“你娃（儿）”因其中的“子女”义而使得说话人带有一定的心理优越感，这种心理优越感正是产生调侃意味的重要基础。任何调侃者在心理上相对被调侃者都具有一定优越感，无论是做出评判，还是发出疑问，在表达亲昵的同时都还有一定的调侃意味。指称年轻男性的“小子”很多时候未必具有辈分义，或者说辈分义弱于性别义和年龄义，这使得“你小子”用于表示亲昵赞赏时并没有太明显的优越感。如：

(6) 你小子不是不想找女朋友吗？(CCL)

[对比句：你娃儿不是不想找女朋友吗？]

对比句说话人居高临下的调侃意味更加明显。同样原因，辈分义较弱的“你小子”较少用于陌生人之间或充满敌意的语境中，而“你娃（儿）”则经常用于辱骂威胁，无论听说双方是否认识。如“弄死你娃儿”“你娃给我等到”等经常表示愤怒恐吓，而“你娃扯把子”“你娃溜洽子”“你娃涮坛子”“你娃倒桶子”“你娃臭虾子”“你娃该背时”“你娃弹绑子”等更是方言骂人话。除了“娃（儿）”，“儿子”“孙子”在汉语普通话及很多方言中都是很常见的骂人话①。

不过，“你小子”并非绝对不能用于在敌对场合表示愤怒辱骂，只是这种用法相对“你娃（儿）”要少。如：

(7) 倘若你小子到时候真的盘不动了，老子就按租赁契约依法收回场地！(CCL)

(8) 还有一次，他舅舅收购了一车毛驴准备运出，他闻讯赶到现场说服舅舅交税，舅舅火冒三丈：“你小子收钱竟收到我头上，没门！”(CCL)

此外，“你小子”“你娃（儿）”经常用于感叹句，也可以用于疑问句和祈使句，如“你小子怎么没去啊”“你娃快看”等。两者跟其他典型感叹句标记具有明显不同。“真”“太”“可”不能用于祈使句，而且它们用于疑问句时的功能也不同于其作为感叹标记的功能。如感叹句“真漂亮！”“太漂亮了！”与疑问句“真漂亮吗？”“太漂亮了吗？”中的“真”和“太”并不具有同一性。

① 但如果真的是晚辈，直接用“儿子”“孙子”称呼则比第二人称更加亲近。

可见，“你小子”“你娃儿”作为感叹句标记并不典型，它们所构成的感叹句也不十分典型，但其语气跟一般陈述句仍明显不同，由它们充当句法成分所构成的非疑问单句使用感叹号的频率也相对较高。

3.1.2 “你娃（儿）”与“你小子”的语法功能差异

就内部构造成分而言，指称听话人的“你娃（儿）”和“你小子”在省略和替换人称代词的可能性方面具有一定差异。指称听话人的“你娃（儿）”不能省略人称代词“你”，也很少用其他人称代词替换，因为“娃（儿）”一般只表示孩子，“他娃儿”则通常作为定中结构表示“他的孩子”。普通话“你小子”中的“你”则可以省略，“小子”既可以跟“你小子”一样指称听话人，也可以作为独立语表示呼唤提醒。此外，“你小子”中的“你”可以用第三人称代词“他”替换，“他小子”也可以作为同位结构指称听说双方都熟悉的第三人。

就整体语法功能而言，指称听话人的“你娃（儿）”主要充当主语和宾语，一般不能独立使用，不能单独构成表示感叹的省略句。“你小子”却经常可以独立成句，构成具有表述功能的省略句，表示亲昵的赞赏或无奈的感叹。如：

(9) 齐桓：想出去吗？（他看看哨兵，冲许三多挤挤眼）

许三多：想。可是不知道……

齐桓：你有出入自由。可周围几十公里都是山地。

许三多：这样啊。

齐桓：你小子！跟你使半天眼神了！你是女人啊？上车！

（兰晓龙《士兵突击》）

例中“你小子”具有明显的表述性，带有无可奈何的语气，只是相关信息需要语境唤醒。汉语中有很多类似的省略句，如“（你）看你”“我说呢”“真是的”“不至于吧”等，无论补足相关成分后其句法地位如何，这些简省形式都具有表述性。“你小子”通常用于表示无奈、赞赏或者嗔怒，但都具有亲昵喜爱的色彩。

“你娃（儿）”指称听话人时不能单独使用，独立成句的“你娃（儿）”只能作为偏正结构表示“你的孩子”，这可能跟“娃”表示子女的本义有关，普通话中的“你孩子”“你儿子”“你女儿”也同样只能理解为偏正结构。

“你小子”后面有停顿时通常都带有表述功能。因为人们一般不会用“你小子”去呼唤别人，所以“你小子”很少被理解为呼唤对方的独立语，而是被看作具有表述功能的省略句。如：

(10) 他没有马上说话，望着军师微笑，心里说：“你小子，巴不得咱老子日后坐江山，你也有出头之日！”(姚雪垠《李自成》)

很显然，这里的“你小子”是在表述说话人的感叹，而不是称谓呼唤。“你小子”中的“你”有时可省略而只用“小子”表示感叹，“小子”同样具有表述性，但其意义需要通过语境填补。如果没有足够的上下文信息，很难判断“小子”究竟是省略感叹句还是提醒对方注意的呼唤语。如：

(11) 于是两个好朋友就东拉西扯地谈起天来。……卢嘉川笑得抹着眼泪举着拳头：“小子！你哪儿学的这一套本事？”罗大方咧着大嘴笑着：“等我父亲回来，反正也找不到我了，叫他们口吐白沫骂去吧……”(杨沫《青春之歌》)

根据语境不难看出，这里的“小子”并非单纯表示呼唤，而是表示赞赏调侃的感叹，因为他们已经交谈许久，当时也只剩下听说双方在场，而且当时场景和说话人情态“笑得抹着眼泪举着拳头”以及听话人回应“咧着大嘴笑着”也表明没有通过呼叫提醒对方注意的必要。

“小子”用于呼唤的用例如：

(12) 孙八乘王德的眼神注在屋内，猛的由上面一压王德的手腕，王德疯虎一般的往外夺手。众人们见孙八已经拿住王德的刀柄，立刻勇武百倍，七手八脚把王德拉倒。“小子！拿刀吓唬人吗！”老张把王德的刀拾起来，指着王德说。(老舍《老张的哲学》)

此例中的“小子”主要是为了提醒对方注意，而且还带有轻蔑的意味，体现了在争斗中占上风一方的心理优势。

“小子”用作呼唤独立语的情况比较常见，而“你小子”后面有停顿时则通常都有表述功能。如：

(13) 胖子看看宋思明，一拍他肩膀说：“你小子，这不是知子莫若父的故事吗？你的意思是，我那两位东西宫，还是该听西宫的话？”(六六《蜗居》)

这里的“你小子”明显是表示说话人感叹的省略句，并不像前两例中的“小子”那样需要非常具体的语境才能确定是省略句还是表示呼唤的独立语。

除“你小子”“小子”外，有些“限定语+小子”也能独立成句，如“这小子”“好小子”“傻小子”“臭小子”“坏小子”等。其中限定语的存在使得说话人的情感态度更加鲜明，但无论是用褒义词“好”，还是用贬义词“傻”“臭”，说话人的语气都是亲昵喜爱的，即使是批评也大多是非常温和的嗔怪，带有无可奈何的怜爱意味。如：

(14)“小三儿，我的小三儿，在哪儿?”老人坐了起来，“他在哪儿?”老人着急地问。……“到家了，还不先来看看爷爷，这小子!”(老舍《四世同堂》)

(15)“好小子!”酒馆女主人向我挥了挥拳头，可脸上却充满了笑意。(CCL)

(16)尽管她理解丁元英“得几万”的说法，也知道如果他真说了“40万”也就真有故意在女士面前卖弄之嫌，但她还是在心里懊恼地骂了一句：臭小子!(豆豆《遥远的救世主》)

“傻小子”“臭小子”“坏小子”等前面还经常出现“你(这)个”，如“你个傻小子”“你这个臭小子”等，这使得该结构的表述功能更加突出，因为“你(这)个NP”是汉语常用的感叹句构式。如：

(17)“哼，你这个傻小子!”刘四爷听完，摇了摇头。“拉进城来，卖给汤锅，也值十几多块一头；要是冬天驼毛齐全的时候，三匹得卖六十块!”(老舍《骆驼祥子》)

(18)“妈，您是不是想节省几个水费钱呀?”刘星存心唱对台戏。“嘿，你这个臭小子。”刘梅倒不生气，她想以理服人，“你浪费还有理呀?”(电视剧《家有儿女》)

在大多数情况下，“你小子”类省略句无论表示赞赏还是表示批评都带有亲昵宠爱的感情色彩，具有明显的交互主观性，用于批评时还带有无可奈何的意味，通常构成感叹句，这跟“你小子”充当句法成分的其他用法是完全一致的。

3.1.3 “你娃(儿)”“你小子”与其他特殊称谓方式比较

听说双方如何互相称谓和自称不仅可以反映二者的地位关系与亲密程度，

也能反映说话人的交际意图与个性特点，其中对听话人的称谓方式最为复杂多样。汉语中并不存在跟“你娃（儿）”“你小子”对应的说话人自称方式，虽然有由人称代词和姓名构成的“我张三”类同位语称谓方式，但与之对应的是“你李四”，而不是由人称代词和普通名词构成的“你娃（儿）”和“你小子”。

这些特殊指称方式可以大致分为言者视角、听者视角、他者视角和客观视角四类，每类还可能包含几种不同情况。

3.1.3.1 言者视角和听者视角的听话人称谓方式

人们经常使用亲属称谓来指称听话人以显示亲近喜爱，如“妈妈陪我玩”就很可能是孩子带有撒娇意味的央求。当然，这类用法有时会跟作为独立语的呼唤语混同，如“妈妈帮我倒杯水”中的“妈妈”就可能根据语境不同而被理解为表示指称听话人的主语或呼唤、定位听话人的独立语。我们主要讨论第一种情况，即在听话人已经明确的前提下，说话人仍然采用亲属称谓指称对方。

用亲属称谓指称听话人时，称谓是基于说话人的角度，属于言者视角，只是说话人作为参照对象通常不必说出来，而是直接使用称呼语。与之对应，说话人以亲属称谓自称则属于听者视角，如“妈妈陪你玩”是说话人用亲属称谓“妈妈”代替人称代词“我”实现自称。

跟使用亲属称谓称代对方相类似，汉语中也用表示社会关系的名词称代对方，如“老师”“师父”“教练”等，对应的自称方式“学生”“弟子”“徒儿”等则可以进一步强化对说话人的尊重，使相关表达的交互主观性更为鲜明突出。

亲属称谓“妈妈”“爸爸”“叔叔”“爷爷”“姐姐”等无论用于指称对方还是指称自己，都比使用人称代词更加亲切，这应该是源于对亲属关系的凸显强调。

同时，尚未习得人称代词的幼儿大都先学会使用亲属称谓，这无疑也使亲属称谓具有一定的撒娇意味和亲密色彩。使用幼儿语以显示亲近、可爱或为之增添撒娇语气是很常见的，如使用重叠式名词指称事物、用小名自称，等等。

使用基于言者视角的亲属称谓指称听话人的表达方式可以用于长辈，也可以用于晚辈，如“侄儿”“小弟”“儿子”[①]等。这类用法在古代更为常见，尤其是一些带有较强书面语色彩的称谓方式，如“贤弟”“贤侄”“贤婿”“贤妻”等，这类称谓通常跟基于听者视角的自称方式“为兄”“为父”“为娘”“为师”[②]等照应使用。这类称呼方式比较古雅，一般用于戏剧、书信等较为正式庄重的场合，口语中极少使用。凸显亲属关系或社会关系能表现亲近喜爱和礼貌尊重，同时还显示了说话人的文化修养和身份地位。

古代拜见皇帝使用的“吾皇万岁万万岁”中的“吾皇”也是基于言者视角的称谓，其中第一人称代词“吾”明确显示其言者视角。这类表法适用范围较窄。

此外，还有一些带有修辞色彩的称谓也很有意思。在一些特定语境中，说话人可能用“我+称谓语”指称听话人或“你+称谓语”自指。如：

(19) 妈妈：太不像话了！谁说的？

女儿：我妈说的。/你女儿说的。

女儿使用“我妈”这一看似指称第三人的形式代替“你”来指称听话人，可以在一定程度上减弱针对性，也带有一定的诙谐幽默色彩，具有明显的交互主观性；使用“你女儿”这一看似指称第三人的形式代替“我”自指，可以在一定程度上掩饰自己的尴尬，且显得风趣幽默，同样具有明显的交互主观性。

这几种特殊称谓方式有的是亲属称谓词，有的是以亲属称谓词为中心语的偏正短语，跟同位短语“你娃（儿）”“你小子”完全不同，其情感色彩也有明显差异，前者无论表示尊重亲近，还是诙谐幽默，通常都没有后者的调侃色彩。

3.1.3.2　他者视角的听话人称谓方式

以听说双方之外的人对听话人的称谓方式来指称听话人是基于他者视角的称谓方式，这类方式也很常用，甚至还有一些此类称谓语已经成为惯常表达，固化为词汇意义。如“小姑”“小叔”“小舅”“小姨”等都既可以指子女的长辈亲属，也可以称呼配偶的兄弟姐妹。称呼同辈亲属的用法就是基于他者——子女的视角。

---

① 如果不是亲属关系，使用下一辈称谓语称呼对方则表示辱骂。

② “为师”是基于社会关系的特殊自称方式，其语用目的跟“为父”等完全一致。

以他者视角称谓对方的方式大都是基于子女的视角，这种称呼方式因为在语言形式上把自己降低一辈而显得更加礼貌客气。如：

(20)“他叔，来了，快请屋里坐。”听到招呼，“架子客”一脚跨进门来，全家人笑逐颜开，递烟倒茶，一时忙得不亦乐乎，比见了亲爹还热乎。(陆步轩《屠夫看世界》)

(21) 女主人乐了：“他大爷，那是孩子学校老师来贴的喜报呀!”(CCL)

(22) 宝山妈心口疼立时就轻了许多：“他婶子！一回一回叫你费心的……”(CCL)

这里的称呼也可以换成“你”，或基于言者视角的“老弟”“大哥”，或直呼其名。相比之下，用“你”不够礼貌，用“老弟”“二叔”也不及“他叔”与“他大爷”更为尊敬客气，尤其是请求对方为自己子女做事时。

从子女的视角去称谓他人是汉语常用的显示礼貌的称呼方式，经常用于称呼平辈或长辈。这种称谓方式不仅可以用于面称指听话人，也可以用于背称指第三人，二者语用目的一致，都是借助强调亲属关系、抬高对方辈分来显示尊重。

这类特殊称谓方式大都是偏正关系，而“你娃（儿）”“你小子”是同位短语，它们在句法结构上具有本质不同，情感色彩也有明显差异，前者多表示尊重亲近，后者虽然也有亲昵意味，但其调侃色彩却跟表示尊重完全不兼容。

3.1.3.3 客观视角的听话人称谓方式

客观视角指直接使用社会称谓语、尊称、贬称或名字来称呼对方。使用社会称谓语通常都是为了通过强调对方的身份地位来显示礼貌或尊重，未必反映听说双方的地位关系。如用“张总”“李厂长”称呼听话人主要是为了表示尊重，说话人也可能是地位更高的人。

如果足够亲近，可能会用亲属称谓语替换社会称谓语，比如人们可能会根据听说双方的年龄差异把“张总”换为“张叔”“张哥”等基于言者视角的称谓方式以凸显亲近关系。

古代还经常同时使用自贬或自谦的词语自称，与对听话人的尊称、敬称共现凸显对听话人的敬重，如“小人、奴婢、小的、在下、属下”等经常跟“老爷、太太、娘娘、小主、少爷”等互相照应。与此类似，汉语经常用“鄙人”“寒舍”“拙作”“拙见”指称自己相关事物，而用“贵刊”“贵校”“大作”“高见”指称对方相关事物。贬己誉人是表达尊重常见的方式，这既见于人物称谓，也见于相关事物称谓或限定方式上。如：

(23) 苏账房马上向朱暮堂弯腰鞠了一鞠躬，陪着笑脸说：“老爷，看小的面上，等汤富海一歇。”(周而复《上海的早晨》)

这跟使用昵称指称听话人以显示亲近略有不同。使用人物昵称代替第二人称代词“你”主要是为了凸显亲近。

使用姓名或昵称称呼听话人也是属于客观视角的指称方式。姓名完整形式作为称谓语一般用于比较正式的场合、交谈双方不太熟悉或者说话人生气发火的时候，其他情况下人们更倾向只使用名或复姓。双音节的名通常可以直接用来称呼对方以示亲近，单音节的名通常会前面加“小”或重叠单音节名，恋人或者特别亲密的人也可以只用单字称呼对方。此外，复姓的也可以直接用来称谓对方，这跟汉语以双音节音步为主的节奏韵律特点有关，但如果某个群体中有多个同样复姓的人，人们还是会选择使用名以明确指称。

单独使用单音节的姓来称呼听话人或者自称是一种比较特殊的称谓方式，如“刘”“张”“李”等，背景比较复杂。其产生有的可能跟跨语言交流有关，英语等语言是名在前、姓在后，其母语者可能会误把姓当作名来称呼中国人；有的可能是因为没有找到更合适的称谓方式，比如，称呼一位自己较熟悉但年长近十岁的朋友就不太容易，连名带姓显得生疏且不得体，单叫名字也因为年龄差距而不太合适，按照亲属称谓叫“姐姐”又很矫情别扭，所以有人在这种情况下就选择使用单姓称代对方或自己。

指称听话人的特殊称谓方式很多，它们大多是为了表达亲近、礼貌或尊重，也有为缓解尴尬而倾向幽默诙谐的。“你娃（儿）”“你小子”以亲昵调侃为主，而不表示礼貌尊重，其中“你娃（儿）”更加俚俗，跟礼貌尊重的情感态度相距更远。

3.1.3.4 “你娃（儿）”“你小子”与“你丫”的共性与差异

北京话中的“你丫”也经常用于指称听话人，如“你丫找抽呢吧”“你丫闭嘴”“揍你丫的”等。从表面上看，“你丫”跟“你小子”“你娃（儿）”非常接近，只不过把“娃（儿）”“小子”换成了表示女性的“丫”，但它们的产生根源其实完全不同。

“你丫”是“你这丫头挺的”的缩减形式，“挺”指挺肚子怀孕，表示没结婚的女孩或丫鬟肚里怀的"野种"。这句话说快了就成了"你丫挺的"，再快就变成"你丫的"或"你丫"，甚至可能只说一个"丫"字。可见，源自句子的"你丫"两个成分没有直接的句法关系，其形成理据跟同位结构的"你娃儿"和"你小子"完全不同。

北京话的"你丫（的）"带有很强的侮辱性，虽然现在侮辱意味已经淡化，有时甚至也可以用于熟人之间插科打诨表示亲密戏谑，如"你丫怎么这么慢啊""你丫有完没完哪"等，但它多数情况下仍然用于负面情感的宣泄，很少关注对方感受，带有很强的主观性。如：

（24）你丫的别把自己说得那么高尚，你以为你是谁？(CCL)

（25）去你妈的，你丫不是不承认吗？(CCL)

（26）"不服是不是？"老头子盯着我，"不服抽你丫的。"(CCL)

（27）那人坐下后，指着我："你信不信，我弄死你丫的！"(CCL)

这几例中的"你丫（的）"无论处于主语位置还是处于宾语位置，都显示了说话人居高临下的气势和口吻，完全不顾及听话人的情面和感受。这类句子去掉"丫"后语气会发生明显变化，如"你再说一遍?"和"你丫再说一遍?"的语义和情感态度就明显不同，前者具有歧义，可能是请求，也可能是威胁，但后者只能表示威胁，而且还带有轻视辱骂意味。

除指称谓听话人外，"你丫（的）"跟"你小子"一样可以独立用作省略句，但二者情感态度明显不同。"你小子"多是表示亲昵的赞扬或无奈的嗔怪，"你丫（的）"则更多表示生气责备，即使并非真正生气，也不像"你小子"那样带有亲昵调侃的意味。如：

（28）——再啰嗦我就让你老婆来收拾你！

——你丫的！

（29）吃到了第三波，很奇怪地锅里的东西有点甜味，而且还带着点酒味。喂，小津，你丫的。倒酒进去了吧？(BCC)

例中的"你丫的"并不太适合用"你小子"替换，因为尽管其负面情绪并不十分强烈，但也没有表示亲昵宠爱或无奈嗔怪的明显意图。

小　结

四川话指称听话人的"你娃（儿）"跟普通话指称的"你小子"具有明显

共性，它们都是同位短语，通常用于男性之间表示亲昵调侃。但二者也存在一定差异："你娃（儿）"更加俚俗，文化水平较高的人一般不会使用，而"你小子"则无此限制；"你娃（儿）"也经常用于陌生人之间或敌对语境中，"你小子"则主要用于熟人之间，较少用于敌对语境；"娃（儿）"的辈分义较"小子"明显，所以"你娃儿"的调侃意味更重；指称听话人的"你娃（儿）"不能独立成句，否则只能理解为偏正短语"你的孩子"，而"你小子"可以独立构成省略句表示感叹。

除"你娃（儿）""你小子"外，汉语中还有不少指称听话人的特殊方式，其中言者视角、听者视角和他者视角的称谓方式主要通过凸显人物关系表示亲近或尊重，如"妈妈""贤弟""他叔"在特定语境中都可以指称听话人，这种亲近和尊重还可以通过对应的自称方式得到进一步加强。客观视角的称谓方式通常使用对方职位或敬称以显示尊重，而自谦或自贬的自称方式则与之相辅相成。

北京话中指称听话人的"你丫"跟"你娃（儿）"和"你小子"从形式上看非常接近，但"你丫"并非同位短语，而是源自辱骂语"你这丫头挺的"，也经常说成"你丫的"，其构造理据和情感态度跟"你娃（儿）""你小子"完全不同，但同样表达了说话人鲜明的情感态度。

3.2 新兴语气词"哈""哦"的交互主观性

语气词是汉语传达交互主观性信息最常用的手段。跟印欧语相比，汉语语气词使用多，非汉语母语者不仅对语气词的选择跟汉语母语者有明显差异，而且也不太容易体会不同语气词所传达的交互主观性信息的细微差异。比如，有个汉语水平很高的留学生在接到求助邮件后回复表示欣然同意，却使用了表示勉强同意的"好吧"，与他的主观意图相去甚远。"好的"与"好吧"情感态度差异的产生原因就在于其中的语气词"的"与"吧"。语气词负载的主观意义对交流的成败和人际关系的建立维系起着非常重要的作用，而跨文化交际中的语用偏误进一步印证了语气词及交互主观性信息表达在语言交流中的重要地位。

汉语普通话和各种汉语方言都具有丰富的语气词系统，为说话人表达自己的主观意图和情感态度提供了多种选择的可能性。比如，请求与命令的不同交互主观性程度就可以借助不同的语气词来实现：

（1）a. 你明天早点来啊。

b. 你明天早点来呗。

c. 你明天早点来嘛。

d. 你明天早点来哦。

e. 你明天早点来哈。

f. 你明天早点来吧。

上面这六个祈使句由于句末语气词的不同而表现出了听说双方的不同情感距离和态度，礼貌程度也具有明显差别。

本节主要讨论新兴语气词“哈”和“哦”的交互主观性，并考察它们在语气词系统中的地位及其流行原因。

3.2.1 新兴语气词“哈”的交互主观性

语气词“哈”在北京、四川、河南等很多方言中普遍存在，贺阳（1994）认为“哈”是从20世纪60年代中期以后开始在北京流行的一个典型的语气词，其主要功能是表示语气意义或停顿。蒋红梅（2009）与何越鸿（2009）则分别对四川方言和湖北利川方言中的语气词“哈”进行过全面考察。

语气词“哈”进入普通话并日益流行的现象早已引起不少学者的关注，如尹志超（1992）考察了“哈”在语法、语义、语用、语音等方面的特点以及它在不同句类中的使用情况。苏小妹（2008）、崔莉佳（2009）、刘金勤（2010）、崔希亮（2011）、吴玉凡（2015）、陈洁（2019）和丁泉琨（2020）等也分别从不同角度对句末语气词“哈”进行过专门研究，有不少都提到“哈”的缓和语气和寻求认同功能。

新兴语气词“哈”经常通过求认同的语气提出自己的看法或者通过商量的口气提出某种要求，体现出对听话人心理感受或情感面子的尊重和关注，具有明显的交互主观性，在很多场合中成为交际润滑剂。“哈”能够顺利进入普通话并很快得以推广流行，正得力于其交互主观性。

“哈”作为语气词的用法产生的最重要动因就是显示委婉、礼貌，对已知信息采用征询的方式让对方给予认同回应，减少陈述语气、感叹语气所可能带给听话人的距离感或者祈使语气所可能带给对方的压迫感。插入语“你说/你看”、语气词“吧”、句末附加问句“是不是”或“好不好”的交互主观性在本质上与语气词“哈”具有明显的共性。如：

（2）a. 老张真仗义哈。　b. 他已经知道了哈。
　　c. 你早点回来哈。　d. 你别去他家哈。

这里的几句话由于语气词“哈”的存在而大多表现为非降语调，期待听话人对此做出肯定回应。尽管说话人对该命题已经有了明确判断，但他仍然采用征询而非断言的形式，请听话人认同自己的判断或要求，这本身就隐含着对听话人权威性的认可，充分照顾了对方的颜面，具有明显的交互主观性。如果去掉求认同标记——语气词“哈”，句子命题意义可能基本保持不变，但交互主观性程度则明显不同，对听话人的关注不复存在，只表达说话人的主观判断。试将下例与上例比较：

（3）a. 老张真仗义！　b. 他已经知道了。
　　c. 你早点回来！　d. 你别去他家！

很显然，去掉了语气词“哈”，这几句话就分别变成了典型的感叹句、陈述句和祈使句，没有体现出对听话人情感、颜面的关注，交互主观性也就不复存在。

语气词“哈”用求认同语气表达已知信息或已有判断，在口语中体现为语调采用非降、略升或平。非确认的求认同语气具有交互主观性是因为其本质就是出于委婉、礼貌而采用征询的方式表达已确定的信息，寻求对方的认同或确认。具体到语气词“哈”，其交互主观性在祈使句，尤其是表示制止的祈使句中表现得最为典型。

祈使句本身具有很强的使役性，在以言行事时，祈使句的礼貌程度最低。具有求认同语气的“哈”可以在很大程度上避免祈使句所可能带来的意愿施加色彩，所以它经常用在祈使句中以提高礼貌程度，体现对听话人情面的关注和照顾。祈使句加上语气词“哈”通常表示委婉的劝告，含有商量的意思，可以弱化典型祈使句的命令、使役性，使话语相对客气礼貌。如：

（4）a. 好好看看这本书哈。b. 赶紧做饭哈。
　　c. 快点走哈。　d. 别说了哈。

这些祈使句如果缺少了语气词“哈”，其语气就会发生明显改变，变得生硬严厉，通常还带有警告或命令的意味，说话人的态度也就从商量提醒变成了命令告诫，书面上甚至可能使用感叹号。试将下例与上例比较：

（5）a. 好好看看这本书！　　b. 赶紧做饭！

　　c. 快点走！　　　　　　d. 别说了！

可见，句中有没有“哈”会带来交互主观性上的重大变化，去掉“哈”后，其祈使句特征更加典型。句末有“哈”的祈使句多表示委婉善意的劝告提醒，态度礼貌客气，语气舒缓温和，带征询色彩，具有明显的交互主观性；句末没有“哈”的祈使句更多的是警告命令，不顾及对方的情面，有时甚至会因态度过于生硬粗暴而让人很难接受甚至反感。

带语气词“哈”的祈使句一般是通过征询听话人意见的方法表示祈使，因而形成商榷的空间，达到舒缓语气的效果。在书面语中，这类祈使句句尾可以用句号，也可以用感叹号或者问号。如：

（6）a. 系好安全带哈。

b. 好好看书哈！

c. 中午吃饺子哈？

以上句子都是对听者发出要求或者指令，但句末语气词“哈”大大削弱了命令的强加意味，用商榷和请求的语气拉近了交际双方的距离，顾全听话人的情面，从而使听话人更加容易接受说话人的要求和指令。因此，语气词“哈”具有明显的交互主观性。假如去掉语气词“哈”，句子就成了直接发号施令，语气就会显得生硬，语调下降，跟对方商榷并希望对方认同的意味完全消失，亲和力大打折扣，交互主观性也不复存在，这就使言语交际的双方处于十分微妙的对立地位。

从功能上看，有语气词“哈”的句子是使听话人接受自己的意见或予以确认；从语气上看，这类句子略带征询语气；根据具体使用场景，其句类归属在祈使句、陈述句和疑问句之间游移，具有非典型性；在书面上，句末可以使用句号、感叹号和问号等不同标点。有语气词“哈”非祈使句大多介于陈述句和疑问句之间，即说话人已经对要说的内容有一定的认知，希望听话人对所说内容给予确认。语气词“哈”在非祈使句中主要辅助表达说话人寻求认同或期待共鸣的态度。具体分为两种情况：一是说者对自己所表达的内容已经十分确信，用句末带“哈”的疑问句只是为了委婉地向听者寻求相同的观点和意见等，如“这花挺漂亮的哈”；二是说话人对自己所表达的内容并不十分肯定，希望对方对信息进行确认，如“你已经去过了哈”。相对而言，第一种情况的交互主观性更加鲜明。

非祈使句中的语气词“哈”跟祈使句中的语气词“哈”在本质上是一致的。由于语气词“哈”的交互主观性，这样的祈使句经常出现在表示提醒、叮嘱的语境里，如“别忘了提醒我哈”“先把作业写完哈”“不要太激动哈”等。

可见，不同句类加语气词“哈”的共同特点就是以一种商榷的语气表示期待对方给予肯定性回应，在一定程度上避免把自己的观点或意图强加给对方，而且由于疑问的语气很弱，通常算不上是真正的疑问句，对方也就没有必须回答的压力，所以各类带语气词“哈”的句子大多具有明显的交互主观性。

语气词“哈”具体表达什么语气，有时要依据语境来判断，其句类归属通常不十分典型，但不论表达的是何种语气，增添“哈”都可以增加亲和力，表达对听话人的关切，淡化对话双方的距离感，提高交互主观性，从而更好地促进交流。这也正是方言语气词“哈”进入普通话的重要原因之一，它具有与现代汉语普通话常用语气词不同的语气，可以表达出具有细微差异的情感态度，有助于实现言语交际中的礼貌原则，能够起到其他语气词不可替代的作用。

语气词“哈”实现礼貌原则的方式很多，比如：重复对方所说内容的同时询问确认，体现对说话人的尊重和对互动的期待；委婉地提出建议或要求，避免生硬强势而伤害对方情面；等等。这些看似不同的实现方式其实都是基于其非绝对肯定语气或征询意味，这正是其句类归属不明确的深层原因，也是其交互主观性的产生根源，而交互主观性的表达需要则促发了普通话对“哈”的吸纳和推广。

3.2.2 新兴语气词“哦”的交互主观性

同样有不少人关注新兴语气词“哦”在普通话中的大量使用，它经常可以用在祈使句、陈述句和感叹句中，如“别迟到哦”“多注意休息哦”“我看见了哦”“好大哦”等，只是这些带语气词“哦”的句子的句类特征通常不十分典型。周洋（2010）、陈启萍（2011）、张邱林（2013）、蒋敦（2016）、李云风（2017）等都曾对语气词“哦”做过专门研究，而且他们大多认为“哦”具有提醒注意的语用功能。

语气词“哦”现在已经非常流行，很多人都在邮件、短信、口语对话、网络聊天中大量使用语气词“哦”。下例摘录自淘宝卖家写给买家的信，信中几乎每段话都使用了语气词“哦”：

（7）这样可以延长腰带的使用寿命哦！
请注意不要碰水和直接太阳暴晒哦！
可能会长小肚腩哦！
亲们不要有任何怀疑哦。
可放阳台通通风，或放点茶包桔子皮在腰带旁去味哦。
请您给我好评哦……
我们有专业的售后服务团队为您服务哦。
到淘宝直接搜索……即可找到我们哦。

不难发现，这封信中语气词“哦”的使用频率非常高，几乎每一段都有带语气词“哦”的句子，而且除了少数陈述句外，大都是祈使句。为什么会出现这种情况呢？

卖家之所以会写这封信，主要是想要取得买家的好感，渴望得到好评，但信的最合适的内容又只能是产品说明或注意事项等，产品说明一般在商品详情页上有，注意事项大多需要借助于祈使句来表达，而“哈”的商榷语气所留给对方的选择余地又不能把注意事项的必要性体现出来。此时需要的是一个既能凸显肯定性和必要性，又能避免祈使句意愿施加色彩的语气词，这种交际需求正是语气词“哦”得以广泛流行和高频使用的根源。

除了淘宝卖家随商品寄来的信，在线客服也经常使用语气词“哦”表示祈使或提醒，它几乎成为卖家最青睐的语气词，其原因就在于语气词“哦”能够把祈使句所表示的命令变成善意友好的提醒，减弱典型祈使句所可能带来的意愿施加色彩，增强对听话人心理感受的关注，从而使相关表达具有明显的交互主观性。

语气词“哦”在否定祈使句中的使用最为典型，其原因应该是否定祈使句更容易对听话人的情面造成伤害，因为不让对方做某事比让对方做某事具有更加明显的强制性。如“向前看”与“别向前看”都是祈使句，前者作为肯定祈使句表示命令建议，强制性稍弱，后者作为否定祈使句表示禁止，强制性更强。

否定祈使句“别 VP”表达制止对方做某事，其中的动词通常是贬义的，所以“别 VP”缺乏对听话人的尊重和关照。如：

（8）a. 别说废话。　　　　b. 别撒谎。

这些由贬义动词或贬义动词性短语构成的“别 VP”通常没有对应的肯定形式，这类否定祈使句说话人态度严厉，通常对听话人构成严重的情面伤害。在其句末添加语气词“哦”，会在一定程度上减轻对听话人造成的情面伤害。虽然由于其中动词的感情色彩的限制，对听话人的情面伤害不可能完全消除，但语气词“哦”仍能使原先尖锐敌对的氛围在一定程度上得以缓解。试将下例与上例比较：

(9) a. 别说废话哦。　　　b. 别撒谎哦。

可见，即使是由贬义动词或贬义动词性成分构成的“别 VP”祈使句，也可以通过添加语气词“哦”在一定程度上软化原本生硬的态度。

因此，否定祈使句“别 VP”跟语气词“哦”的共现频率很高，“哦”的出现能够把否定祈使句的禁止命令变为提醒注意，从而弱化了原先的意愿施加色彩，凸显了对听话人情面的关注和照顾，使句子变得具有一定的交互主观性。

当然，肯定祈使句添加语气词“哦”也能有效避免命令、催促等使令表达的强硬意味。如：

(10) a. 一定要早点来哦。 b. 赶快去看看哦。

很显然，语气词“哦”能在一定程度上把命令、催促转变为提醒、建议，弱化祈使句的意愿施加色彩，说话者原先强硬的态度自然也变得柔和亲切。语气词“哦”的使用虽然不能改变祈使句的句类归属，但可以通过弱化使令语气而淡化其作为祈使句的特征，提高话语的礼貌程度。

陈述句和感叹句中的语气词“哦”也具有一定的交互主观性，其交互主观性的产生是由于它能够把个人观点陈述转变为友情提醒，说话者既表达了自己的观点，又避免了将自己观点强加于人。无论听话人是否接受说话人的观点，双方都不会感到情面受损。如：

(11) a. 考试很难哦。　　　b. 这件衣服好漂亮哦。

这两例中“哦”使得说话人的陈述和感叹没有任何观点强加的色彩，不像典型陈述句或典型感叹句那么生硬绝对，听起来更像是随意而真诚的提醒、赞美，语气比较柔和，听话人也就更易于接受，即使不同意，也没有被迫接受的压力。

新兴语气词“哦”还经常与同样具有交互主观性的“哈”共现，如下例摘自一封真实的邮件：

(12) 刘老师，您好！重新录入的，仅供参考哈。多注意休息哦。

总之，语气词“哦”有缓和语气的作用，它可以运用于祈使句、陈述句、感叹句、疑问句等各种句类，以缓和语气，弱化意愿施加色彩，从而提高礼貌程度和可接受性，具有一定的交互主观性。

3.2.3 语气词“哈”“哦”在语气词系统中的地位

“哦”和“哈”这两个新兴语气词的交互主观性都介于“吧”和“啊”之间，其中“哈”的交互主观性略强于“哦”，因为寻求商量比提醒注意更能体现出对听话人的尊重，尤其是用于否定祈使句中时，能够更好地弱化祈使句所可能带来的强加意味。语气词“哈”“哦”之所以能够顺利进入普通话，也正是由于它们表达了不同于“吧”和“啊”的语气，为人们更加精细贴切地传情达意提供了恰到好处的选择。这四个语气词的交互主观性从弱到强为：

啊＜哦＜哈＜吧

以祈使句为例，用语气词“啊”最为强势直接，不容商量，如“你赶紧去啊”；语气词“哦”把命令催促转变成提醒劝诫，具有一定的交互主观性，如“你赶紧去哦”；语气词“哈”则把命令催促变成商量征询，具有明显的交互主观性，如“你赶紧去哈”；语气词“吧”的商量意味更加明显，交互主观性也最为鲜明，如“你帮我看看吧”①。

表示命令、催促、制止的祈使句如果不使用语气词“吧”“哈”或“哦”，无论听话人是拒绝还是接受，都可能产生情面的威胁。如果听话人接受并实施了说话人的指令，听话人的面子就受到一定伤害；如果听话人拒绝了说话人的指令，说话人的面子又会受到一定伤害。“哦”的提醒语气在一定程度上减轻了祈使句可能对交际双方情面的威胁，虽然并不能完全避免，而“哈”“吧”则使得所表达的指令变得似乎可以协商，从而减轻可能的情面威胁，缓和语气，提高命令、催促、禁止、批评的可接受度，从而润滑人际关系。

由于交互主观性程度的不同，“啊”“哦”“哈”“吧”不仅能够反映说话

---

① 带语气词“吧”的祈使句有时并无征询语气，此处讨论的是带征询语气的祈使句。

人不同的情感态度，而且对共现词语也有不同要求。并非所有场合四个语气词都可以彼此变换。试比较：

(13) a. 千万别去啊。b. 千万别去哦。c. 千万别去哈。

*千万别去吧。①

(14) a. 你可别忘了啊。b. 你可别忘了哦。c. 你可别忘了哈。

*你可别忘了吧。

“千万”和“可”使这两组祈使句的态度较为强硬，它们跟交互主观性最强的“吧”不相兼容，只能跟“啊”“哈”“哦”共现。

此外，表示必要性的能愿动词“要”和“得”也显示出说话人的明确意志，同样不能跟语气词“吧”共现。试比较：

(15) a. 你要好好学习啊。b. 你要好好学习哦。c. 你要好好学习哈。

*你要好好学习吧。

(16) a. 你得快点写啊。b. 你得快点写哦。c. 你得快点写哈。

*你得快点写吧。

例中的“你要好好学习吧”和“你得快点写吧”这种说法并非没有，只是如果这样说，句子就不应是祈使句，而变为疑问句，与使用其他语气词的祈使句具有本质不同。

同样的道理，语气比较强硬的禁止义祈使句也不能使用语气词“吧”。试比较：

(17) a. 不许抽烟啊。b. 不许抽烟哦。c. 不许抽烟哈。

*不许抽烟吧。

“不许”在表示禁止时比较强硬，不容反驳，也没有商量的余地，所以它不能跟语气词“吧”共现。如果共现则句子只能表示疑问，就不再是祈使句了。如上例中的“不许抽烟吧”只能表示是非问，句末标点应为问号。如果用“别”替换“不许”，则四个语气词都可以使用。如果再加上缓和语气的“还是”，用“吧”就更加自然了，如“还是别抽烟吧”。“还是”也具有明显的交互主观性，在用于祈使句时跟“吧”共现的频率很高，但跟没有交互主

① 星号表示语气词使用不恰当的语例，列在各例最后以供对比。

观性的语气词“啊”不太兼容，如“你还是别抽烟了啊”说起来就有些别扭①。再如：

(18) a. 你还是别去了啊。　　b. 你还是别去了哦。
　　 c. 你还是别去了哈。　　d. 你还是别去了吧。

上面四个例句的可接受性呈现递增趋势，前两句说起来比较别扭，最后一句最为自然，因为“还是”跟“吧”的交互主观性最为接近。

此外，有些表现对听话人关心爱护的话语后面也不太适合使用语气词“啊”，而跟具有更明显的交互主观性的“哦”“哈”“吧”比较兼容。如：

(19) a. 你好好歇着啊。　　b. 你好好歇着哦。
　　 c. 你好好歇着哈。　　d. 你好好歇着吧。

这里的“你好好歇着”表示的是对说话人的关心，跟语气词“哦”“哈”“吧”的兼容度较高，而跟“啊”共现则要受到一定的限制。如“你好好歇着啊”就有些不自然，除非说成“你好好歇着，啊?”或者“你一定要好好歇着啊”。“你好好歇着，啊?”说起来比较自然是因为这里作为回声问的“啊”具有征询语气，跟话语所表示的关心比较协调；“你一定要好好歇着啊”比“你好好歇着啊”的接受度高是因为“一定”“要”都表示说话人的意志，跟交互主观性相对弱些的“啊”比较兼容。

除祈使句外，其他句类对“啊”“哦”“哈”“吧”的选择也呈现出跟这些交互主观性相一致的特点，如陈述句和感叹句就跟“吧”的语气词不十分兼容。“吧”如果与之共现，通常会改变原句的句类归属，使之变为疑问句，很难再被理解为陈述句或者感叹句。如：

(20) a. 我没看见啊。b. 我没看见哦。c. 我没看见哈。
* 我没看见吧。

(21) a. 好漂亮啊。b. 好漂亮哦。c. 好漂亮哈。
* 好漂亮吧。

这两组例句中，带语气词“吧”的句子都是带有一定的征询语气的疑问句，而不能作为陈述句或感叹句或感叹句来理解。带语气词“啊”的句子语

① “啊”有时单独用在句子后面表示回声问，带有征询语气，如“别抽烟了，啊?”这跟表示请求催促或命令警告的句末语气词“啊”有本质不同，反而跟“哈”更为接近。

气最为肯定，“哦”和“哈”介于二者之间。可见，交互主观性最强的“吧”由于其征询语气最明显，通常不宜构成陈述句和感叹句。

疑问句对这四个语气词的选择呈现出更加明显的差异。“啊”可以用于特指问中，也可以用于是非问中，而“哦”“哈”“吧”一般用于是非问。是非问中，“哦”“哈”“吧”的使用频率依次递增，这刚好跟它们对确认的期待程度一致——对确认的期待程度决定了它们对回答的期待程度，而对回答的期待程度则决定了它们作为疑问句的典型程度。

有些疑问句其实是作为陈述句或感叹句的委婉表达方式而出现的，与之具有可比性的是相应的陈述句与感叹句，而不是疑问句，因为它们的主要目的通常不是询问。如“你好像很忙哦”“你很忙哈”“这本书真漂亮哈”等都可能是对应的陈述句或感叹句的委婉表达方式，对回答的期待程度很低，跟对应陈述句和感叹句相比，它们避免了观点强加，跟要求回答的典型疑问句相比，它们免除了对方的回答压力，所以这类疑问句具有明显的交互主观性。

不过，不能单纯从疑问句对回答的期待程度或说话人的回答压力来判断交互主观性的强弱，我们还要明确区分多功能语气词的不同用法。比如，期待问答的“你很忙吧”中的“吧”并不是表示商量、征询，而是表示推测，它是真正的疑问句，需要对方进行确认或回答，没有交互主观性，这跟我们前面讨论的表示商量、征询的“吧”具有明显不同，所以它跟新兴语气词“哈”“哦”在交互主观性的强弱方面没有可比性。但“吧”的两种语气却可以从一个角度说明：具有交互主观性的商量语气与表示询问的猜测语气之间从量变到质变的关系，反映了句类之间界限的模糊性，这正是某些句子句类归属难以判定的原因。

小　结

语气词“哦”“哈”的兴起除了方言影响和网络传播等外部因素外，更重要的原因在于它们的礼貌等级高于“啊”而低于“吧”，正好填补了普通话语气词系统的空缺，能够更好地满足人们表达的需要。

“啊”“哦”“哈”“吧”四个语气词的交互主观性从无到有，逐步增强，它们共同构成了汉语语气系统的一个小序列，使得情感态度的表达更加准确细腻、贴切传神。

语气词“哈”“哦”用征询、提醒而非断言、命令的形式，请听话人认同说话人的判断或接受说话人的要求，体现出对听话人的尊重和关注，充分照顾了听话人的情绪和颜面，具有明显的交互主观性。

“哈”“哦”的交互主观性体现在各个句类当中。“哈”能够弱化疑问句的征询语气，使得其疑问特征不十分典型，免除了对方的回答压力，也可以避免陈述句或感叹句所可能给对方带来的压迫感，因而具有明显的交互主观性。“哦”能够使得祈使命令变成商量提醒，避免说话人强加意愿所可能给对方带来的抵触情绪和颜面伤害，也能使陈述句和感叹句带上征询商量语气，降低肯定程度，避免观点强加所可能给对方造成的压力，因而也具有明显的交互主观性。

在所有句类中，祈使句的使役性最强。话语的使役性越强，听话人的受益就越少，受损就越多，因而话语也就越不礼貌。吕叔湘（1956）指出，祈使句就反面说是禁止，但其中仍有刚柔缓急之别，存在命令、请求、敦促、劝说等不同，这些差别和语调有绝大关系，在口语中也可以借助不同的语气词来表现。不用语气词的典型祈使句，语气比较直率，带有较明显的意愿施加色彩。使用祈使句时，为了表示礼貌客气，人们除了可以借助于“请”“麻烦您”等礼貌用语外，也可以加上语气词。方言语气词“哈”“哦”能够在一定程度上弱化典型祈使句的强硬语气，具有明显的交互主观性，这正是它们能够顺利从方言进入普通话并日益流行的重要原因。

总之，新兴语气词“哈”“哦”用征询或提醒的形式请听话人予以认同或听从，充分照顾了对方的情面，具有明显的交互主观性，这也正是方言语气词“哦”“哈”进入普通话的重要原因。“哈”“哦”的礼貌等级高于表示断言的“啊”而低于表示猜度的“吧”，正好填补了普通话语气词系统的空缺，它们共同构成“啊—哦—哈—吧”这一语气系统小序列，更好地满足了人们表达情感态度的需要。

3.3 交际功能与语调特征的关联——以称谓语独词句为例

陈述句、疑问句、祈使句和感叹句的句类归属主要取决于其交际功能和语调特征，其中语调必须依附于特定的句子才能呈现。句子作为载体可长可短，其构形式也多种多样，可以是独词句，也可以是结构复杂的长句。对应于特定的交际功能，不同句子形式的语调呈现出明显的共性。本节以称谓语独词句为例考察语调特征与交际功能之间的关联，因为独词句形式最为简单，其语调不受句子长度和句法结构影响，而且称谓语独词句使用频繁，交际功能复杂多样，有利于全面揭示语调特征与交际功能之间的关联。

独词句语调完整，通常不能补足句法成分变成具有完整句法结构的单句。由单个词语构成的句子除了独词句外，还有省略句，省略句可以补充出省略成分变换成完整的单句，跟独词句具有本质不同，不在此节讨论范围。

汉语中名词、动词、形容词、副词和叹词都可以单独成句，如“蛇”“走”“冷”“不”“哦”等在一定语境下都可以作为独词句使用，这些独词句跟一般单句一样可以传递信息、表情达意。称谓语也经常可以作为独词句传情达意，但其功能并不像其他名词独词句那样主要基于词汇意义，而是更依赖语调。

称谓语独词句具有独立句调，跟表示呼唤的独立语具有明显不同，二者在标点选择和标点功能方面都存在明显对立。独立语一般没有独立的交际功能，书面上其后通常使用逗号；称谓语独词句大都具有独立的交际功能，一般用作感叹句，书面上其后通常使用感叹号。称谓语独词句可以表达撒娇、难为情、无奈、惊奇、生气的情感态度，甚至还可能实施一定的言语行为，如催促制止等，这些交际功能的区别和实现主要借助于语调；独词句的声调通常会因受到语调压制而发生明显变化，有时只在开头保留少许声调特征。

交际功能或情感态度接近的称谓语独词句在语调上具有一致性，称谓语独词句实现不同交际功能的语调特征并非此类句子所独有，而是跟其他具有同样交际功能的句子所共享的特征。不过，为了论述的集中和方便，我们暂不讨论相关语调特征在其他复杂句式中的呈现方式。

此外，称谓语独词句的交际功能非常复杂，很难穷尽列举，本节所列举的只是其常用功能，而且有些功能的区别并非泾渭分明。比如，由“妈妈”构成的独词句根据语境可以分别表示制止、批评、娇嗔，也可以表示撒娇、难为情、无可奈何，还可以是幽默、哀求、厌烦、幸灾乐祸、嘲笑，等等，这些功能有些差异明显，有些则界限模糊。其实，任何句子只要语调稍加变化，其言语意义就会变化。句子的言语意义是列举不尽的，句子语调的细微变化也是无限的，很难给所有言语意义与语调特征找出明确的对应规律。不过，如果以相对宏观的交际功能为纲概括这些差异细微的言语意义，其语调特征的区别度也会相应提高，考察二者之间的关联也就成为可能，只是各种交际功能的提取和区分仍然难以彻底避免主观性和模糊性。

还有一个问题需要再次强调说明，本节以称谓语独词句为例讨论交际功能和语调特征的关联，但语调特征作为特定交际功能的外化形式并非称谓语独词句的独有特点，而是各种句子的共同特点。换句话说，跟语调特征直接关联的是交际功能，而非句法形式。

3.3.1 独词句的界定

独词句是只有一个词构成的句子，具有完整的语调，能够独立实现交际功能，这跟在形式上与之接近的独立语和省略句具有本质不同。

3.3.1.1 独词句和独立语

称谓语独词句可以独立实现特定的交际功能，其用法跟表示呼叫的称谓语具有明显不同，甚至有时还可能因为把独立语理解为独词句或者把独词句理解为独立语而产生误解。如：

(1) 米莱到杨晓芸家玩，两人坐在灯下翻着时尚杂志说话。

米莱说："哎，晓芸，我今儿来是想问问你妈，能不能帮我租套房子。"

杨晓芸说："我妈，我妈也不是真的房虫儿，她就是跟着人家瞎起哄的。"

"我也就是图个省事儿，你帮我问问吧。"

杨晓芸正犹豫，门开了，她妈何翠凤端着一盘葡萄走进来。

"米莱，吃！可甜了，到我们家来别客气啊。"何翠凤满脸堆笑地说。

"阿姨，我正要有事儿求您呢。"米莱站起来，接过盘子。

"嗐，瞧你说的，你这么一大小姐——"

杨晓芸一看这势头，站起来想搭句话："妈——"

何翠凤眼睛一翻："怎么啦？不让我说话啊！"

杨晓芸欲言又止。

米莱抢着说："阿姨，是这样，我想租套房子，一两居室都行，就在安定门附近，能租着吗？"（石康《奋斗》）

根据上文语境，这组对话中的"妈"应该是作为独立语称呼听话人以发起会话，即帮朋友问一下租房的事，但听话人显然误以为女儿是想制止她说话，所以很不高兴地"眼睛一翻"并用反问句"怎么啦？不让我说话啊！"表示不满，这种误解和应答语正好反映了称谓语独词句的一种交际功能——表示制止。

例中听话人之所以会产生误解，是因为把独立语理解为称谓语独词语。在现实生活中，称谓语独词句被理解为表示呼唤的独立语的情况也普遍存在，如女儿意图用“妈”制止妈妈继续说下去，而妈妈却回应“哎，什么事?”这就是把称谓语独词句解读成了表示呼唤提醒的独立语。无论是有意曲解还是无意为之，都说明这两类用法具有明显的功能差异。

3.3.1.2 独词句和省略句

省略句和语调完整的独词句的区别可以通过称谓语独词句和人称代词省略句的对比清楚地体现出来。试比较：

(2)“我要去看一个人。”

“谁?”娄父下意识地问。

“爸爸!”娄红不满地喊道。

“好了，对不起，不问了，不问了。”娄父把头靠在椅背上，慨叹地说，“女儿为什么要长大呢?!”(皮皮《比如女人》)

(3)“好了，妈已经心里有数了。”母亲打断女儿的话，语气干脆、果决，象是命令：“明天下午六点一刻，趁雷雷还没走，你把他领回家来。就说丈母娘要接见他。”

“妈——”女儿在母亲怀里扭动着身子，撒着娇，欢喜着。(CCL)

(4) 枝子反把两手叉在腰上了：“你的猫? 我跟他是老街坊，老爷子养它三年了。”

“你！……”大胡子脸都憋紫了，“昨儿晚上大白出来就丢了，今儿我上这儿找来一眼就见到他抱着，不信你扔地上看它找谁。”(魏润身《顶戴钩沉》)

(5) 二爷莞尔一笑道：“远在天边，近在眼前。”双料春爷急促出言：“你——”

二爷悠然点了点头。双料春爷定睛盯着面前这个自称为二爷的人，两眼一明一暗地急速闪烁。这一刻，这张一开始便使他感到面熟的脸同官家贴出的缉拿像重叠在一起，他确信此人是二爷无疑，只是难以相信往日那威震四方且传闻盈耳的强盗头竟成了他的阶下

囚。他兴奋且又充满恐惧，一时不知该对他如何处置。(CCL)

这里前两例中的“爸爸”和“妈”是称谓语独词句，分别表示不满制止和欢喜撒娇，即使脱离当时语境，通过其语调仍然不难区别意义。后两例中的“你”都是省略句，前者是因为非常气愤导致语塞，后者是极度惊讶意外而不能或不便说下去，如果脱离当时语境则很难准确理解其意义。因此，很多这类省略句的后面通常还会出现对应的完整单句。如：

(6) “你是说，如果我和可慧分手，我也不能和你交朋友?”“是。”

“你——”他咬牙，狠狠的看她，眼底的怒气更深了。“你在鼓励我一箭双雕吗?”(琼瑶《聚散两依依》)

例中的“你——”的说话人因为生气而一时没有想起应该怎么说，所以言语延顿，随后出现了完整单句补充先前一时没说出来的话。

跟“你”相比，“我”带省略号和破折号作为省略句表示一时语塞的情况更为常见，但“我”很少直接带感叹号构成表示激动等强烈情感的省略句。如：

(7) 牧白说：“在昨天，这些钱是要收买你们的尊严，但是今天，曾家和卓家已经变成亲家了，你们还有什么理由拒绝一个亲家公的诚意呢?”“我……我……”憨厚的卓老爹，不知道要说什么好。(琼瑶《烟锁重楼》)

“你”和“我”省略句共现时，“我”一般表示语塞结巴，可能是因为身体原因，也可能是因为一时不知道怎么说下去，而“你”用法相对复杂些，可能表示惊讶意外，也可能表示气愤激动，等等。如：

(8) 佟湘玉：啥这个那个的，你们山里人就是磨唧。(摘盖头)
白展堂：千万不能摘呀!
佟湘玉：(愣住) 你……
白展堂：(后退) 我我我错了……
佟湘玉：你比小时候帅多啦!
佟直扑入怀，白几欲崩溃。(《武林外传》)

称谓语独词句和人称代词省略句有时会共现于同一语境当中，此时二者的区别很清楚。如：

（9）致广厉声喝止："你——"致庸吓得再次躬身："大哥——"致广怒不可遏，训斥道："就凭你如此狂傲，这回去了太原府，也中不了举人，给我跪下！"致庸依言跪下，嘟哝道："大哥，你……你别生气呀，我不过就是这么说说而已。"（《乔家大院》）

这里第一个"你"表达怒不可遏的激烈情绪，气急语断，句调不完整，随后出现训斥的话语，补全内容。第一个"大哥"表达了说话人怯懦的乞求，有完整句调。最后一句中的"大哥"则是表示呼唤的独立语，其后的"你……你"是说话人紧张导致的断续重复，作为主语跟后面的成分构成完整单句。

本节主要讨论的是作为始发句的称谓语独词句的语调和功能特点，并分析这类独词句与人称代词省略句的共性和差异。用于回答的称谓语省略句对前句依赖性很大：省略句句末若使用句号，则该句一般是对针对前句问题的回答；省略句句末若使用问号，则该句通常是针对前句中某个信息进行发问以寻求确认。很多实词都可以成为省略句，本节不讨论这种情况。

称谓语独词句跟叹词独词句更为接近。很多叹词都可以作为独词句，有不少人对叹词独词句做过专门研究：李一平（1996）讨论了叹词的各种交际功能；刘风玲（2007）对叹词的各种语用功能进行了全面总结；刘丹青（2011：147）明确指出叹词的本质就是代句词，可以代替句子实现各种句类功能。跟"蛇！""滚！""香！"等其他表达直接且信息明确的实词类独词句相比，称谓语独词句跟叹词独词句具有更多的共性，只是叹词独词句的使用限制更少，即使后面是逗号，也大都可以承担小句或分句的功能，而称谓语独词句后面是逗号时可能只表示呼唤，而叹词中只有"哎"具有类似的提醒呼唤功能，在一定语境中可以作为独立语跟称谓语独词句相互替换。

3.3.2 称谓语独词句和人称代词省略句的标点选择及功能差异

我们发现称谓语独词句和人称代词省略句后面的标点除了感叹号、句号和问号之外，还经常用破折号和省略号，但这两种标点在这两类句子中的作用明显不同。称谓语独词句中的破折号和省略号大多是表示语音延顿，而人称代词省略句中的破折号和省略号通常表示内容省略或说话人一时语塞，即使当时也有延顿，但延顿不是出于表情达意的主动选择，而是出于当时语境因素的被动选择。如：

（10）“我答应张重轩太太这中午就给她办妥了，你是分明地要我丢脸！”

我简直不能回应母亲的蛮横。

“是因为我平日疼郁真多一点点，现今要抹下脸来求你，你就仗势欺人……”

“妈……”我怪叫。吞下了一口极难吞的冤屈气。（梁凤仪《风云变》）

（11）方英达踱着步子冷笑一声，“我替你说吧。你觉得我让你滚是和你割袍断义，你觉得有我方英达主持考核，你就是构想出比诺曼底登陆更伟大的计划，也无出头之日。范英明，你太让我失望了。”

范英明咽咽着又叫了一声：“爸爸——”（柳建伟《突出重围》）

（12）“明天起，我把全部东西搬到学校，周末就不回来了。”

“你——”我的声音发抖了。

他把眼光转向别处说：“有一点还得依靠你。你是否愿意每月供给我三十元生活费？如果不肯，我申请助学金。”（戴厚英《人啊人》）

（13）“你……”苏苹吓得仅能说出这个字。（于晴《红苹果之恋》）

第一例中的“妈……”作为称谓语独词句表现了说话人的生气和委屈，第二例中的“爸爸——”作为称谓语独词句表达了说话人的伤心惭愧，这两例中的标点并非表示话语内容不完整或有所省略，而是表示语音、情感的延续。第三例中“你——”是因气愤至极说不下去，第四例的“你……”是因为受惊吓而说不出话，这两例中的标点表示的是有所省略或有所延顿。

人称代词省略句中的省略号体现的是其基本功能，表示省略、断续、话未说完或思考静默，破折号也大多表示省略或话未说完；称谓语独词句中的省略号和破折号主要表示语音的延长，一般不表示话未说完或断续。

可能正是因为称谓语独词句中的省略号和破折号发挥的并非其最常用的功能，所以这两个标点在称谓语独词句中的使用概率明显低于人称代词省略句。我们对北大语料库中省略号、破折号、感叹号在独词句“妈”和省略句

"你"中的使用情况分别进行检索统计（检索时间：2020年4月11日）。结果如表5所示：

表5 独词句"妈"和省略句"你"的标点使用情况对比

句子	项目	
	数量	比例
妈！	192	81%
你！	73	10%
妈……	20	8%
你……	500	66%
妈——	25	11%
你——	181	24%

统计结果显示，称谓语独词句"妈"后面最常用的标点是感叹号，占81%，省略号最少，只有8%；人称代词省略句刚好相反，感叹号仅占10%，而省略号占66%，破折号占24%，也大大高于称谓语独词句用省略号的概率（11%）。这一结果跟预期完全一致，因为人称代词省略句大都没有完整语调，多表省略或中断，所以跟省略号和破折号的兼容度更高；称谓语独词句多有完整语调，通常没有省略，虽然经常有语音延长，但一般同时伴有感叹语气，所以使用感叹号的概率大大高于其他标点，即使句末使用省略号或破折号，通常也不单纯表示省略或者中断，而是表示语音延长同时还带有感叹语气。

3.3.3 称谓语独词句的交际功能、语调特点及交互主观性

人称代词省略句通常没有完整句调，如表示气急语断时通常带有急促停顿；有时甚至连声调都没有完整实现，如表示惊讶猜测时通常因犹疑而声调上扬。与之相反，称谓语独词句通常带有完整句调，具有相对独立的表述功能，而且这种功能主要依靠语调来实现。

3.3.3.1 称谓语独词句的交际功能

亲属称谓语、社会称谓语、姓名、昵称、绰号、蔑称等任何可以称呼人的词语都可以构成称谓语独词句。跟用于呼唤提醒的独立语相比，称谓语独词句的主要功能不是呼唤对方，而是传情达意，具有相对明确的表述功能，表达撒娇、难为情、无奈、惊奇、生气等多种情感态度，有的还可能有一定的施为功能，其中以制止最为常见。如：

(14)“将来的未来女婿像走马灯那样，在你身边转呀转，你看不清也分不清……”

“妈妈!”(岑凯伦《蜜糖儿》)

(15)“心心，你还有个完没有完?”那位妇女沉不住气了。女司机抬起头：“妈，人家不急，就你急!”那个妇女从司机座侧门爬下去：“他们不急，他们等着，我还要翻山赶路呢!”看来，她是说什么也不耐烦等车修好了。……“妈——”女儿责备地叫了一声存心拆台的妈妈。“心心，你慢慢修吧！我走了!”她急匆匆地说着走开。(李国文《月食》)

(16)沈太太答：“你们回去好了，我仍在这里等。”“妈妈——”沈太太扬扬手，“没有你爹的家，对我来说，不是一个家，回去也是坐立不安。”(亦舒《七姐妹》)

在这几例的会话场景中，说话人完全没有呼唤提醒对方的必要，称谓语的使用都是出于传情达意的需要。第一例的“妈妈”表示害羞难为情，第二例的“妈”表示埋怨制止，第三例的“妈妈”表示着急嗔怒。这三个称谓语独词句都不是为了呼唤或称呼对方，而是另有明确的交际意图，并不存在省略，也不必补足信息，即使后面还有其他话语，也是与之并列的句子，而非补充说明。如第二例中“妈，人家不急，就你急!”就是两个小句互相照应，二者功能和语调都完全一致。

称谓语后面出现逗号时，其通常用作独立语，主要表示招呼提醒，一般不独立成句。如：

(17)“爸爸，把你小时候攒的邮票给了我吧!”

“不知道在那儿搁着呢。”

“你不是说在那只黑皮箱里么?”

“翻箱倒柜的，以后再说吧。”

“爸爸!”……为了挤兑那100多枚老邮票，9岁的儿子已经蘑菇好几天了。(CCL)

例中的两个“爸爸”分别用作独立语和独词句，我们可以从中很清楚地看出二者的使用场景和交际功能差异。第一个“爸爸”后面是逗号，语调自然平缓，语速适中，用在对话之初，除了呼唤交际对象以开始对话之外，并没有其他功能。第二个“爸爸”则显然不是为了招呼提醒对方，而是表示不满，具有独立的情感和信息表达功能，语调升降明显，语速相对较慢。可见独立语“爸爸”与独词句“爸爸”在语调特征和交际功能方面都具有明显不同。

3.3.3.2　称谓语独词句的语调特点

称谓语独词句可以表示多种意义，由非多义词构成的独词句在词汇意义上没有区别，又不存在句法结构，所以唯一可以作为区别手段的就只剩下语调了。韦世林（2000：330）指出独词句产生的秘密应该就是“实体概念+？/。/!”。这里的标点符号其实是语调的书面标记。对于口语而言，如果同一个词要实现不同的交际功能，主要手段就是语调变化。

独词句本身就是焦点词，凸显度高于作为独立语的称谓语，反映在口语中就是音长相对延长，音高更高或升降幅度更大，音强更强，等等。

称谓语独词句各种功能的实现主要依靠语调，而且其语调变化具有一定的跨语言共性。我们以汉语独词句“妈妈”为例加以说明。这种独词句根据语境可以分别表示制止、批评、娇嗔、难为情、无可奈何等。我们为独词句“妈妈”设计以下几种场景：

(18) 妈妈：我觉得你们单位的小李不错，他还没有女朋友吧？

女儿：妈妈！[批评制止] /妈妈——[无可奈何的娇嗔]

(19) 同事们：你女儿真漂亮！

妈妈：哈哈！我女儿不光漂亮，还很聪明哦。

女儿：妈妈——[难为情]

(20) 妈妈：我女儿说她们单位有人——

女儿：妈妈！[紧张快速制止]

(21) 妈妈：宝贝儿，真是想死妈妈了，快来让妈妈抱抱！

女儿：妈妈——[撒娇]

（22）（妈妈跟女儿讲自己被人误解，伤心不已。）

女儿：妈妈…… ［表示安慰］

（23）（妈妈跟爸爸吵架，无理取闹且说话很不得体。）

女儿：妈妈！［生气、批评制止］

这些场景在日常生活中都很常见，其中的“妈妈”都不是为了呼唤对方以提醒注意、开始对话，而是表达多种意义。我们把这些语境提供给几位受试，让她们以女儿的身份模拟上述语境说“妈妈”，结果显示所有受试的发音具有明显共性。

为了更直观地显示称谓语独词句跟同形独立语的语调差异，我们使用Praat分析了“妈”“爸”作为独立语表示呼唤的语调和作为独词句表示嗔怒、难为情、制止的语调。对比结果如图4、图5所示：

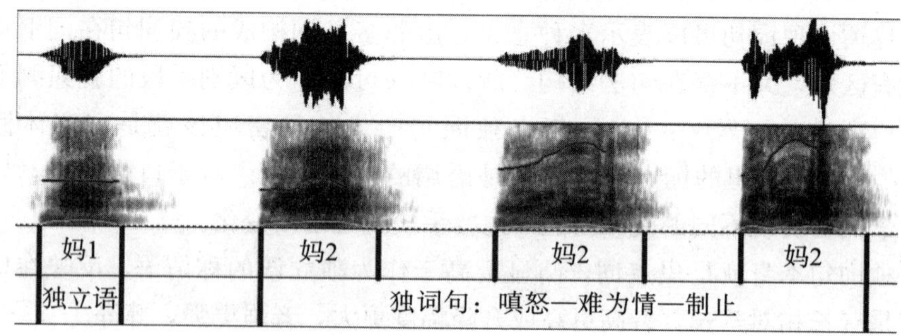

图4　“妈”作为独立语和作为独词句的语调对比

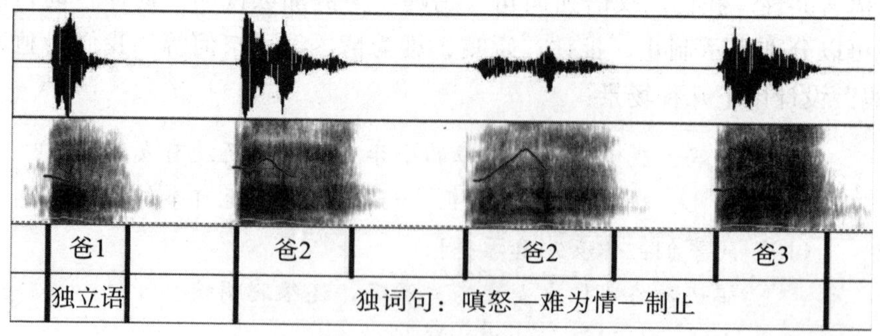

图5　“爸”作为独立语和作为独词句的语调对比

不难看出，作为独立语表示呼唤的“妈”和“爸”都是其原本声调的完整实现，没有负载句调信息，而作为表示嗔怒、难为情或制止的独词句的“妈”和“爸”声调的调型都为了适应语调而发生了显著变化。由于单音节独词句没有太多的时间来实现相对复杂的语调，且其声调和语调都由这唯一的音节负载，所以其声调为与语调协调而发生了明显变化，只有开头很短一段还多少保留原声调的部分特点，而调型的后半部分就明显为适应语调而改变。从单音节独词句这一角度，我们可以很清楚地看到语调对声调的支配改造作用，尽管人们在这一过程中也试图努力保持其声调的调型特点。

为了保证调查的有效性，我们还对根据上述语境产出的独立语和独词句进行辨别测试，即播放录音让受试选择对应的语境或意义，受试的选择结果与原初语境设置符合度很高，对语调凸显度较高的独词句的识别基本没有出错。

可见，语调是称谓语独词句承载交际信息的关键。韦世林（2000：333）也指出独词句不是省略句，而是“命题+节律”的天然合一。其实，对称谓语独词句而言，因为其命题义较虚，所以节律就成为传情达意的核心要素，而节律主要体现为语调。在保持语调不变的前提下，即使变换为其他称谓语，会话含义也不会改变；但若语调变了，那么会话意义就会明显改变。如“妈”和“爸”声调不同，但由它们构成的独词句在表示同样意义时，语调明显趋同。

称谓语独词句即使是表示嗔怒制止，也能够较好地维护对方情面，因为跟同义祈使句“别 VP”相比，其制止义隐含于语调当中，没有直接说出来，其感叹句形式避免了祈使句的直白生硬和意愿施加。可见，称谓语独词句表嗔怒制止时具有明显的交互主观性。

3.3.3.3　称谓语独词句与“行”独词句的语调比较

有意思的是，我们发现表示嗔怒、难为情和制止的独词句跟表示无可奈何、不情愿的独词句“好”“行”在语调上具有很明显的共性，都是先抬升后下降，而且后面出现提供更具体信息的同义句时，二者的语调也完全一致。我们以声调都是阳平的字构成的多义句“行，弹琴”为例进行分析，对该句表示欣然答应和表示勉强同意两种意义的语调加以对比，选择三名受试来发音，每人说两遍。由于表示欣然答应时语速通常要快于表示勉强同意，为了逐字对应以比较其语调特点，我们对音节间距进行了调整。结果如图 6 所示：

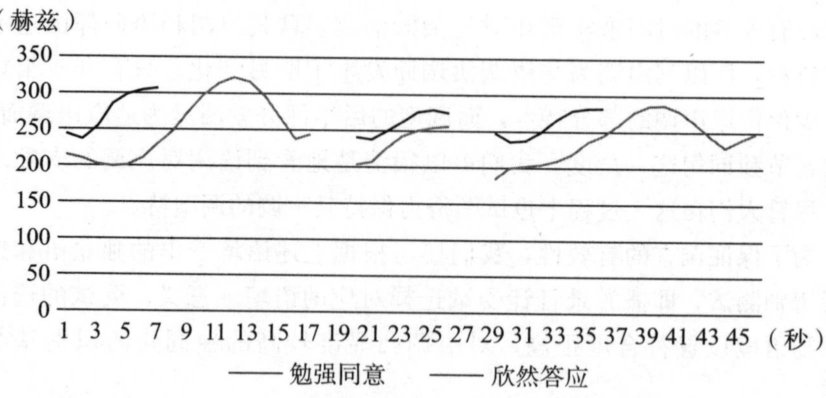

图6 “行，弹琴”表勉强同意和欣然答应的音高曲线对比

很显然，表示勉强同意时独词句“行”音长更长，而且在语调特点上跟表示难为情或嗔怒制止的“妈”“爸”非常接近，这可能是因为它们都具有不情愿的意味。换句话说，表示不情愿义的独词句的语调特点是一致的，无论其词汇载体是什么，所以语调是独词句实现交际意义的关键。

此外，无论“行，弹琴”是表示勉强同意还是表示欣然答应，“行”和“弹琴”的语调也基本一致。表示欣然答应时语调平缓，没有明显曲折，每个音节的声调都得到完整实现，只有句尾语音略有延长；表示勉强同意时独词句“行”的语调和“弹琴”中“琴”语调都出现明显曲折，先升后降，上升幅度也明显大于欣然答应义，这并非只是为了呈现其阳平调型，而是为了适应句子的语调特点。独词句跟同义关联句的语调一致性也可以从一个侧面证明称谓语独词句具有完整语调，它作为独立的句子行使交际功能。

此外，表示制止的称谓语独词句跟表示制止的“行了”在语用功能上也非常接近，而且二者还经常共现。如“妈！行了！别说了！”其中的三个句子都表示制止，无论是出于难为情的撒娇制止还是出于愤怒的粗暴制止，其语调都会同步变化，保持一致。

从称谓语独词句“妈妈”“爸爸”表示嗔怒、难为情或制止的语调形态可以看出这类语调的共性：都是先升后降的走势。不同意义的具体语调表现方式略有不同，有的相对缓和，起始段对原声调的保留更加明显；有的起伏更大，起始段甚至不易看出原始声调的保留。这些语调变化构成了从单纯表示称呼的独立语到各类独词句的连续统，也反映了说话人情感态度变化的连续统。如果表示嗔怒、难为情的独词句音长变短，音高抬升且升降明显，则其意义随之变为制止，说话人情感态度变为生气甚至愤怒。

表示愤怒喝止的独词句具有强烈的主观性，因嗔怒、难为情而制止的独词句则具有一定的交互主观性。从语音上看，前者语调变化曲折陡峭，收尾干脆；后者语调平缓，发音绵长，跟同样具有交互主观性的表无可奈何义的应答语“行”“好”具有高度一致性。因此，语调特征是特定交际功能的外化形式，并非称谓语独词句的专属特点，而是具有相同交际功能的各种句子的共性；换句话说，跟语调特征直接关联的是交际功能，而非句法形式。

3.3.4 余论

称谓语独词句根据语用功能可以大致分为两类，一类表示制止且带有生气、不耐烦等负面情感，语调通常是降调，语速较快，音长较短；另一类表示撒娇、难为情、无可奈何、娇嗔等，语调通常是升调，有时句末还出现曲折，音长明显拖长。第二种用法女性使用者较多，可能是因为其所传达的情感态度对女性来说表达起来没什么障碍，而第一种表示生气不耐烦的用法并没有明显的性别差异。不过，男性更倾向于直接使用祈使句表示制止，而不是选择相对含蓄的称谓语独词句。由于称谓语独词句大多用于日常口语，且场景复杂，语境依赖性很强，还具有明显的个体差异，所以研究不易获得能够进行有效对比的封闭语料，很难判断两种用法的分性别使用情况，所以以上区别也只是推测。

称谓语独词句的句类归属以感叹句为主，偶尔也可作为疑问句。虽然用于呼唤对方的各种称谓语大都可以直接作为独词句，但并非所有称谓语独词句都可以表示同类的会话含义。比如，指称陌生人的称谓语、用于不太熟悉的上下级间的称谓语、指称晚辈亲属的称谓语就难以表达撒娇、难为情或娇嗔的意思。指称晚辈或年轻人的“小子”作为独词句使用时就不能用于撒娇，只能表示无可奈何或者赞赏喜爱等，而且通常会在前面加上限定语，说成“这小子”“你小子”“傻小子”“坏小子”“混小子”“好小子”，等等。亲属称谓语前面加上限定语后单独成句的情况也很常见，如“好妈妈”“可怜的妈妈”等。带有限定语的亲属称谓语独立成句时意思更加明确，对语调和语境的依赖性不像没有任何修饰语的称谓语独词句那么强。并非所有场景中的称谓语独词句都可以添加限定语，如本节讨论的大多数独词句都很难找到合适的限定语来明确其含义。

结　语

称谓语的选择与说话人的情态语气密切相关，除了用“咱”“妈妈”“贤弟”“他叔”等指称听话人以凸显亲近关系外，普通话的“你小子”和四川话的“你娃（儿）”也是指称听话人的特殊称谓方式，通常带有明显的调侃语气和亲昵色彩。“你小子”“你娃（儿）”所构成的句子通常带有感叹句特征。

新兴语气词“哦”“哈”具有明显的交互主观性。其中“哈”可以为祈使句或陈述句增添征询商榷的语气，通过弱化肯定程度或绝对程度降低其句类特征的典型性，体现对听话人的尊重。“哦”通过使祈使命令带上提醒意味，表现对听话人的友善态度，能够维护听话人情面并拉近听说双方的距离。“哈”和“哦”的交互主观性刚好跟汉语原有语气词系统中的“啊”“吧”构成互补关系，这正是它们得以进入普通话语气词系统并日益流行的原因。

称谓语独词句的交际功能主要依靠语调实现，根据语调不同，可以表示撒娇、难为情、不满或愤怒制止等不同情态。需要指出的是，交际功能和语调变化都难以穷尽列举，也并非界限分明，为了提高区别度以明确二者之间的对应关系，需要对态度接近或意义相通的交际功能进行归类概括，以便区别分析其对应的语调特征。称谓语独词句的语调特征并不具有特殊性，而是交际功能相同的各种句子的共享特征。不同的语调特征对应于不同的交际功能；换句话说，跟语调特征直接关联的并非句法形式，而是交际功能。

4 形式功能、情态语气与交互主观性的相对性

很多语言交流都在传递信息的同时也表达主观态度和情感倾向，而且有时表达情感态度才是语言交流的关键。在交际中，说话人总是力图准确细腻地表达微妙的情感意图，听话人则努力实现对说话人情感态度的准确把握与揣摩。听说双方的这种努力通常不是为了传递和理解客观性信息，而是为了编码与解读主观性信息及交互主观性信息。

交际中人们通常在自我表达的同时关注听话人感受。不同的表达方式各有偏重，有的更偏重说话人自我情感的张扬或宣泄，有的更偏重对听话人感受的关心和照顾，前者主观性鲜明，后者交互主观性突出。交互主观性和主观性并不是非此即彼的二元对立，而是连续渐变的，需要结合具体交际目来衡量各自的程度。比如，表示亲近喜爱的言语行为处于强交互主观性一端，但其体现方式和交互性程度各不相同，有的相对平淡，有的则非常亲密，这可以通过对听话人的称谓方式、词语选择、句式选择和语气词选择等多种途径实现。主观性也同样存在程度差别，而且强主观性的表达方式也可能同时通过语调、语气的变化而或多或少地体现出对听话人的关注，具有一定的交互主观性。

4.1 形式与功能的偏离对句类认知的影响及其交互主观性

典型祈使句因为带有意愿施加色彩而具有较强的主观性，弱化这种意愿施加色彩则可使句子带有一定的交互主观性。与之类似，典型陈述句的肯定

语气也会给听话人带来接受其观点的压力，弱化其肯定语气或者避免客观论断则可以体现对听话人的关注，相关研究已经比较充分。

祈使句和陈述句通常通过增加征询语调变成非典型疑问句以弱化肯定语气，但这并不意味着疑问句就不会给对方造成压力。典型疑问句对听话人回应的期待也会给对方造成压力，将其变换成陈述句（以“不知＋疑问结构”最为典型）以掩盖其对回答的期待，也可以提高交互主观性。

反问句一般被看作语气强烈的表达方式，通常带有很强的主观性，而且经常表示愤怒不满、不耐烦、批评指责等负面情绪，甚至带有攻击性和侮辱性，跟文明礼貌背道而驰。不过，反问句内部也存在明显差异，并非所有反问句都不顾及听话人感受。有些反问句就体现了对听话人的关注和跟听话人互动的意愿，带有明显的交互主观性，如：“柜子里不是有个盒子吗？用它装这些书应该正合适。”其中的反问句就有提醒说明和邀约对方共同参与决策的意图，带有一定的交互主观性。

可以通过语气移植或功能附加体现对听话人的关注，形成一些兼具不同句类特征的特殊表达方式。这些表达方式的形式特征和句类功能发生错位，具有明显的交互主观性，可以说正是表达对听话人关注的需要引起了形式与功能的错位。这种句类功能与形式特征的错位可能体现在各种句类当中。祈使句添加语气词，使用商量语气，以疑问征询的方式弱化说话人的主观意愿，如“何不进去看看”；或改为陈述句形式变意愿施加为主动选择，如“宝宝不哭”。疑问句改用陈述句的形式掩盖对回应的期待，降低听话人的回答压力，比如以“不知”为标记的“不知＋疑问结构”表达询问时就更为礼貌客气。把“不知”置于疑问结构前面，使整个句子变成陈述句形式，减弱了对方回答的压力。陈述句也可以通过变换语气以避免生硬强势，如“你是大学生哈”通过语气词“哈”降低判断的肯定程度，显得委婉，同时也给自己留出余地；再如“我不要去”，通过表示个人意愿的方式表达抗议制止，通常带有感叹语气，用于关系亲密的人之间，这种表达虽然一般需要对方接受、确认，但并不是毫无回旋余地的断然拒绝，仍给对方留下了商量的空间，跟“我不去”通过陈述自己决定的方式表示直接拒绝相比，仍具有一定的交互主观性。

相比而言，陈述句和感叹句在表达说话人观点方面具有明显共性，其观点的提出或过于自我而显得强势，或过于客观而显得冷漠。为让对方免于被迫接受的压力，说话人可以通过给陈述句、感叹句附加上求认同语气，弱化句类归属的典型性，来给对方留下商榷、选择的空间，也给自己留下回旋余地。

通过形式和功能的错位来体现主观性或交互主观性，以反问句最为典型，它以问句的形式表示评论、感叹和祈使，如“昨天不是问过老师了吗?”“你怎么这么笨?”“你还不赶紧去!”等等。祈使句也可以作为表达其他交际功能的手段，如“你别迟到了”“我别忘了”“她别走丢了”都是用“别”标记的祈使句形式，它们都可以表示担心、估测，具有明显的交互主观性。

客观地说，典型的祈使句、陈述句、感叹句、疑问句大都没有明显的交互主观性，因为典型祈使句表示的是意愿施加，陈述句和感叹句是观点施加，而疑问句又对听话人的回答有所期待，这些都很难体现出对听话人的关注。洪波、诸允孟（2019：121）也认为陈述句、感叹句以及祈使句都带有较强的主观性，而疑问句因为将听话人视为知情者而体现出对听话人的尊重。其实，疑问句尽管可能因邀约对方确认或者视对方为信息拥有者而显得礼貌客气，但也可能因给对方带来回答压力而具有一定的主观性。

句类的主观性和交互主观性特征很难一概而论，每种句类都可能具有强主观性的表达方式，也有强交互主观性的表达方式，比如，语气强烈的祈使句大多具有鲜明的主观性，很容易使对方感受到面子上的威胁，但听话人是受益者的祈使句，则并不会因为语气强烈而伤害对方情面，反而会显得更加诚恳热情。所以，主观性和交互主观性的判断需要依据交际目的、语气语调和副语言因素共同确定。不同句类的主观性和交互主观性的体现方式和产生理据各有不同，它们甚至可能通过移植其他句类特征的方式实现特定的表达需要。比如，有时交互主观性的表达就需要通过不同句类语调特征的部分移植或套用来实现，这无疑会导致相关话语的语调与句类归属发生偏离，进而对汉语句类认知产生一定的影响。

4.1.1 疑问与陈述的互动

无疑问的内容采用求认同语气可以体现对听话人的尊重和跟对方交互的期待，有疑问的内容采用陈述语气则可以避免疑问句期待回答所可能给对方带来的压力，二者都具有一定的交互主观性。

对陈述类言语行为而言，为了避免观点施加的压力，人们有时会通过“我看”“我说”等声明所说的话是个人观点来弱化判断的肯定程度，也可能通过添加提醒性话语标记“你看”把个人观点变成双方共识，还可能通过添加语气词“吧”“哈”以降低肯定语气。

感叹类言语行为由于语气强烈，通常带有鲜明的主观性，但也有可能通过改变语调、降低肯定程度而带有一定的交互主观性。徐晶凝（2009）认为也有感叹句使用直陈语气，可以将其划归为陈述句的一个次类。因此，跟陈述句一样，降低肯定程度也是感叹句实现交互主观性的重要方式之一。不过，感叹句内部比较复杂，我们将另外再做研究。

无疑问的内容采用求认同语气能够表示对听话人的关注，而有疑问的内容采用陈述语气也同样可能具有交互主观性。我们可能会用陈述句表示询问，避免疑问句要求回应所可能给对方带来的回答压力。“不知您明天下午是否有空”比“你明天下午有空吗”礼貌客气的原因就在于前者用陈述语气表示需要获知相关信息，给了听话人更多的尊重和关切，具有明显的交互主观性。“不知你是否……”这类句式的语气介于陈述和疑问之间，在书面上句末标点句号和问号均可。

因此，对疑问句而言，为了掩盖对听话人回答的期待，人们有时选择陈述句形式“不知+问句”表达询问，这类句子用陈述句的形式表示疑问，其语调可能会出现中和现象，而且还存在明显的个体差异。英语中也存在类似的交际策略。

很多问句都可以出现在“不知”后，构成“不知+疑问结构”，而且这类句式中“您”的出现频率很高，二者在交互主观性方面是一致的。如“不知您是否有兴趣”“不知您能不能帮我看看”“不知您是否还记得我”，等等。

“不知”和“不知道”用于该句型的概率具有一定差异。由于“不知+疑问结构”表示询问的用法大多带有明显的书面语色彩，而且经常出现于此类结构中的“是否”“能否”也带有一定的文言色彩，与“不知”在语体色彩方面更加协调一致，所以“不知”用于这类句子的概率更高。

4.1.2 疑问与祈使的互动

介于疑问语气和祈使语气之间的非典型句类可以分为带祈使语气的疑问句和带疑问语气的祈使句两种。

借助疑问句的语调特征可以增加祈使句的商榷意味，但也使得这些祈使句的语调同时兼具祈使句和疑问句的特征，导致相关句式的句类归属具有一定的非典型性，而且还可能根据说话人的表达需求在典型祈使句和典型疑问句两端之间游移，并与其原本的功能产生或多或少的偏离，如“你明天早点来吧”“你明天早点来哈”在疑问和祈使之间就存在多个可能。书面上反映其语调特征的句末标点也因此存在句号和问号[①]等不同选择，而且经常还会出现句号和问号两难或两可的情况。这种两难或两可选择也正说明这些句子既不是典型的祈使句，也不是典型的疑问句，其语调和功能发生了明显偏离，说话人想用疑问语调表达祈使功能，但这种疑问语调又不能过于典型而误导对方将其按照疑问句理解。汉语中常用这种带有非典型疑问语气或非典型祈使语气的句子行使祈使功能，这种非典型句类或语调特征跟说话人希望显示对听话人的尊重密切相关，具有明显的交互主观性。

新兴语气词“哈”还经常跟交互主观性标记词“你说”“你看”等共现以增强对听话人的情感关注，如“你说多有意思哈”等。没有交互主观性的祈使句“别 VP”则可以添加语气词“哈”以减弱原有的意愿施加色彩。如表示制止义的祈使句“别 VP”因添加了语气词“哈”而带有商量语气，在一定程度上避免了祈使命令的强迫意味，增加了对听话人的关注，具有一定的交互主观性。其实，语气词“哈”之所以能够进入普通话系统并日益流行，原因就在于它可以填补语气词“吧”和“啊”之间的空白——它比“吧”的商量语气弱，但又比“啊”多了一点商量以待确认的语气，使得表达不那么肯定，但也不会因过于客气而达不到祈使目的。

祈使句经常可以通过添加商量语气以显示礼貌客气，疑问句“何不 VP”却可能为了维护对方情面而通过弱化疑问语气来表达建议。二者殊途同归，都是采用非典型疑问语气或非典型祈使语气来弱化意愿施加色彩，通过征询口吻舒缓语气，达到委婉建议的目的。

“何不 VP”表示建议时是带祈使语气[②]的疑问句，在书面上除了使用问号外，也可能使用句号和感叹号等标点。无论是询问原因还是表示反问，该句型都有可能发展出祈使句用法，表示询问时比较委婉含蓄，表示反问则语气较为强烈，且带有责备语气，即使理解为祈使句也更接近比较严肃的命令，而前者则语气舒缓，以询问的方式礼貌而温和地提出建议，具有明显的交互主观性。

当然，“何不 VP”并不总是表示建议，也可以用于表示疑问或反问，但由于与之并存的“为何不”主要承担了后两项功能，所以“何不”表示建议的用法更为典型，似乎有向建议标记发展的趋势。不过，需要指出的是，“何

---

① 如果语气特别强烈急切，也可能使用感叹号。

② 由于祈使语气内部相对比较复杂，不容易判定，有时需要结合祈使功能综合考虑。

不VP”表示建议时并不局限于听说双方，有时也用于自言自语或者内心独白，表示反复斟酌并做出决定，这跟表建议的功能并不冲突，因为对自己的建议也就相当于做出决定。

4.1.3 祈使与陈述的互动

陈述、祈使、感叹、疑问这四种句类中，跟交互主观性最不兼容的句类应该是典型祈使句，其意愿施加的本质显然跟关注对方感受的交互主观性背道而驰，无论听话人是否接受都会对听话人造成面子威胁。因此，交互主观性标记的使用在表示命令建议的祈使句[①]中非常普遍。

对命令建议类言语行为而言，有几种比较常用的增加交互主观性的方式。有的是用非典型疑问句来表示祈使，如很多“吧”字句就介于疑问和祈使之间；还有的是用事实陈述表示祈使，如“宝宝不哭”就是采用陈述语气表示劝止。

“宝宝不哭”“宝宝不怕”之类的话语大概是父母哄劝孩子的常用语言，其使用频率可能要高于“宝宝别哭”“宝宝别怕”之类的典型祈使句。劝止义“不VP”具有明显的交互主观性，体现了说话人对听话人的亲近关切和情感认同。劝阻亲人朋友时也存在同样的表达方式。比如，晚饭快要吃完时妻子夺下丈夫的筷子说“不吃了，不吃了，晚饭吃多了不好”；再如，妈妈对向自己倾诉委屈的孩子说“不说了，不说了，我知道了”。不难想象，如果妻子用“别吃了”来制止丈夫，可能会让丈夫感到不快，尤其是在还有其他人在场的情况下；如果母亲用“别说了”来制止委屈的孩子，肯定会让孩子更加伤心难过。“不VP”和“别VP”交互主观性差异产生的原因在于“别VP”或多或少表现了说话人试图把自己的意愿强加给对方的意味，说服对方接受劝告从而停止做某事体现的是说话人的主观意志，听话人处于被动接受的地位，无论拒绝还是接受都无法直接表达自己的主观意愿。

劝止义“不VP”在语言形式上把说话人的劝止表现为听话人自己的选择，极大地减弱了意愿施加色彩。对听话人而言，“不VP”要温和亲近得多，因为此时说话人的主观意志被隐藏了，停止做某事在语言形式上表现为听话人的主动选择。“不VP”用于大人身上也具有同样的交互主观性，而且还可

① 不包括听话人是受益者的祈使句，如“这是我的一点心意，请你一定收下”“快请坐”等，因为这类祈使句过于委婉含蓄反而显得不够真诚热情。

能会因为其常用于与小孩子说话而增加了些怜爱之情。典型祈使句“别 VP”显示了说话人跟听话人的不同立场，说话人是作为局外人来实施劝阻行为的，听话人是劝止的对象，二者是对立。“不 VP”表示劝止时经常跟指称听话人的“咱”共现，说话人可以把自己跟听话人置于同一立场，把自己也假想为事件的参与者，与听话人共同决定停止相关行为。例如阻止孩子拿别人的东西时说的：“还给人家，咱不要!”又如劝妻子辞职时说的：“咱不上班了，我养你。”这两句话都是用“咱不 VP”代替“你别 VP”表示劝止，劝止义“不 VP”对说话人的关注由于指称听话人的“咱”的使用得到进一步强化，使得相关表达的交互主观性增强。

用祈使句的形式表示陈述，这种用法相对比较特殊，一般会伴有词义的发展变化，如“别”用于表示担心猜测时就跟祈使句的形式混同。“你别迟到了”就具有歧义，可能是祈使句，也可能是陈述句，作为陈述句时表示催促命令，带有明显的主观性；作为陈述句时表示猜测担心，体现了对听话人的关心。

语调的非典型性特征可以体现对听话人的尊重和关注，如“我们进去看看”的语调就依据肯定程度的不同而分为不同等级，分布于从典型祈使句到疑问句之间的各个位置，说话人的意愿施加强度随着肯定程度的降低而逐渐降低，对听话人的情感关注和交互期待则相反是逐渐增强的。这些处于祈使句和疑问句之间的非典型语调的选择可能与主观性和交互主观性的表达需求密切相关。

徐晶凝（2009：199－120）认为应该明确界定典型祈使句、感叹句、疑问句和陈述句在句法形式上的特征，然后揭示它们在功能上彼此渗透的现象，发现句类内部的功能小类，这样才能真正认识句类范畴的语言学意义。本研究所讨论的几类交互主观性标记大多跟不同句类形式和其他句类功能的渗透移植密切相关，这些标记词可能预示着某种句类非典型语调的选择，使得相关句式的句类特征具有一定模糊性，语调和功能出现一定的偏离，表现出融合了不同句类特点的非典型句类归属。

跟“哈”字句添加求认同语气以体现对听话人的关注相反，“不知＋疑问结构”通过使用陈述句的形式掩盖疑问语气以减轻对方的回答压力，从而达到礼貌询问的目的。这类用法在书面语中很常见，可以凸显对听话人的尊重。由于这类句子的陈述句形式和疑问功能都很典型，形式与功能出现明显偏离，所以书面上句末标点选择也有一定的随意性，既可以从语调的角度看作非典型陈述句而选择句号，也可以从功能的角度将其看作非典型疑问句而选择问号。

祈使句经常可以通过添加商量语气以示礼貌客气，“何不 VP”却通过弱化疑问语气表达建议以维护对方情面，二者殊途同归，都是采用非典型疑问语气或非典型祈使语气来弱化意愿施加色彩，通过征询口吻缓和语气，达到委婉建议的目的。“何不 VP”表示自己做决定也可以看作建议的一种，说话人自言自语或内心独白，同时作为听话人接受建议。

非典型反问句“不（是）……吗”通过求认同语气提醒对方某个共识，为对话的顺利进行提供必要的铺垫说明，也给听说双方留出回旋余地，邀约听话人回应互动，避免表达生硬绝对。

使用陈述句形式实现祈使功能，也有助于弱化祈使句的意愿强加色彩，体现对听话人的关注。如劝止义“不 VP”就比“别 VP”更加亲切温和，更能体现说话人对听话人的亲近关切和情感认同，如果再加上指称听话人的“咱”构成“咱不 VP”，交互主观性就进一步加强。

跟交互主观性标记有关的不少句式在句类归属方面都不太明确。语调作为交互主观性的重要表达手段，有时会跟特定的标记词共同形成一些非典型语调特征，使句子的句类归属变得模糊，书面上句末标点也存在多种选择。需要指出的是，交互主观性并非跟特定语调相关，无论是祈使或陈述借助疑问语气或使用疑问句形式，还是疑问或祈使借助陈述语气或使用陈述句形式，都可能因体现对听话人的关注而具有一定的交互主观性。

总之，无疑问的内容采用求认同、确认的方式来表达能够体现对听话人的关注，避免意愿施加，有疑问的内容采用陈述语气也可能具有交互主观性。用陈述句表示询问通常是为了避免疑问句要求回答所可能给对方带来的回答压力，用陈述表示祈使则是为了避免典型祈使句的意愿施加色彩以维护听话人情面。

4.2 情态语气调节手段及其交互主观性

实词、虚词和语调都可以作为情态语气的调节手段；情态语气的调节不仅跟说话人的情感态度密切相关，也跟相关表达的句类特征密切相关。

跟正式严肃的对话相比，轻松亲昵的表达方式有助于拉近听说双方的情感距离。实现情态语气轻松化或亲昵化的手段多种多样，可以是意义虚化的语气词“呀”“哒”“啦”“呢”“吧”等，也可能是特定的短语或语法结构，如“V一下”和动词重叠“VV”。这类表达方式在用于祈使句时都通过减少动作量以达到降低郑重程度的目的。如“你尝一下”“你尝尝”跟“你尝”相比，在目的性、正式性和祈使强度上都明显减弱，显得更加轻松随意，语气也更为和缓，具有明显的交互主观性，这跟“一下”和动词重叠的主观小量义密不可分。与之类似，名词小称和形容词重叠也同样可以调节语气以降低严肃程度和拉近距离，实现亲昵化和轻松化，显示对听话人的亲近关爱，如“圆圆的小脸儿”“香香的馍馍”等。此外，特殊称谓语也可以显示亲昵，如指称听话人的“咱”就有助于显示跟听话人的亲近关系，具有明显的交互主观性；再如，指称听话人的“你小子”“你娃（儿）”虽然带有明显调侃色彩，但也经常能够营造轻松随意的氛围与亲昵喜爱的态度。

语气词是最直接、最显性的主观性和交互主观性表达手段，事实上，很多语气词的产生和发展都是基于传情达意的需要。比如，新兴语气词“哈”“哦”的交互主观性都很突出。语气词“哈”的交互主观性来自其商量语气，介于陈述和疑问之间，而“哦”具有交互主观性则因为它可以变祈使为提醒，二者都可以弱化祈使句的意愿施加色彩，维护听话人的情面。“哦”和“哈”刚好跟汉语原有语气词系统中的“啊”“吧”功能互补，其交互主观性程度高于“啊”而低于“吧”，它们共同构成“啊—哦—哈—吧”这个交互主观性逐渐增强的连续统，为更加准确细腻地传情达意提供更多选择，这也许正是它们得以进入普通话并迅速流行的重要原因。本研究中未详述的新兴语气词“哒”（“的”“啊”合音）具有交互主观性的主要原因在于它可以使语言带有萌化色彩，显示说话人俏皮可爱的情态，进而达到缓和语气和拉近情感距离的目的。

其他语气词或者其变体形式也可能具有明显的交互主观性。比如语气词“呢”功能复杂，具有提示焦点和缓和语气的作用，有时还具有自问和深思的意味。“呢”有助于体现对听话人的关注与尊重，有时还带有一定的反馈期待，尽管其使用场景复杂多样，而且有时交互主观性和主观性融为一体，但其交互主观性特点大多具有一定的内在关联。再如，作为“啊”的音变形式的语气词“呀”和作为“了”“啊”的合音形式的语气词的“啦”，都在原形式的基础上衍生出了新的功能，更能体现对听话人的亲近喜爱和互动邀约。这些具有独立书面形式的语气词很可能会发展出不同于其原形式的新功能。

称谓语也是实现情态语气亲昵化的重要方式。以“咱”指称听话人，可以通过建立共同立场拉近听说双方情感距离，如“咱不哭了”“咱不跟她一般见识”等。亲属称谓及社会称谓中，用“妈妈”“贤弟”“他叔”“我女儿”等指称听话人可以凸显亲近喜爱；以“外甥”“学生”“师父”“小弟”等称呼自己，或以“你侄子”“你叔”指称听说双方之外的人，也同样可以拉近情感距离。这几种称谓语的特殊用法都是出于交互主观性的表达需要。由于这些称谓方式在通常情况下并不是优先选择，所以也有人称之为“称谓语反先用”现象。

普通话“你小子”和四川话“你娃（儿）”也是对听话人的特殊称谓方式，它们属于实词，是用于称代男性的男性用语，通常带有明显的调侃语气和亲昵色彩，是主观性与交互主观性共同作用的产物。“你娃（儿）”中“娃”的辈分义较“小子”更为明显，调侃意味更重，更加俚俗，适用范围也更广。“你娃（儿）”“你小子”用于称谓听话人时，显示了说话人自我地位的抬高或对听话人的调侃嘲弄，却也同时显示了跟对方的熟悉亲昵，呈现出主观性与交互主观性的交融统一，跟其他显示亲近尊重的听话人指称方式具有明显不同。

称谓语独词句可以基于语调变化实现不同交际功能，有时带有明显的交互主观性。如表示撒娇、娇嗔、制止的独词句“妈妈”跟表示呼唤提醒的独立语“妈妈”就具有显著不同：独词句具有独立语调，不是省略，一般不存在补充其他句法成分的可能；如果想要更加明确地表达其交际意图，通常添加与之并列的后续句，二者语调基本一致，如“妈妈！别说了！”称谓语省略句通常可以结合语境补足其他句法成分，构成完整句，如表示赞扬、嗔怪、无可奈何等的“你小子”，可以分别补充为“你小子真有两下子”“你小子净添乱”“你小子又来这一套”等，表达各不相同的语义。

总之，交互主观性的表达手段多种多样，从句类语气到句类功能，从各种标记词到特定句式，从实词到虚词再到语调特征，都可以传递交互主观性信息。我们这里讨论的各种表达手段中，有一些是基于其原有特点，但更多的是出于交互主观性表达的需要而发展出来的新功能。语言交际需要听说双方相互配合才能顺利进行，而尊重关心对方则是达成默契的关键，所以，人们会挖掘各种方式以构建更加和谐的人际关系。语言中为提高交互主观性程度而采用的手段丰富多样，其产生理据各不相同，但其根本动因是一致的，即加强对听话人情绪感受的关注或邀约对方互动以营造和谐的交际氛围，带来更好的交际效果。

4.3 主观性和交互主观性的相对性

主观性和交互主观性具有相对性，并不是非此即彼的。语言中存在只有主观性而没有交互主观性的表达方式，但不存在只有交互主观性而没有主观性的表达方式，所以可以说交互主观性本身也是主观性的一种。人们有相互尊重、彼此关爱的需要，也存在情感宣泄甚至怒吼咒骂的需要。有的强主观性表达方式可能完全不顾及对方感受。即使我们为了区别而把交互主观性和主观性分别看作关注对方和关注自己，二者仍然不是处于相对立的两端，甚至不是分列于中性表达方式的两边，而是在整个连续统中此消彼长。批评可以语气缓和、态度亲昵，表扬也可能敷衍客套、态度冷淡，为了缓和批评语气而做的努力也体现了对听话人的关注，而冷淡客套的敷衍答应却很难表现出对听话人的关心。

当人们需要完成批评指责这一言语行为时，其表达意图本是处于远离交互主观性所体现的对听话人的关心喜爱这一端的。语言中存在大量可以表达批评或指责的同义手段，这些表达手段的差异主要体现在情感态度上，可以毫不留情，也可以尽量维护听话人情面。除了语气、语调、重音等语音手段外，词语、句类和句式也可以为缓和批评语气提供多种选择。例如：

你少啰嗦！——>你别说了！——>我不要听！——>不用说了。——>不说了。——>咱不说了。

这几句话就从表示愤怒喝止到严肃制止、抗议制止、温和制止，最后到温柔劝止，交互主观性从无到有并逐渐增强，其中“不”“不用”替换“别”、“咱”替换“你”，正是实现对交互主观性的关键要素，可以看作交互主观性标记。

交互主观性并非绝对正项，而是正向的努力，在实现交际意图的基础上，为关注对方感受而付出的任何努力都带有交互主观性。交互主观性的主要衡量依据是说话人在实现其表达意图时所选择的话语手段：即使其交际意图是负向的，说话人仍然可以通过不同选择，降低对听话人可能的情面伤害，显示对听话人的关注。此时虽然基本交际意图并非正向，但具有交互主观性的表达手段仍体现出对听话人感受的关注，是正向的努力，因而是交互主观性的表现之一。主观性和交互主观性的相对性如图 7 所示：

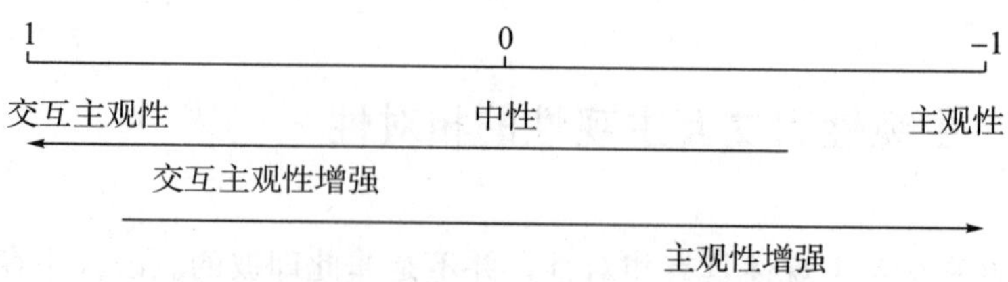

图 7　主观性与交互主观性的相对性示意图①

表示拒绝制止本应具有较强的主观性，但说话人仍然可能出于关注对方感受的需要而借助特定的词语或句式，在一定程度上降低对方的难堪程度。比如，通过表达个人意愿表示抗议反对的“我不要去”跟表示冷静拒绝的“我不去”就具有明显的情感态度差异。再如，表示制止的“你别去找他”“你不用去找他”“你何必去找他”在主观性和交互主观性上存在明显差异，后两句通过“不用”“何必”这两个词语将句类分别变为陈述句和疑问句，使得制止对方做某事的语义通过否定或质疑对方做某事必要性的方式表达出来。这种句类的转换弱化了祈使句的意愿施加色彩，具有更明显的互动意愿和共情关切。

建议本来是中性的，但多少也带有祈使句的意愿施加色彩，带有偏向主观性的倾向。语言中存在不少词语或句式可以帮助说话人在提建议时弱化语气，减轻可能给对方带来的压力。如“进去看看”“进去看看吧”“何不进去看看”“不如进去看看”“还是进去看看好”等都可以表示建议，对听话人的关注逐渐加强，说话人的意愿施加逐渐弱化，甚至后面三句已经从祈使句变换为疑问句或陈述句，弱化或掩盖了说话人的个人意志，逐步降低了可能对听话人造成的颜面威胁。

此外，说话人的情感态度有时可能跟语言形式的字面意义不完全一致。说话人的情感态度跟语气、语调和重音关系密切，作为反语修辞格的贬义词褒用和褒义词贬用在情感态度上都具有巨大反差，而且有些词语或句子的反语用法甚至已经具有了一定的规约性，如“讨厌”“你好烦哦”经常用于情侣或亲近的人之间表达娇嗔。要表示绝对的负面情感，除了语气变化外，有时还需要添加其他附加成分。

总之，只有主观性而没有交互主观性的表达方式固然存在，但交互主观

---

①　严格说来，主观性和交互主观性并非对立关系，而是包含关系，只是为了方便比较，一般把侧重于自我表达的一方看作主观性，把关注对方感受的一方看作交互主观性。此外，有一些表达方式在自我表达的同时也顾及对方感受，其主观性和交互主观性都很鲜明。

性的增加可以从中性表达左侧的负值开始，也可能是从中性表达右侧的正值开始，可能体现为敌视减弱，也可能体现为关爱加强。并非只有肯定、示爱、赞扬等积极言语行为才具有交互主观性，否定、反对、命令、批评等消极言语行为也同样可以具有交互主观性。所以，交互主观性不是言语行为特点的绝对值，而是取决于在实现该言语行为的同时对听话人感受的顾及程度，无论是为了让对方产生正面情绪，还是为了避免对方产生消极情绪，或者是为了减弱对方必然会产生的负面情绪，都体现了说话人对听话人的爱护与关注，都具有交互主观性。

参考文献

安国峰. “你+啊（呀）+你”格式的语用考察［J］. 语文研究，2012（4）.
包红梅. 语气词“啦”的意义、功能及对外汉语教学策略［D］. 吉林大学硕士学位论文，2019.
北京大学中文系现代汉语研究室. 现代汉语（重排版）［M］. 北京：商务印书馆，2004.
陈洁. 句末语气助词“哈”的句子功能分布［J］. 现代语文，2019（3）.
陈练军. 试析《居延新简》中的动量词［J］. 龙岩师专学报，2002（5）.
陈妹金. 北京话疑问语气词的分布、功能及成因［J］. 中国语文，1995（1）.
陈启萍. 新生语气词“哦”的多维研究［D］. 暨南大学硕士学位论文，2011.
陈振宇. 现代汉语中的非典型疑问句［J］. 语言科学，2008（4）.
陈征. 基于主观性和交互主观性连续统的语篇言据性分析［D］. 上海外国语大学博士学位论文，2014.
程伟. 汉语中“咱/咱们”的用法和语用功能［J］. 现代语文，2009（5）.
储诚志. 语气词语气意义的分析问题——以“啊”为例［J］. 语言教学与研究，1994（4）.
褚俊海. 汉语副词的主观化历程［D］. 湖南师范大学博士学位论文，2010.
崔莉佳. 语气词“哈”的研究［D］. 吉林大学硕士学位论文，2009.
崔蕊. “其实”的主观性和主观化［J］. 语言科学，2008（5）.
崔蕊. 现代汉语虚词的主观性和主观化研究［M］. 北京：知识产权出版社，2014.
崔希亮. 语气词“哈”的情态意义和功能［J］. 语言教学与研究，2011（4）.

崔雪. 副词“总”的多维研究［D］. 延边大学硕士学位论文，2010.
戴浩一，薛风生（主编）. 功能主义与汉语语法［M］. 北京：北京语言学院出版社，1994.
邓帮云. 元代动量词概说［J］. 内江师范学院学报，2009（1）.
邓川林. “总”字句的量级让步用法［J］. 世界汉语教学，2012（1）.
丁健. 语言的“交互主观性”——内涵、类型与假说［J］. 当代语言学，2019（3）.
丁恒顺. 语气词的连用［J］. 语言教学与研究，1985（3）.
丁泉琨. 语气词“哈”的意义与功能［J］. 宿州学院学报，2020（3）.
丁树声，等. 现代汉语语法讲话［M］. 北京：商务印书馆，1961.
丁志从. 汉语有标转折复句的关联标记模式及使用情况考察［D］. 湖南师范大学博士学位论文，2008.
杜道流. 现代汉语中的独词感叹句考察［J］. 语言文字应用，2003（4）.
杜小红. 独词句的分类刍议——认知语法视角［J］. 现代语文，2017（12）.
范熙. 副词“也”的主观性分析［D］. 华南师范大学硕士学位论文，2007.
方梅. 北京话句中语气词的功能研究［J］. 中国语文，1994（2）.
方梅. 疑问标记“是不是”的虚化——从疑问标记到话语-语用标记［C］//语法化与语法研究（二）. 北京：商务印书馆，2005.
方梅. 北京话语气词变异形式的互动功能——以“呀、哪、啦”为例［J］. 语言教学与研究，2016（2）.
方梅. 再说“呢”［C］//语法研究和探索（十八）. 北京：商务印书馆，2016.
方梅. 浮现语法：基于口语和书面语的研究［M］. 北京：商务印书馆，2018.
方梅. 汉语篇章语法研究［M］. 北京：社会科学文献出版社，2019.
方梅（主编）. 互动语言学与汉语研究（第一辑）［C］. 北京：世界图书出版公司，2016.
方梅，曹秀玲（主编）. 互动语言学与汉语研究（第二辑）［C］. 北京：社会科学文献出版社，2018.
方梅，李先银，谢心阳. 互动语言学与互动视角的汉语研究［J］. 语言教学与研究，2018（3）.
方梅，乐耀. 规约化与立场表达［M］. 北京：北京大学出版社，2017.
方向红. 基于内涵逻辑的现代汉语连接词及关联句式语义研究［D］. 上海师

范大学博士学位论文，2004.
冯光武. 语言的主观性及其相关研究［J］. 山东外语教学，2006（5）.
甘智林. “V一下$_2$”格式的语法意义［J］. 湖南文理学院学报，2004（5）.
甘智林. 带宾“V+一下$_1$”、“V+一下$_2$”格式的语序问题［J］. 长沙铁道学院学报，2005（1）.
甘智林. 论动量词“下”的语义特征［J］. 湖南工业大学学报，2008（4）.
干明华. 用在否定词前面的“并”与转折［J］. 世界汉语教学，2001（3）.
高莉.《交互主观性构式：话语、句法与认知》述评［J］. 外语教学与研究，2012（5）.
高莉. “不过”的主观性与交互主观性建构［J］. 吉首大学学报，2013（1）.
高频. “一下”的语法化研究［J］. 甘肃社会科学，2008（4）.
高琳，陈思妍. 语用身份论视角下话语标记语“哈”的研究［J］. 淮海工学院学报，2019（7）.
高顺全. “都”“也”“又”主观化用法的异同［J］. 淮海工学院学报，2009（6）.
葛平平. 主观化与构式化的双向互动关系——以情态标记“还”的语义演变与构式发展为例［J］. 海外华文教育，2019（3）.
顾曰国. 礼貌、语用与文化［J］. 外语教学与研究，1992（4）.
郭锐. 过程和非过程——汉语谓词性成分的两种外在时间类型［J］. 中国语文，1997（3）.
郭小武. “了、呢、的”变韵说——兼论语气助词、叹词、象声词的强弱两套发音类型［J］. 中国语文，2000（4）.
郭昭军，尹美子. 助动词“要”的模态多义性及其制约因素［J］. 汉语学习，2008（2）.
郭志良. 现代汉语转折词语研究［M］. 北京：北京语言文化大学出版社，1999.
何文彬. 现代汉语语气助词的主观性与主观化研究［M］. 北京：科学出版社，2018.
何越鸿. 湖北利川方言的语气词“哈”［J］. 湖北师范学院学报，2009（5）.
何自然，冉永平. 新编语用学概论［M］. 北京：北京大学出版社，2009.
贺阳. 试论汉语书面语的语气系统［J］. 中国人民大学学报，1992（5）.
贺阳. 北京话的语气词“哈”字［J］. 方言，1994（1）.

洪波，诸允孟．现代汉语否定疑问词语的意义与功能［J］．首都师范大学学报，2019（6）．
侯瑞芬．复合词中“不”的多义性［J］．汉语学习，2015（6）．
胡勇．论“一直以来”［J］．语言教学与研究，2006（4）．
胡明亮．有合有分的“啊”和“呀”［J］．现代语文（语言研究版），2014（7）．
胡明扬．北京话的语气助词和叹词（上）［J］．中国语文，1981（5）．
胡明扬．北京话的语气助词和叹词（下）［J］．中国语文，1981（6）．
胡明扬．语气助词的语气意义［J］．汉语学习，1988（6）．
胡明扬．胡明扬论文集［M］．北京：商务印书馆，2003．
胡裕树．现代汉语（重订本）［M］．上海：上海教育出版社，2011．
胡壮麟．语篇的衔接与连贯［M］．上海：上海外语教育出版社，1994．
黄伯荣，廖序东．现代汉语（增订六版）［M］．北京：高等教育出版社，2017．
黄国营．句末语气词的层次地位［J］．语言研究，1994（1）．
黄弋桓．独词句语境研究［J］．内蒙古农业大学学报，2016（4）．
黄弋桓．现代汉语独词句研究综观［J］．沈阳师范大学学报，2018（3）．
黄弋桓，黄兰堞．独词感叹句的当下语境特征［J］．语文建设，2015（15）．
黄弋桓，黄兰堞．现代汉语独词句地位研究［A］．励耘语言学刊，2017（1）．
黄弋桓，李步军．现代汉语独词句类型研究［J］．沈阳大学学报，2016（6）．
姬凤霞．略论人称代词“咱”的语用含意［J］．宁夏大学学报，2008（1）．
贾军红．指示语：心理空间与主观性［D］．河南大学硕士学位论文，2006．
贾泽林．副词“起码”的语义、语用分析［J］．语文研究，2015（1）．
贾泽林．汉语学报量级义副词“起码”与“至少”［J］．汉语学报，2016（2）．
贾泽林．副词“总”的量级义及其浮现过程［J］．新疆大学学报，2017（5）．
蒋敦．认知语言学视角下“哦”的语法化研究［D］．温州大学硕士学位论文，2016．
蒋红梅．谈谈四川方言中的语气词“哈”［J］．现代语文，2009（8）．
蒋平．“要”与“想”及其复合形式、连用现象［J］．语文研究，1983（2）．
金桂桃．宋元明清动量词研究［M］．武汉：武汉大学出版社，2007．
金立鑫．关于疑问句中的“呢”［J］．语文教学与研究，1996（4）．
金耀华．当代北京话语气词“啊”在前鼻音韵尾后音变的调查［J］．语言教学与研究，2011（2）．

劲松. 北京话的语气和语调 [J]. 中国语文，1992 (2).
赖鹏. 汉语能愿动词语际迁移偏误生成原因初探 [J]. 语言教学与研究，2006 (5).
赖先刚. 四川方言中几个语气词的语法化问题 [J]. 宜宾学院学报，2006 (3).
李爱民. 《金瓶梅词话》专用动量词研究 [J]. 山东教育学院学报，2001 (2).
李国宏，刘萍. 从 (交互) 主观性看"不"和"没"的分工及语义表现 [J]. 西安外国语大学学报，2013 (4).
李建平. 唐五代动量词初探 [J]. 胜利油田师范专科学校学报，2003 (12).
李丽晶. 指示语反先用现象的制约因素及产生机制研究 [D]. 四川大学硕士学位论文，2018.
李倩. 现代汉语"少+VP"结构研究 [D]. 吉林大学硕士学位论文，2014.
李瑞华. 现代汉语语气词"喽""啦"的对比研究 [D]. 南京师范大学硕士学位论文，2019.
〔韩〕李善熙. 汉语"主观量"的表达研究 [D]. 中国社会科学院博士学位论文，2003.
李顺群. 对外汉语口语教学中的语气助词 [J]. 北京第二外国语学院学报，1999 (6).
李文山. 句末助词"着呢"补谈 [J]. 语言教学与研究，2007 (5).
李向农，田源，王宇波. 独词句使用的性别差异——基于网络媒体监测语料库的研究 [J]. 安徽师范大学学报，2011 (2).
李效冰. "V+一下"研究 [D]. 吉林大学硕士学位论文，2015.
李兴亚. 语气词"啊，呢，吧"在句中的位置 [J]. 河南大学学报，1986 (2).
李秀萍. 说"一下" [D]. 东北师范大学硕士学位论文，2007.
李艳. 新蔡方言语气词研究 [D]. 华中师范大学硕士学位论文，2011.
李一平. 论类语言成分叹词的交际作用 [J]. 天中学刊，1996 (3).
李宇明. 反问句的构成及其理解 [J]. 殷都学刊，1990 (3).
李宇明. 汉语量范畴研究 [M]. 武汉：华中师范大学出版社，2000.
李云风. 现代汉语语气词"哦、哟、咯"的话语功能及其主观性研究 [D]. 安徽大学硕士学位论文，2017.

李允玉. “VV”“V一下”“V一会儿”格式与动词的选用［J］. 上海师范大学学报，2001（3）.

梁银峰. 从交互主观性的角度看“既”字句的主句化和句子化［J］. 古汉语研究，2017（2）.

廖秋忠.《语气与情态》评介［J］. 国外语言学，1984（4）.

廖秋忠. 现代汉语篇章中的连接成分［M］//廖秋忠文集. 北京：北京语言学院出版社，1992.

林焘. 北京话的连读音变［J］. 北京大学学报，1963（6）.

刘呈华. 现代汉语人称指示语的反先用现象［J］. 修辞学习，2006（6）.

刘春卉. 劝止义“（咱）不VP”格式的交互主观性及其成因［J］. 汉语学习，2016（4）.

刘大为. 制造信息差与无疑而问——修辞性疑问的分析框架之一［J］. 修辞学习，2008（6）.

刘大为. 修辞性疑问：动因与类型——修辞性疑问的分析框架之二［J］. 修辞学习，2009（1）.

刘丹青（主编）. 语言学前沿与汉语研究［C］. 上海：上海教育出版社，2005.

刘丹青. 叹词的本质——代句词［J］. 世界汉语教学，2011（2）.

刘丹青. 实词的叹词化和叹词的去叹词化［J］. 汉语学习，2012（3）.

刘风玲. 现代汉语感叹词的语用功能［D］. 复旦大学硕士学位论文，2007.

刘弘. 指示词语的先用和反先用现象研究［D］. 华东师范大学硕士学位论文，2004.

刘街生. 现代汉语动量词的语义特征分析［J］. 语言研究，2003（6）.

刘金勤. 语气词“哈”源流考察［J］. 长江学术，2010（4）.

刘瑾. 语言主观性的哲学考察［J］. 外语学刊，2009（3）.

刘瑾. 语言主观性概念探析［J］. 西安外国语大学学报，2009（3）.

刘瑾. 近十年国内语言主观性和主观化研究的进展［J］. 贵州师范大学学报，2011（2）.

刘宁生. 叹词研究［J］. 南京师大学报，1987（3）.

刘佩. 合音语气词“啦”的多维考察［D］. 华中师范大学硕士学位论文，2019.

刘世儒. 魏晋南北朝量词研究［M］. 北京：中华书局，1965.

刘娅琼．汉语会话中的否定反问句和特指反问句研究［D］．复旦大学博士学位论文，2010.
刘娅琼．现场讲解中用于交互的句尾“了”［J］．中国语文，2016（6）.
刘月华．动量词“下”与动词重叠比较［J］．汉语学习，1984（1）.
刘月华，等．实用现代汉语语法［M］，北京：商务印书馆，1983.
鲁晓琨．现代汉语意愿助动词的语义对比［C］．第六届国际汉语教学讨论会论文选，1999.
陆俭明．关于现代汉语里的疑问语气词［J］．中国语文，1984（5）.
路崴崴．“V一下”结构语义分析［J］．白城师范学院学报，2010（1）.
罗耀华，刘云．揣测类语气副词主观性与主观化［J］．语言研究，2008（3）.
吕叔湘．中国文法要略［M］．北京：商务印书馆，1956.
吕叔湘．疑问·否定·肯定［J］．中国语文，1985（4）.
吕叔湘．语文近著［M］．上海：上海教育出版社，1987.
吕叔湘．现代汉语八百词［M］．北京：商务印书馆，1999.
吕叔湘．吕叔湘全集（第一卷）［M］．沈阳：辽宁教育出版社，2002.
马啸．现代汉语中的“A_1啦＋A_2啦＋A_n啦”格式——列举结构论之九［J］．淮阴师专学报，1992（1）.
马真．说“也”［J］．中国语文，1982（4）.
马真．表加强否定语气的副词“并”和“又”——兼谈词语使用的语义背景［J］．世界汉语教学，2001（3）.
潘海峰．汉语副词的主观性与主观化研究［M］．上海：同济大学出版社，2017.
彭利贞．现代汉语情态研究［M］．北京：中国社会科学出版社，2007.
彭小川．副词“并”、“又”用于否定形式的语义、语用差异［J］．华中师范大学学报，1999（2）.
齐沪扬．语气词与语气系统［M］．合肥：安徽教育出版社，2002.
齐沪扬．与语气词规范有关的一些问题［J］．语言文字应用，2003（2）.
齐沪扬，邵洪亮．交流性语言和非交流性语言［J］．语言教学与研究，2020（3）.
齐沪扬，张谊生，陈昌来．现代汉语虚词研究综述［C］．合肥：安徽教育出版社，2002.
强星娜．“他问”与“自问”——从普通话“嘛”和“呢”说起［J］．语言科学，2007（5）.
屈承熹，纪宗仁．汉语认知功能语法［M］．哈尔滨：黑龙江人民出版社，2005.
冉永平．言语交际中“吧”的语用功能及其语境顺应性特征［J］．现代外语，2004（4）.
饶安芳．汉语人称指示语中的话语交互主观性［J］．安顺学院学报，2013（3）.
邵敬敏．语气词“呢”在现代汉语疑问句中的作用［J］．中国语文，1989（3）.
邵敬敏．现代汉语通论［M］．上海：上海教育出版社，2001.
邵敬敏．“连A也/都B”框式结构及其框式化特点［J］．语言科学，2008（7）.
沈家煊．语言的“主观性”和“主观化”［J］．外语教学与研究，2001（4）.
沈家煊．复句三域“行、知、言”［J］．中国语文，2003（3）.
沈家煊．语用原则、语用推理和语义演变［J］．外语教学与研究，2004（4）.
沈家煊．汉语的主观性和汉语语法教学［J］．汉语学习，2009（1）.
沈家煊．“零句”和“流水句”——为赵元任先生诞辰120周年而作［J］．中国语文，2012（5）.
沈家煊．汉语词类的主观性［J］．外语教学与研究，2015（5）.
沈雯．语气词“呢”研究综述［D］．东北师范大学硕士学位论文，2012.
石毓智，白解红．将来时标记向认识情态功能的衍生［J］．解放军外国语学院学报，2007（1）.
史金生．表反问的“不是”［J］．中国语文，1997（1）.
苏小妹．说说句末语气词“哈”和“哈”附加问句［J］．现代语文，2008（4）.
孙惠．从对外汉语教学的角度浅谈“啦”的用法［J］．华章，2011（13）.
孙鹏飞．交互主观性与汉语特殊自称现象［J］．汉语学习，2018（5）.
孙汝建．语气和口气研究［M］．北京：中国文联出版社，1999.
孙汝建．句中语气词对句法位置的选择制约［J］．南京师范大学文学院学报，2006（3）.
孙锡信．近代汉语语气词——汉语语气词的历史考察［M］．北京：语文出版社，1999.

孙雁雁. 句末“啊”的交际功能分析——以《家有儿女》语料为例 [J]. 语言教学与研究，2013 (3).
谭萌萌. 现代汉语“不知”的多角度研究 [D]. 华中师范大学硕士学位论文，2013.
唐小薇，李小军. 也谈语气和语气词 [J]. 成都大学学报，2007 (3).
完权. 言者主语与隐性施行话题 [J]. 世界汉语教学，2016 (4).
完权. 汉语（交互）主观性表达的句法位置 [J]. 汉语学习，2017 (3).
完权. 信据力“呢”的交互主观性 [J]. 语言科学，2018 (1).
宛新政. “（N）不 V”祈使句的柔劝功能 [J]. 世界汉语教学，2008 (3).
汪敏锋. “还是……吧”的人际语用功能 [J]. 新疆大学学报，2017 (1).
王建华. 话语礼貌与语用距离 [J]. 外国语，2001 (5).
王建华. 礼貌的语用距离原则 [J]. 东华大学学报，2002 (4).
王珏. 再论“吗”的属性、功能及其与语调的关系 [J]. 汉语学习，2016 (5).
王珏，毕燕娟. 语气词“啊”三分及其形式与功能 [J]. 外国语，2017 (2).
王敏，杨坤. 交互主观性及其在话语中的体现 [J]. 外语学刊，2010 (1).
王胜美，杨大磊. 含有触发隐含项的“X 也 Y”结构探究 [J]. 淮北煤炭师范学院学报，2010 (6).
王为. 句末语气词“呢”的功能分析 [D]. 北京语言大学硕士学位论文，2007.
王维贤. 现代汉语复句新解 [M]. 上海：华东师范大学出版社，1994.
王伟丽. 词语模视角下的网络词语“XX 哒”分析 [J]. 齐齐哈尔大学学报，2015 (8).
王小曼. 论“不知”的功能分布及其历史演变——兼论汉语功能句型研究 [J]. 语言研究集刊，2014 (2).
王义娜. 人称代词移指：主体与客体意识表达 [J]. 外语研究，2008 (2).
王寅，储泽祥. “我的妈呀/我的天哪”的选择倾向及制约因素 [J]. 汉语学报，2011 (1).
韦世林. “独语句”的语形、语用初探 [C]. 逻辑研究文集——中国逻辑学会第六次代表大会暨学术讨论会论文集，2000.
魏在江. 隐喻的主观性与主观化 [J]. 解放军外国语学院学报，2007 (2).
文旭，黄蓓. 极性程度副词“极”的主观化 [J]. 外语研究，2008 (5).

吴宝安，韩小红．句末语气词“哈”的语气意义虚化成因探析［J］．现代语文，2013（7）．
吴福祥（主编）．汉语的主观性与主观化［M］．北京：商务印书馆，2011．
吴雯．空间指示语与语言主观性——空间指示语的认知心理分析［D］．上海外国语大学硕士学位论文，2006．
吴一安．空间指示语与语言的主观性［J］．外语教学与研究，2003（6）．
吴玉凡．基于“两个三角”理论分析新兴语气助词“哈”［J］．安康学院学报，2015（4）．
吴玉凡．“X哒”词族的结构功能及其流行原因［J］．重庆第二师范学院学报，2016（3）．
谢成名．论“来着”的三种用法——从行、知、言三域与主观性理论看［J］．语言教学与研究，2014（1）．
谢美婷．“少+V”和“V+少”的对比研究［D］．湖南师范大学硕士学位论文，2017．
谢世坚．语言非礼貌现象及非礼貌理论的完善［J］．广西师范大学学报，2009（5）．
邢福义．复句与关系词语［M］．哈尔滨：黑龙江人民出版社，1985．
邢福义．汉语复句研究［M］．北京：商务印书馆，2001．
邢福义，汪国胜．现代汉语（第二版）［M］．武汉：华中师范大学出版社，2011．
邢公畹．现代汉语教程［M］．天津：南开大学出版社，1992．
熊仲儒．“呢”在疑问句中的意义［J］．安徽师范大学学报，1999（1）．
徐晶凝．语气助词的语气义及其教学探讨［J］．世界汉语教学，1998（2）．
徐晶凝．汉语语气表达方式及语气系统的归纳［J］．北京大学学报，2000（3）．
徐晶凝．现代汉语话语情态研究［M］．北京：昆仑出版社，2008．
徐晶凝．情态表达与时体表达的互相渗透——兼谈语气助词的范围确定［J］．汉语学习，2008（2）．
徐晶凝．汉语句类研究之检讨［J］．对外汉语研究（辑刊），2009．
徐晶凝．普通话口语中“啊、呀、哪、哇”的分布［J］．语言文字应用，2018（5）．
徐晶凝．普通话口语中语气助词“呀”与“啊”的功能分离［J］．华文教学与研究，2020（1）.
徐晶凝，郝雪．建议言语行为内部调节手段的语用调控［J］．世界汉语教学，2019（3）.
徐李洁．“Promise”词义的演变与主观化［J］．解放军外国语学院学报，2005（2）.
徐阳春．现代汉语复句句式研究［M］．北京：中国社会科学出版社，2002.
徐以中．“只”与“only”的语义指向及主观性比较研究［J］．语言教学与研究，2010（6）.
徐以中，杨亦鸣．副词“都”的主观性、客观性及语用歧义［J］．语言研究，2005（3）.
杨黎黎．汉语情态助动词的主观性和主观化［M］．北京：世界图书出版公司，2017.
杨万兵．现代汉语语气副词的主观性和主观化研究［D］．北京师范大学博士学位论文，2005.
姚占龙．“说、想、看”的主观化及其诱因［J］．语言教学与研究，2008（5）.
殷树林．现代汉语反问句研究［D］．福建师范大学博士学位论文，2006.
尹世超．说语气词“哈”和“哈”字句［J］．方言，1992（2）.
于东兴．汉语的交互主观性研究［D］．华东师范大学博士学位论文，2018.
于天昱．现代汉语反问句研究［D］．中央民族大学博士学位论文，2007.
袁莉容．现代汉语交互主观性范畴研究［D］．四川大学博士学位论文，2012.
袁莉容．“人家”的交互主观性和交互主观化［J］．宜宾学院学报，2014（8）.
袁莉容．第一、二人称指示语映射使用的交互主观性功能探析［J］．乐山师范学院学报，2014（11）.
袁莉容．人称指示语“我”“你”的反先用现象及其交互主观性体现［J］．宜宾学院学报，2018（5）.
翟燕．明清时期语气助词“呀”的发展演变——兼论“呀”与“啊”的关系问题［J］．烟台大学学报，2008（2）.
翟会锋．“的”的网络变体及其认知动因考察［J］．语言教学与研究，2017（2）.
张舒．“X也Y”格式作为标题的研究［D］．华东师范大学学士学位论文，2009.

张兴. 语言的交互主观化和交互主观性——以日语助动词“だろう”为例［J］. 解放军外国语学院学报，2009（4）.

张兴.（交互）主观性、（交互）主观化及其在日语中的研究［J］. 解放军外国语学院学报，2019（3）.

张爱玲. 关于主观性和主观化学说的反思［J］. 励耘语言学刊，2015（1）.

张伯江. 疑问句功能琐议［J］. 中国语文，1997（2）.

张楚楚. 论英语情态动词道义情态的主观性［J］. 外国语，2007（5）.

张德禄，刘汝山. 语篇连贯与衔接理论的发展与应用［M］. 上海：上海外语教育出版社，2003.

张桂权. 语气词“啊”的音变及其用字规范问题［J］. 桂林师范高等专科学校学报，2002（1）.

张洪芹. While 复句的主观化与主观性［J］. 外语教学，2007（1）.

张娜英. 汉独词句对比研究：认知语法视角［J］. 黑龙江工业学院学报，2018（8）.

张邱林. 现代汉语里的语气助词“哦”［J］. 语言教学与研究，2013（2）.

张旺熹，李慧敏. 对话语境与副词“可”的交互主观性［J］. 语言教学与研究，2009（2）.

张维耿. 助动词“想”和“要”的区别［J］. 语言教学与研究，1982（1）.

张文贤，乐耀. 汉语反问句在会话交际中的信息调节功能分析［J］. 语言科学，2018（2）.

张肖艺. 网络合音语气词“哒”与方言“哒”［J］. 现代语文，2015（7）.

张晓刚. 副词“也”的主观性研究［J］. 海外英语，2011（12）.

张延成，李晗菲. 现代汉语名词性零句研究述论［J］. 湖北科技学院学报，2018（1）.

张彦. 句中语气词的分布［J］. 玉林师范学院学报，2006（1）.

张谊生. 现代汉语副词研究［M］. 上海：学林出版社，2000.

张谊生. 副词“都”的语法化与主观化——兼论“都”的表达功用和内部分类［J］. 徐州师范大学学报，2005（1）.

张谊生. 当代流行构式“X 也 Y”研究［J］. 当代修辞学，2011（6）.

张云峰.“美女也愁嫁”中“也”字的逆接［J］. 修辞学习，2008（1）.

赵元任. 汉语口语语法［M］. 吕叔湘，译. 北京：商务印书馆，1979.

赵云鹏. 立场标记"这/那一"的交互主观性研究 [D]. 吉林大学硕士学位论文，2019.

郑银芳. 话语主观性在英语进行体中的体现 [J]. 四川外语学院学报，2007 (6).

中国社会科学院语言研究所. 新华字典（大字本） [Z]. 北京：商务印书馆，2000.

中国社会科学院语言研究所. 现代汉语词典（第 7 版）[Z]. 北京：商务印书馆，2016.

钟慧. 从心理空间理论看指示语的交互主观性 [D]. 西南大学硕士学位论文，2012.

钟兆华. 语气助词"呀"的形成及其历史渊源 [J]. 中国语文，1997 (5).

周刚. 连词与相关问题研究 [M]. 合肥：安徽教育出版社，2002.

周晓彦. 反义复合词"好歹"的共时与历时考察 [J]. 宜宾学院学报，2016 (7).

周洋. 论语气词"哦"的语用功能 [J]. 现代语文，2010 (11).

朱敏. 汉语人称与语气选择性研究 [M]. 北京：世界图书出版社，2012.

朱德熙. 语法讲义 [M]. 北京：商务印书馆，1982.

朱盛娥. 以独词句为基础的基本句法结构类型 [J]. 长沙大学学报，2008 (1).

朱永生. 系统功能语言学与语用学的互补性 [J]. 外语教学与研究，1996 (1).

朱永生，郑立信，苗兴伟. 英汉语篇衔接手段对比研究 [M]. 上海：上海外语教育出版社，2001.

子木. 语气词"啊"在儿化音之后的连续音变 [J]. 汉语学习，1982 (4).

Finegan，E. Subjectivity and Subjectivisation：An Introduction [M]. In Dieter Stein，Susan Wright (eds.). *Subjectivity and Subjectivisation*. Cambridge：Cambridge University Press，1995.

Ghesquière，L.，Brems，L. & van de Velde，F. Intersubjectivity and intersubjectification：Typology and Operationalization [J]. *English Text Construction*，2012.

Langacker，R. W. Subjectification [J]. *Cognitive Linguistics*，1990 (1).

Lyons, J. *Deixis and Subjectivity: Loquor, Ergo Sum?* [M]. New York: John Wiley, 1982.

Schiffrin, D. The Principle of Intersubjectivity in Communication and Conversation [J]. *Semiotica*, 1990 (1).

Stein, D. & Wright, S. (eds.). *Subjectivity and Subjectivisation: Linguistic Perspectives* [M]. Cambridge: Cambridge University Press, 1995.

Traugott, E. C. & Dasher, R. B. *Regularity in Semantic Change* [M]. Cambridge: Cambridge University Press, 2002.

Traugott, E. C. From Subjectification to Intersubjectification [M]. In R. Hiekey (ed.). *Motives for Language Change*. Cambridge: Cambridge University Press, 2003.

Traugott, E. C. Revisiting Subjectification and Intersubjectification [M]. In H. Cuyckens, K. Davidse & L. Vandelanotte (eds.) *Subjectification, Intersubjectification and Grammaticalisation*. Berlin: Mouton de Gruyter, 1997.

Traugott, E. C. (Inter) subjectivity and (Inter) subjectification: A Reassessment [M]. In Kristin Davidse, Lieven Vandelanotte & Hubert Cuyckens (eds.). *Subjectification, Intersubjectification and Grammaticalization*. Berlin: De Gruyter Mouton, 2010.

Traugott, E. C., Richard, B. *Regularity in Semantic Change* [M]. Cambridge: Cambridge University Press, 2002.

Traugott, E. C. On the Rise of Epistemic Meanings in English: An Example of Subjectification in Semantic Change [J]. *Language*, 1989.

Verhagen, A. Constructions of Intersubjectivity-Discourse, Syntax, and Cognition [M]. New York: Oxford University Press, 2005.

后　记

本书是我主持的国家社科基金项目“汉语交互主观性标记词及其对句类认知的影响研究”（14BYY118）的结项成果。

感谢张谊生教授引导我关注语言的主观性问题，为我打开一扇窗，让我发现更多有趣的语言现象，此项研究离不开他的鼓励和帮助。

跟语言结构分析相比，语言的主观性和交互主观性研究相对难以找到客观标准。想要更加直观地呈现本研究所关注的非典型句类的语气语调特点，就离不开实验语言学的研究方法，为此我在国内参加实验语音学研修班后又赴剑桥大学语言学系访学，师从 Francis Nolan 教授主攻语音实验分析。起步时的艰辛和获得点滴进步时的欣喜把我带回学生时代，也让我彻底体会到了以研究驱动学习的乐趣，感谢这一过程中引领和帮助过我的国内外的老师和同学们！

感谢张一舟教授在四川方言语音词汇方面给予我的指导和帮助。感谢我的学生杨爽、赖逸平和王蓝仪参与课题研究，虽然他们所参与部分未能收入本书，但我非常高兴见证了他们的努力和成长。

感谢四川大学出版社黄蕴婷女士在本书出版过程中所付出的辛勤努力，她的严谨细致帮我避免了不少疏漏。

还有我的家人，在我完成课题和访学研修期间包揽了大部分家务，为我完成此项研究提供了充足的时间保障和后勤保障，尤其是小女的膝前欢笑让我每天都心情愉悦并产生无尽的动力。

刘春卉
2021 年 8 月